Lucía Etxebarria

Por qué el amor nos duele tanto

Lucía Etxebarria

Por qué el amor nos duele tanto

Una novela sobre desastres sentimentales,
psicología social y neurociencia
para millenials

ISBN: 978-84-697-8369-6

Segunda edición

Imprime: Naturprint, s.l.
Maquetación: Naturprint, s.l.
Ilustración de portada: Lula Balula

“Pasar por otros personajes es ocultarme,
y puedo decir cosas más profundas
hablando de mi misma y de mi experiencia”.

Catherine Millet

Les presento a Martin Lavigne

Toda esta historia empieza en un apartamento en París. Como cada año, he ido a hacer una visita a mi prima Elo. Como cada año, ella ha organizado una *soirée* para homenajearme. Mi prima es editora y ha invitado a una decena de amigos. La mayoría son críticos, periodistas o escritores.

Martin Lavigne aparece elegantemente tarde. Vestido, como siempre, con una camisa blanca, una *blazer* y unos vaqueros. Cuando él entra en el salón, cualquiera diría que un foco le ilumina. Todas las miradas se abaten sobre él, algunas con envidia y otras con deseo.

Martin es escritor. Hasta recientemente era un autor minoritario, de culto, que tenía muy buenas críticas, pero muy pocas ventas. Su último libro, sin embargo, ha entrado en los primeros puestos de las listas. Nadie se explica muy bien por qué. Quizá porque es el más frívolo de todos los que ha publicado.

Según he leído, se trata de una comedia ligera de enredo sobre la *jet set* francesa, un mundo que Martin conoce muy bien, puesto que ha nacido en él. Martin heredó una pequeña fortuna familiar. No sé mucho más al respecto, no le conozco tan bien. Pero le conozco. De hecho, le conozco bíblicamente.

Me presentaron a Martin hace muchos años, cuando yo era muy joven. Él era, y aún es, uno de los mejores amigos de mi prima. Más tarde, a mis veinticinco quizá, años antes de que yo me casara, en cualquier caso, Martin y yo nos acostamos juntos, después de haber coincidido en una *soirée* muy parecida a ésta, organizada por algún amigo de Elo. Entonces yo tenía un novio en Madrid (un músico muy conocido). Y a Martin se le relacionaba con una actriz francesa bellísima, de ésas de poco prestigio y mucha repercusión. Los dos sabíamos que aquella noche no se iba a concretar en una historia romántica. Sin embargo, él me escribió durante meses. Largos mails que aún conservo. Iniciamos una extraña relación epistolar. Entonces no existía el WhatsApp, ni siquiera –creo recordar– existía Facebook aún. La mantuvimos durante años, y nos seguimos viendo varias veces al año, en cada ocasión en la que yo iba a visitar a mi prima a París.

Durante los muchos años que han pasado desde entonces, él ha venido a Madrid algunas veces, yo voy a París cada año. Hemos tomado café, hemos paseado, hemos cenado juntos. Una vez, incluso cené en su piso. Pero nunca más volvimos a hablar de sexo o a mencionar aquella noche. Casi siempre había más gente con nosotros. Exactamente como sucede hoy.

Desde aquella primera noche yo me he casado una vez, Martin otra. Cuando le conocí, ya estaba divorciado. Tiene dos ex mujeres y una incontable lista de ex amantes.

Ágil, esbelto, delgado, insinuante y vivaz, Martin es la viva imagen del *charme* parisién. La mandíbula es tan cuadrada como si se la hubieran delineado con una escuadra, y los ojos son los más llamativos que nunca he visto en un hombre. Cada uno de un color diferente: uno azul, otro verde. Su camisa blanca está perfectamente planchada, y la *blazer* es un homenaje al buen gusto. Más que lucirla, la chaqueta le luce a él. El pantalón, los zapatos... Todo, todo irreprochable. Yo no entiendo mucho de moda, pero sé reconocer la ropa cara cuando la veo.

Desde hace siglos los doctores de la iglesia nos vienen advirtiendo sobre lo peligrosamente fascinante que puede ser el diablo, ya se presente en forma de hombre o de mujer. Si yo tuviera que hacer el castin para una producción de Fausto, no cabe duda que elegiría a Martin.

Él se sienta a mi lado con garbo y desembarazo. Sonríe, parece cómodo.

Imagino lo que podría ser. Imagino esas manos de dedos largos, de uñas pulidas, sobre mí. Esas manos puedo imaginarlas a caricias. O a golpes, o a zarpazos. La mano es la palabra del cuerpo, su mensaje. Los dedos de Martin aletean y sugieren el voto de su llama aún no cumplida. Promesa de modelar cada curva, de devolver a cada miembro su forma su forma precisa. Sus manos pensativas, como si tuvieran alma, vida propia, me están volviendo loca. Sus manos enigmáticas, peregrinas, con vagos ademanes de misterio. Sus manos graves. Sus manos ajenas y extrañas que insinúan el fugaz abandono de un momento. Pero sus manos se quedan allí, en el aire, severas domadoras del deseo, y no se acercan. No me acaricia el pelo, ni me roza el dorso de la mano. Son manos de bellezas terrena y sobria, que apuntan y no dan. Frías como el remordimiento que yo sentiría si esta noche no consiguiera enlazarlas con las mías.

No recuerdo lo que él me contaba mientras yo me fascinaba por sus manos. Supongo que hablábamos de su último libro. O que hablaba él. Y yo, sencillamente, asentía.

Me ponía tan nerviosa su presencia y el hecho de que, entre todas las personas que había allí, me hubiera elegido para sentarse a mi lado, que me bebí casi de un trago la copa de *champagne* que tenía en la mano.

Y luego bebí otra. Y otra. Y otra.

A la mañana siguiente, cuando abro los ojos en la habitación de invitados del apartamento de Elo, la luz del amanecer entra por la ventana y él está de pie, vistiéndose. Me dice que tiene una reunión con su editor a las diez de la mañana. Que debe a ir a su casa para ducharse y cambiarse.

Mi avión salía a las dos de la tarde y por lo tanto yo debía estar en el aeropuerto a las doce. Nos dimos un último beso apasionado y yo dormí unas horas más.

En la librería del aeropuerto compré su último libro.

Todos y cada uno de nosotros nos inventamos los recuerdos. Y los desdibujamos en una línea difusa, una zona de sombra, de error favorecido. Y luego nos contamos lo que hemos vivido a partir de esas memorias embellecidas, edulcoradas, alteradas. Los momentos que reconstruimos siempre están transformados en nuestra cabeza. Las escenas recordadas no son verdaderas: son literatura. Pero a ese engaño debemos nuestra felicidad. No existe fe donde no hay engaño.

Cuando llegué a Madrid no podía dejar de pensar en él. Una ronda de mariposas me aleteaba en el estómago Me inventé, quizá, una noche mejor de la que había vivido. Y me envié a mí misma una nueva versión de Martin Lavigne como quien se envía un ramo de rosas.

Mi Muy Querido Martin,

Llevo enamorada platónicamente de ti unos once o doce años. Por supuesto, no eras lo más importante de mi vida. Porque yo tenía mi vida –bastante intensa, por cierto– y en ella había muchas cosas importantes.

Pero siempre, en una esquinita de mi cerebro y/o de mi corazón, había un espacio para ti. Si alguien hablaba de Francia yo decía "Pues hay un tipo guapísimo en Francia que me parece el hombre más interesante del mundo". Cosas por el estilo. Representabas todo lo que me gustaba en un hombre, pero te tenía por imposible.

Cuando nos acostamos por primera vez, hace diez años, yo iba demasiado borracha y prácticamente no recuerdo nada. Sé que no fue gran cosa. Y hasta ahí. Pensé que había perdido la oportunidad y que el asunto acababa entonces. Soy sagitario, como tú, y siempre sigo hacia adelante. Jamás pensé que repetiríamos.

Evidentemente no había planeado lo del otro día y me duele mucho haber estado borracha de nuevo. Me encantaría hacer el amor contigo sobria, para variar, porque te juro que sé hacerlo mucho mejor y que cuando alguien me gusta de verdad me entrego y lo doy todo en cuerpo y alma.

Cuando al día siguiente me preguntaron lo que había pasado conté la verdad. Entonces Aline y Elo me pusieron en guardia. Eres un *coeur de artichaud,* eres peligroso, vuelves locas a las mujeres. Por lo visto te liaste en su día con una chica que trabajaba con Elo y le partiste el corazón. Ten en cuenta que esto no me lo contaron porque te odien, sino porque me quieren. Consideran que eres un hombre inteligentísimo, culto, un gran escritor, un excelente periodista… y una bomba de relojería.

Dicho lo cual yo me enfrento a dos posibles escenarios:

Te digo que vengas a Madrid, me enamoro locamente de ti, cuando regresas a Madrid te lías con una chica francesa delgada y con una melena rubia de princesa. Conclusión: se me parte el alma y peno errante por las esquinas.

Te digo que no vengas y me pierdo la oportunidad de hacer el amor contigo, sobria por fin.

Como tú también eres sagitario, conoces de sobra la respuesta. Ven cuando quieras. Al fin y al cabo, un ángel no es un ángel veterano si no tuvo el honor de conocer el infierno.

Lo que quiero que tengas claro es que esto no es un juego para mí. Es una apuesta de riesgo. Te tengo idealizado desde hace muchos años y soy una persona muy vulnerable e hipersensible. Pero, como buena sagitario que soy, el riesgo me gusta.

Estoy muy confusa por todo, pero ante todo yo siempre he sido tu amiga. O lo he intentado. O lo he querido ser. Siempre te he admirado muchísimo.

Siempre tuya.

Mi vida cotidiana no tiene nada de especial o transcendente, cada día es un día de poca monta, unos llegan gritando un poco más y otros se pasan más callados. Mi rutina es una crisálida de la que cualquier día puede emerger una mariposa –quién sabe– pero de momento solo hay en mi vida un gusano dormido. Mi día a día se hace de palabras simples, de hechos simples, de gestos simples. Carece de glamour o de brillo.

El Hombre Taciturno es mi mejor amigo, más o menos. Al menos la persona a la que más veo. Un chico de mi barrio. Un tipo normal, muy normal, exageradamente normal. Ni león ni cebra. Tendrá unos cuarenta años, calculo. O sea, que ya no es un chico.

Yo lo conocí un día estando en El Parrondo. Mi barrio es "un barrio popular". Y dentro del "barrio popular", El Parrondo es más allá de lo popular. O sea, El Parrondo es un antro infecto, oscuro, estrecho, que tiene el mismo glamour que unas bragas de esparto. Pero es muy barato.

Y allí estaba yo escuchando al Artista del Barrio (que merecería una novela, pero no se la vamos a dar) intentando ligar con la jovencita camarera, largándole a la susodicha un rollo sobre arte. La jovencita camarera no sabría diferenciar un Schnabel de un dibujo de mi hija (la diferencia estriba en que mi hija dibuja mucho mejor, claro), así que la jovencita camarera bebía de las palabras del artista como si se tratara de la fuente de la sabiduría.

Y había un tipo a mi lado que hizo un pequeño chiste sobre la pedantería del artista. Algo muy sutil, no recuerdo qué era. Al que yo respondí con otro chiste. Y la cosa fue subiendo en intensidad. Empezamos por la sutil ironía, pero llegamos al sarcasmo ácido en pocos minutos.

Y fue así como de pronto me encontré con que me había hecho amiga de El Hombre Taciturno.

Cuando decidí que me iba a mi casa, El Hombre Taciturno se ofreció galantemente a acompañarme y por supuesto tuvo lugar esa escena tan manida sobre la que ya volveré de "te acompaño al portal, intento besarte, me evitas como a un tornado, me quedo mirándote con ojos de cordero degollado". Y bueno, desde entonces quedamos algunas veces e intercambiamos mensajes.

Nunca más ha intentado besarme. Ni una sola vez.

El Hombre Taciturno tiene un rostro normal, ni esculpido en amor ni en odio. De esos rostros que se van haciendo en el curso rutinario de la vida, en el orden de la naturaleza. Es un rostro –¿me atreveré a decirlo?– un poco aburrido. Un rostro muerto sobre un tronco vivo. Como si toda su expresión se refugiase en el ancho tórax y en los brazos peludos.

Aunque tenga un rostro inexpresivo y anodino, este hombre, no obstante, está entero y nada le falta. Tiene ojos y ve, pero no llora por sus amores perdidos. Tiene narices y respira, pero no le creo capaz de identificar el perfume que ha dejado una mujer en la almohada. Tiene oídos y escucha, pero no creo que pueda apreciar una sinfonía. Tiene boca y habla, pero muy pocas veces sonríe con la boca amplia y abierta. Tiene frente y piensa, y se sume en sí mismo, y habla muy poco.

Así que quedo a tomar un café con él. Y le cuento la siguiente historia. Me acuesto con un tipo francés que sabe de sobra que llevo diez años más o menos enamorada, de forma muy platónica, de él. Durante diez días le envió una carta diaria. Dejo claro y expreso que estoy loca por él. Después de diez días empiezo a sospechar que el tipo no está tan interesado. ¿Qué cómo lo sospecho? Pues por pura intuición. Porque nunca da fechas para venir a verme. Ni me ofrece fechas para que yo vaya a París.

El Hombre Taciturno opina que Martin es un cobarde.

–Olvídate del tema, Nena –me dice, tan taciturno como siempre– no hay otra opción.

Mi Muy Querido Martin,

Tras esa conversación telefónica absurda que hemos mantenido en mi no tan bueno francés y en tu absolutamente deleznable español, he pensado que quizá era más fácil escribirte. A mí me resulta siempre más fácil escribir.

La escritura me sirve para esto. Nunca he sido feliz del todo. De alguna manera me ha sido negado ese don. Pero escribí. Y he tenido, tengo, esa rara certeza de controlar el mundo, el mundo que yo creo. Mediante la palabra.

Por supuesto, se trata de una ilusión, una ilusión efímera de control. Pero narcótica. Escribir significa trabajar codo a codo con la infelicidad, y robarle unos cuantos secretos. Porque al escribir estoy viva, y al revés.

Por eso, me resulta mucho más fácil explicártelo todo por escrito.

En general, y en lo que recuerdo, en el pasado, mis encuentros sexuales eran un poco así. Nos vamos a la cama. Nos besamos, un poco (poco), nos arrancamos la ropa. O, si no nos da tiempo, ni siquiera nos la quitamos. Postura uno, él encima; postura dos, yo encima, postura tres, perrito; y en caso de que nos llevemos muy muy bien, quizá rematemos con sexo anal. Ah, sí, se me olvidaba. Eventualmente, hay sexo oral entre un cambio de postura y otro. Y todo, por cierto, va muy rápido.

Y no voy a negar que podía ser muy divertido y muy agradable. Pero no voy a negar tampoco que había momentos en los que realmente me dolía. Estaba allí aguantando las embestidas solo porque pensaba que antes o después tendría un orgasmo y aquello merecería la pena. O cuando estaba casada, porque quería hacerle feliz a él. No me quejo en absoluto de mi vida sexual, pero, en el fondo, era muy superficial.

Lo que me extrañó de ti es que no cambiamos de postura, no dejamos de mantener contacto piel con piel y no dejamos de besarnos en toda la noche. Todo resultaba muy ingenuo y muy inocente, adolescente incluso. Pero en esa ingenuidad casi infantil, candorosa, lindando peligrosamente con lo bobo, radicaba precisamente su encanto. Por eso me enfadé tanto conmigo misma por estar tan borracha. Me hubiera gustado estar más consciente, para registrarlo mejor. Pero si no hubiera estado tan borracha no me habría desinhibido. Soy muy, muy, muy tímida.

Seguiré escribiendo mañana.

Hasta entonces.

Siempre tuya.

Hace tres años, debían ser las tantas de la mañana, yo era una recién divorciada todavía guapa, que bebía un poco de más, intentado olvidar y dejar atrás. Y allí estábamos, un club de moda, en la zona VIP, en la piscina (porque en los clubs de moda en la playa hay piscina, faltaba más) una servidora y sus amigos gays. Pues allí estamos sentados todos cuando de pronto emerge de la piscina, como una aparición, un tío guapísimo. Guapísimo. Y claro, nos quedamos los cuatro mirando. Y él se da cuenta de que miramos. Y sonríe. Y le sonreímos. Y el tipo demuestra que tiene valor y se acerca a nosotros.

Y acabamos sentados con el tipo, charlando, y el tipo me da su teléfono para que le llame cuando vuelva a Barcelona. Y resulta que cuando voy a Barcelona descubro que el tipo es un niño prodigio que se sacó una carrera de ingeniero informático con unas notazas y es jefe de no sé qué departamento en no sé qué multinacional. Ah, y tiene una moto naranja. Naranja. Porque él es muy *hipster*.

Bueno, el caso es que cuando voy a Barcelona de vez en cuando nos tomamos un café. Se queda en esa zona difusa en la que un hombre y una mujer son amigos, pero siempre sobrevuela aleteando en las conversaciones el fantasma de la tensión sexual no resuelta.

Una vez me dijo que había hecho una lista de las cualidades que buscaba en su futura novia, a saber: que midiera más de uno setenta, que tuviera la piel clara, que quisiera tener hijos, que fuera independiente económicamente, que tuviera gustos sexuales compatibles, que amara el sexo, que fuera guapa, que llevara faldas, que no tuviera historial de problemas mentales, y que tuviera entre treinta y treinta y seis años.

De esos diez requisitos, cumplo… espera que cuente. Tres. Tres y medio, quizá. Lo de que yo soy guapa es discutible. Pero eso no le impidió despedirme en la puerta de mi hotel con un beso de tornillo. Bajo una farola. La luz amarillenta y difusa, su erección presionando contra mi muslo.

Yo subí corriendo las escaleras hacia mi habitación. En aquel momento no me apetecía acostarme con un hombre que tuviera una moto naranja. No me sentía lo suficientemente *hipster*, quizás.

Estoy tumbada en mi cama, leyendo, cuando me llega un mensaje.

El: Nena, ¿cuándo regresas a Barcelona?

Yo: En dos semanas, creo.

El: Aquí estaré.

Y entonces reflexiono. Lo que pasó en París.

Yo me acuesto con Martin. A la mañana siguiente el me escribe el siguiente mensaje: "Ha sido una noche maravillosa se sexo apasionado. Me ha encantado. ¿Vendrás a París? ¿Podré ir a verte a Madrid pronto?". Y luego me llama "*beauté de mon coeur*" y me dice que "adora besarme absolutamente" y que "yo soy una mujer excepcional". Pero no sé si Martin me enviaba cosas así porque es francés o porque es un seductor profesional.

Yo no había recibido nunca unos mensajes tan apasionados tras pasar una noche con alguien. Bueno sí, los había recibido. Pero precisamente eran mensajes de Martin, hace muchos años.

Pero, y esto es importante, siempre que me he acostado con alguien fue porque sentía que allí había una conexión profunda, que aquello era el principio de algo. Claro que he tenido historias de una noche, claro. (La primera vez que me acosté con Martin hace diez años, por ejemplo). Pero normalmente era porque aquello sucedía en un viaje y a la mañana siguiente yo regresaba a mi país.

La verdad es que yo no sé mantener relaciones sexuales sin implicación amorosa. Y, a estas alturas de la vida, no sé yo si la cosa puede mejorar.

Me decepcionó enormemente enterarme de que no era la única. No sé por qué, había esperado no serlo. Era un poco absurdo pensarlo, porque la fama de Martin le precedía.

Me hiere escuchar su nombre, ver nuestras fotos, reconocer su perfume en otro hombre que pasa a mi lado por la calle.

Todo es herida: el nombre de Martin es herida. Las fotos que conservo de él se hacen herida. El recuerdo de su perfume es herida. El libro que él escribió, que se yergue en la estantería de mi habitación, es herida.

Herida es la inmediatez de lo irreal de lo real y lo irreal, enfrentados en el fulgor de un mismo espejo. Herida es no saber si lo que sucedió fue real, si vivimos lo mismo o si yo me inventé gran parte.

Mi corazón es tremendamente cobarde. También es orgulloso. Se avergüenza de haber sido el siervo mísero de un dueño tan tirano. Se avergüenza de las ilusiones que se hizo, alimentadas por su vanidad infantil. Se avergüenza mi corazón porque él mismo forjó la cadena que le ha atado, la que le pesa ahora. Se avergüenza porque creía que estaba tejiendo lazos de seda y oro, cuando solo eran eslabones de una cadena de esclavo.

Y llevada por un concepto insensato del orgullo tecleo: "Me apetece muchísimo verte y volver a besarte".

Las palabras están dedicadas a Martin Lavigne.

Pero se las envío a el Hombre de la Moto Naranja.

Mi Muy Querido Martin,

Como en realidad te conozco muy poco, me he construido una imagen de ti. Considero que eres un hombre muy inteligente y con un enorme sentido del humor. Eso lo he deducido por la lectura de tu libro. Supongo que eres también muy tímido, o ésa es la impresión que transmites. Y me encanta la idea de que eres un seductor donjuanesco que enamora a jovencitas a las que cambia regularmente por otras jovencitas. Puede que la idea me guste porque se supone que te convierte en buen amante. Siempre me han atraído hombres a los que se supone muy experimentados.

Venga, vamos a decir la verdad. Cuando me enamoré de ti la primera vez, (hace muchos años de esto, y tú ni siquiera te diste cuenta de lo loquísima que estaba por ti,) me enamoré de tu belleza y de tu encanto. Por entonces no sabía si eras inteligente o no. Pero recuerdo que te sentaste a mi lado en un concierto de música sacra, en una iglesia. Y yo estaba tan nerviosa que notaba la piel de gallina y un sentimiento de humedad entre las piernas. Realmente, no era aquel un sentimiento muy sacro.

Imagino también que debes ser muy frívolo, que la política no te interesa. Te imagino rodeado de *beautiful people*, dc *champagne* y cocaína. No sé, me doy cuenta de que no tengo ni idea de cómo eres. Leí tu novela y deseo de corazón que no fuera aquella tu vida, pero parecías hablar de lo que conocías.

Yo en su día me enamoré de tu voz, de tu belleza, de tu calma. Básicamente me enamoré de tu belleza. Me enamoré mucho, pero eso nunca llegaste a saberlo, claro, lógicamente. Me sentía entonces muy poca cosa a tu lado, te había colocado en el pedestal de lo imposible. Ahora que lo posible comienza a ser real, la verdad es que todo me desconcierta un poco. Porque te había subido a un lugar tan alto que la idea de hacerte descender me resulta un poco extraña. Desde luego, ni siquiera me planteo escalar hasta allí.

Pero tengo que decirte una cosa. Hace muchos años que nos conocemos. Evidentemente, durante esos años he hecho muchas más cosas que no tienen nada que ver contigo. Entre esas cosas, he hecho muchas idioteces. Repasemos. Me he convertido en una de las periodistas más visibles de mi país, me he casado, me he divorciado, he viajado, he ido a conciertos, me he acostado con un montón de perfectos idiotas, he malgastado mi vida, me he emborrachado... Si miro hacia atrás durante esos años veo: sexo, alcohol, literatura, adrenalina, decepción, hastío. Nada sólido excepto una hija maravillosa.

Así que ahora que te escribo me pregunto. ¿Qué narices sé yo de Martin Lavigne? Tiene una voz preciosa. Es exageradamente guapo. Es muy educado. Hace el amor de una forma muy personal que nada tiene que ver con lo que yo había conocido hasta ahora. Escribe bien, pero parece que vive en un mundo de extrema frivolidad. Me hace sentir inferior (bueno, seamos realistas, todos los hombres muy guapos me hacen sentir inferior) Me inspira. Me inspira la necesidad de enviarle quince mil cartas de amor en las que le dijera todo lo que podría hacer si volviera a acostarme con él.

La verdad es que cuando pienso en él no pienso en paseos por los Campos Elíseos, ni en visitar exposiciones de arte (y seguro que le encanta el arte, seguro), ni en cenar ostras (me imagino que le encantan las ostras, con *champagne*, seguro que le encantan las ostras con *champagne*... bueno, a mí también), ni en hablar de literatura (y sé que lee mucho y escribe muy bien). Pienso en una cama enorme con sábanas blancas (no me preguntes a qué viene lo de las sábanas blancas, pero en mi fantasía son blancas) y en volver a follar con él durante horas.

Rectifico. No follamos, hicimos el amor, era una cosa completamente distinta.

En resumidas cuentas: estuve muy, muy, muy cerca de alguien, de una forma exageradamente íntima, pero en realidad estuve con un desconocido. Y fue maravilloso y yo estaba tan borracha que ni siquiera pude exprimir la historia a fondo. La historia de mi vida. Enamorarme de imposibles y emborracharme en los momentos menos oportunos.

Siempre tuya.

Cuando lo tienes todo y no tienes nada

Cuando escribo esto hace ya cuatro meses que falleció Chris Cornell, no llega al mes desde que falleció Chester Bennington. Y quizá a ti, lector, o lectora, estos nombres no te suenen de nada. Quizá no los has escuchado en tu vida. Para mí, sin embargo, se habían convertido en una obsesión.

Cada día desde el suicidio de Cornell, tecleaba en el buscador de internet su nombre, nuevas noticias en cualquier idioma. Después, añadí el de Bennington. Durante el último mes, cada día, cada día, cada día, he leído algo nuevo sobre ellos. He buscado en la web como experta, buceando en sus profundidades en busca de noticias. Soñaba con Chris y con Chester, escuchaba sus canciones sin parar, analizaba sus letras.

Quería entender por qué se habían suicidado. Porque me parecía que ambos habían vivido mi vida. Sus problemas y los míos, o eso creía yo, parecían tan similares.

Quizá deba explicarte quien era cada uno. Es posible que tú ya lo sepas. De ser así, todavía te interesará más lo que voy a contarte.

A los cincuenta y dos años, Chris Cornell contaba con un patrimonio estimado de sesenta millones de dólares. Poseía una villa en Beverly Hills y una casa en Miami. Era un hombre guapísimo, pese a la edad. Lucía una melena rizada propia de alguien mucho más joven y estaba en perfecta forma. Hacía deporte a menudo, era un surfero experto. Estaba casado con una ex relaciones públicas que iba siempre vestida de marca, y que solía llevar unos bolsos marca Hermès Birkin. Se decía que los poseía en varios colores.

Chris Cornell tenía tres hijos. Una de su primer matrimonio y dos nacidos de su segundo matrimonio con Vicky. La poseedora del bolso. O de los bolsos.

A los cincuenta y dos años, Chris Cornell estaba considerado uno de los cincuenta músicos más ricos del mundo. De hecho, figuraba en el número cuarenta del ranking, mano a mano con Chris Martin de Coldplay. También se le tenía por uno de los más guapos. La revista *People* le incluyó en la lista de los ocho roqueros más atractivos de la historia. Era el único hombre vivo de la lista.

A los cincuenta y dos años, Chris Cornell era el cantante de numerosos grupos, entre ellos Soundgarden, Audioslave y Temple of the Dog. Pero el dinero no le venía solo de los grupos. También era compositor de bandas sonoras. Las de *Casino Royal* y *The Avengers*, por ejemplo.

A los cincuenta y dos años, Chris Cornell era guapo, rico, famoso, respetado. Tenía una mujer guapa y unos niños encantadores.

A los cincuenta y dos años, Chris Cornell se ahorcó.

Chester Bennington poseía un patrimonio estimado de treinta millones de dólares. Llegó a la fama en el año 2000. Gracias al álbum de debut de Linkin Park: *Hybrid Theory*. Chester era cantante y letrista de la banda. *Hybrid Theory* se convirtió en el álbum más vendido de la década. Les siguieron los discos *Meteora, Minutes to Midnight, A Thousand Suns, Living Things, The Hunting Party* y *One More Light*.

Linkin Park ha vendido setenta millones de discos en todo el mundo.

Chester Bennington poseía una mansión en Palos Verdes, California, valorada en dos millones y medio de dólares.

Había estado casado tres veces. La última con una chica que había salido en la portada de la edición especial de *Playboy* de chicas universitarias. Tenía seis hijos. Cinco biológicos: uno de su primera novia, otro de su primera mujer, tres de su tercera mujer. Y uno adoptado, que era el hijo biológico de su primera novia.

Era un hombre muy atractivo, con un cuerpo de escándalo moldeado por el ejercicio. Existen innumerables fotos de Chester en la red. Chester con el torso desnudo luciendo unos abdominales perfectos, la famosa tableta de chocolate. Si uno teclea "Chester Bennington hot" o "Chester Bennington sexy" se va a encontrar con una lista interminable de declaraciones encendidas de amor por parte de fans, tanto chicos como chicas, que cuelgan los votos de su ídolo en sus redes.

Chester Bennigton era guapo, rico, famoso, respetado. Tenía una mujer bellísima, dos hijos encantadores.

Chester Bennington se ahorcó a los cuarenta y un años.

Chris y Chester eran ricos, guapos, admirados. Ambos eran padres de unos hijos monísimos que podían haber sido modelos de anuncios de ropa. Y sus mujeres eran normativamente guapas y estilosas.

Aparentemente, sobre el papel, Chris y Chester lo tenían todo.

Amor, fama, dinero, atractivo físico.

Lo tenían todo, excepto la felicidad.

Felicidad esquiva, cuya naturaleza nos parece siempre escurridiza. Creemos que la pareja nos la puede traer, o los hijos, o el prestigio, o el dinero, o el éxito, o la belleza, o el arte.

Nos han repetido tantas veces ese dicho de "ya sé que el dinero no da la felicidad... pero ayuda", que nos los hemos acabado por creer. Pero yo tenía bastante dinero y no era feliz. Nos han dicho que seríamos felices si tuviéramos trabajo, o cuando encontremos el adecuado. Pero yo tenía un trabajo bien pagado en el que apenas tenía que ir a trabajar dos tardes por semana, y lloraba casi todas las mañanas. Nos han dicho que seremos felices cuando tengamos pareja. Yo estaba casada y vivía enganchada a las pastillas. Nos han dicho que seremos felices cuando tengamos hijos. Pero yo sabía que mis amigos sin hijos disfrutaban de la vida mucho más que yo. Nos han dicho que seremos felices cuando tengamos casa propia, cuando nos cambiemos a una más grande, mejor situada, o con vistas. Yo vivía en un apartamento amplio y luminoso, decorado por una profesional, que había aparecido en una conocida revista de interiorismo, y veía ese apartamento como mi cárcel.

Nos han dicho que seremos felices cuando estemos de vacaciones, cuando no tengamos que trabajar, cuando no estemos obligados a madrugar, cuando pisemos ese restaurante de moda, cuando adelgacemos diez kilos, cuando nos cortemos el pelo. Nos parece que la felicidad siempre está ahí fuera, al alcance de la mano, a la vuelta de la esquina, en ese futuro que percibimos tan cercano.

Pero el futuro nunca llega, porque siempre es ahora, y esa felicidad tan juguetona que no se deja alcanzar no es más que un espejismo.

Chester acabó con su vida justo el día en que habría cumplido cincuenta y tres años su amigo Chris Cornell. Ambos se suicidaron de idéntica manera. Se colgaron de la puerta de un cuarto de baño. Chris usó una banda elástica para hacer ejercicio. Chester un cinturón.

El sistema es fácil. Te atas el cinturón o la cinta al cuello, enganchas la otra parte en la puerta, pegas un portazo a la puerta. O eso entendí yo. Más tarde leí que Chris había utilizado un método más sofisticado, clavando una alcayata en el techo o algo así. No quedaba muy claro.

Ninguno deja una nota, lo cual es sorprendente porque ambos eran letristas. Estaban acostumbrados a escribir.

La fama aísla y hace desgraciado. Muchos famosos mueren sin haber tenido una relación de auténtico y desinteresado afecto entre iguales. Y sin echarla de menos, porque no sabían que existía.

La sencillez es liberadora, como toda aceptación de la verdad. Y la fama, como cualquier negación, esclaviza. Porque el famoso se aísla cada vez más y va evitando, a menudo sin ser consciente, a mucha gente. Y es que los que se acercan al famoso van buscando una representación, no a una persona real. No le quieren a él, sino a una idealización. Y eso te hace sentir muy solo.

Si, como en el caso de Cornell o Bennington eso se combina con una depresión de base, el cóctel es letal.

Vivimos una obsesión por la fama y un individualismo que hacen que los medios y las redes sociales nos mantengan constantemente insatisfechos con nosotros mismos. Muchos están más pendientes de sus seguidores en las redes que de sus auténticos amigos. Pero ser rico y famoso no ayuda a nada. El dinero y la fama en muchos casos aíslan, y crean vidas fragmentadas e infelices.

La fama te mata en vida. Pierdes los límites de ti mismo, no sabes quién eres, tu identidad se amalgama con la de tus fans, sobrevaloras tus capacidades, o a veces las infravaloras. Pierdes el norte y el sentido de tu vida. No sabes quién eres, para qué viniste, hacia dónde vas ni cómo salir de la angustia existencial que te acorrala periódicamente.

Me obsesioné con Chris y Chester porque me veía reflejada. Por supuesto yo no había alcanzado ni remotamente su nivel de fama, pero sí que era una persona conocida. Y sí sufría pensando que quizá la mayoría de la gente que me rodeaba no se hubiera acercado jamás a mí si yo hubiera sido una simple cajera de supermercado.

En el momento en que sospechas que no cuentas con buenos amigos sino con muchos seguidores, algo dentro de ti se ha roto.

Quién puede entender eso mejor que yo.

Mi Muy Querido Martin

Por teléfono me has dicho que quieres claridad.

Como te dije, hace años me enamoré locamente de ti. Recuerdo perfectamente que te sentaste a mi lado en aquel concierto y que el deseo era tan intenso que me hacía daño. Me dolía, en serio. Pero yo entonces estaba a punto de casarme y además te veía demasiado guapo, demasiado elegante, demasiado culto. Demasiado de todo.

Después hubo aquella primera vez que hicimos… algo. No fue gran cosa. Yo estaba borracha. Tú te vestiste, te fuiste y yo pensé "esto ha sido tan desastroso que el pobre hombre se va desilusionado".

Durante estos años he viajado a París al menos dos veces al año. No he contado todas las veces que he coincidido contigo. Una vez en tu casa, una vez cenamos… No lo conservo todo en la cabeza. Lo que recuerdo es que yo siempre tenía la sensación de que yo no te importaba mucho. Y bueno, soy sagitario, o sea que soy práctica. Te admiraba de lejos, te coloqué en un pedestal, te archivé en la carpeta de amores imposibles y seguí con mi vida.

Y lo cierto es que esperaba seguirte colocando en la carpeta de amores imposibles, pero últimamente pareces mucho más accesible lo cual me sorprende sobremanera.

Así que, si quieres claridad, aquí va la claridad.

Nos podemos ver cuando tú quieras. Sacaré el tiempo de alguna manera.

Pienso en ti a todas horas, pero soy muy consciente de que se trata de una idealización. Y que se trata de un sentimiento que no es maduro ni adulto. Un sueño, un juego infantil. Casi una broma del destino.

Me encanta cómo escribes. Realmente creó que me enamoré de mi particular construcción de Martin Lavigne a partir de la lectura de tus libros.

Evidentemente jamás, jamás, te voy a pedir ningún tipo de fidelidad o exclusividad sexual. Supongo que era evidente, pero prefiero dejarlo claro. Ni tampoco quiero interferir en tu vida ni convertirme en una carga.

Pero una vez –hace tantos años de eso– te dediqué una canción de María Dolores Pradera que decía "el tiempo que te quede libre si te es posible dedícalo a mí", y me reafirmo en eso.

Si no te molesta que te escriba, me encantaría seguir escribiéndote. Soy grafómana. Y muy intensa. Y a cierta gente la intensidad les molesta y a cierta gente le encanta. Si me dices que deje de escribir pararé de forma inmediata.

Pero para mí escribirte es una forma de hacerte el amor.

Siempre tuya.

Parejas aparentemente felices

Empecemos por Chris Cornell. Sus dos padres eran alcohólicos y Chris había sufrido su primera depresión a los catorce años, edad en la que había empezado a consumir drogas. Tenía un carácter tan introvertido que, según había declarado en varias ocasiones, durante la adolescencia se pasó un año casi sin hablar. Justo después de que sus padres se divorciaran. También explicaba en sus primeras entrevistas que su mujer respetaba el hecho de que a veces se encerraba y pasaba días sin salir ni relacionarse con nadie.

Esto de la necesidad de aislamiento y soledad es muy común entre los depresivos, y también entre las personas altamente sensibles. La urgencia de recluirnos a veces, de encerrarnos en nosotros mismos.

Yo pocas veces he podido hacer algo así. Encerrarme en casa sin salir, quiero decir. Casi nunca he vivido sola y nunca he podido permitirme dejar de trabajar. Pero es cierto que cuando mi hija se ha ido de vacaciones a veces me he enclaustrado durante días.

Necesitaba sencillamente quedarme en casa, desconectar el teléfono y no hacer nada. Nada de nada. Encerrarme dentro de un círculo invisible y protector, de calma, de tristeza remota, de dulce soledad. De dejar pasar, lentas y lánguidas, las horas.

Cornell nunca escondió sus problemas. Fue adicto a las drogas y al alcohol desde los veinticinco años. Empezó a beber a los trece. La versión oficial era que, con la llegada del nuevo milenio, en 2003, decidió desintoxicarse e iniciar una vida sana, coincidiendo con el inicio de su relación con Vicky Karayiannis. La mujer que más tarde se convertiría en su esposa, pero a la que conoció estando casado con otra.

Cornell, como muchos adictos, no sabía estar solo y nunca lo estuvo. Paso de una mujer a otra sin transición.

Cornell dejó a su primera mujer cuando tenía una niña de dos años. De la manera más clásica y más rastrera; tras haberle sido infiel con una mujer más joven, tras haber simultaneado ambas historias, tras haber mentido. A mí me han hecho exactamente lo mismo, cuando mi hija era pequeña. Mentirme, colocarme en una situación de ansiedad horrible en el momento en el que más fuerza y estabilidad necesitaba. Los adictos son gente egoísta, y anteponen su felicidad (o lo que ellos creen que va a ser su felicidad) por encima de todo lo demás. Si lo sabré yo.

Cornell se va a vivir con Vicky y su vida y su aspecto cambian. Antes de Vicky, Cornell era un tipo desaliñado, con una mata de pelo que le caía libre sobre los hombros. Un tipo guapo, muy guapo, pero que en apariencia no se preocupaba nada por su aspecto y mucho por cuestiones sociales y políticas. Con Vicky se corta el pelo, se delinea el bigote, se engomina con queratina, empieza a vestir exclusivamente con ropa de diseño, luce siempre bronceado. Y se convierte en modelo de excepción. Cornell fue la imagen de la campaña del diseñador John Varvatos. Y una camisa de Varvatos cuesta ciento cincuenta euros.

Años ha, Cornell había escrito una canción titulada *Hunger Strike*: "No me importa robar pan de las bocas de la decadencia, pero no puedo seguir alimentando mi impotencia cuando mi taza rebosa, cuando los esclavos están trabajando y su sangre está en la mesa". Cuando escribió *Hunger Strike*, Cornell decía que se consideraba socialista.

Pero de pronto, llega Vicky y Cornell cambia. Cambia de vida, de convicciones, de aspecto y de chaqueta. Y se casa con una mujer que se deja fotografiar con un bolso Birkin.

Vuelvo al bolso Birkin porque realmente es una auténtica metáfora, una declaración de intenciones hecha bolso. Un Birkin convierte a quien lo posee en un privilegiado que ha pagado un precio astronómico por poder llevarlo colgado al brazo. El modelo de cuarenta centímetros con piel de cocodrilo, el que la mujer de Cornell solía llevar, cuesta 68.000 euros. De hecho, el precio del bolso es tan abrumador que ninguna otra firma de lujo ha conseguido vender un bolso a semejante cifra astronómica. Hermès ni siquiera proporciona datos acerca de cuántos bolsos Birkin se venden al año. El Birkin ha convertido en un bolso icónico porque es el emblema del lujo definitivo. Y lo es, precisamente gracias a que es caro. A que es inaccesible para el 99,9% de los mortales.

Porque para hacerte con un Birkin has de enfrentarte a una lista de espera. Es como una entrevista de trabajo. Tienes que tener un historial de compras en la tienda. Luego un asistente especializado te conoce y valora si quieres comprar el bolso y si realmente puedes gastarte semejante cantidad de dinero. Una vez pasas estas fases, puedes irte a tu casa y esperar sentado. Porque aún pueden tardar unos seis meses o incluso un año antes de que te llamen.

Cuando hay un Birkin disponible, se avisa a los miembros de la lista para que lo vean. Los clientes más exigentes buscan modelos a medida. Pero están dispuestos a esperar el tiempo que sea.

Pues eso, cuando os he dicho que Vicky lleva un Birkin colgado del brazo, ya os habéis hecho a la idea del tipo de mujer que es.

Desde que se casa con Vicky, Chris es, en apariencia, un hombre feliz. O eso intenta hacer creer.

Posa a menudo en alfombras rojas con su señora y sus niños, todos vestidos con ropa carísima. Se abre perfil de Twitter y desde él se dedica a hacer encendidas declaraciones de amor a su mujer. Su señora por su parte, no se queda atrás. En su perfil de Twitter declara su amor a su marido. En el de Instagram cuelga ropa de diseño y fotos de la familia viajando en clase business. La madre de su mujer, la suegra de Cornell, que vive con ellos, también se pasa el día colgando fotos: compras, niños monísimos, vacaciones en playas paradisíacas, fotos y fotos de Chris Cornell.

Aparentemente, los Cornell son la familia perfecta, el paradigma de la felicidad doméstica.

Las entrevistas de Chris Cornell siempre hablan de lo mismo. Estaba deprimido, pero ya no lo está. Fue alcohólico y adicto, pero ya no lo es. Su mujer y sus hijos son el centro de su vida. En fin, ese tipo de declaraciones que estamos acostumbrados a leer en medios de comunicación, cuando el famoso de turno alardea de lo afortunada que es su vida y de cuánto quiere a los suyos.

Todo parece un sueño, de puertas para afuera.

Así que no tiene mucho sentido que Chris se haya suicidado. De una forma tan brutal. Sin una nota. Con un método tan atroz.

Quizás las personas piensen que la muerte por ahorcamiento es inmediata y dulce, pero la gente forcejea... No, no es indoloro, de ninguna manera. Es uno de los métodos de suicidio más cruentos.

A partir de su muerte, se inicia un circo mediático.

Su viuda publica una carta que reproduzco a continuación:

"Te conocí en una noche estrellada en París, en el Hotel Athenee *después de que nos llamaron para organizar la fiesta que se daría al día siguiente, tras el concierto de Audioslave. Recuerdo que nos presentaron y tus ojos me atravesaron. Diste el concierto al día siguiente, y yo no asistí. Me encontré con todo el mundo en la fiesta, y cuando te diste cuenta que yo no había estado viéndote tocar me dijiste: "Pero bueno, ¿dónde estabas...? ¿Comiendo un sándwich?". Un montón de gente nos sentamos a la mesa y tú pediste un* foie gras, *y yo te pregunté si estabas seguro de lo que estabas pidiendo. Siempre tuviste un gusto tan elegante...*

Una amiga preguntó quién era la chica más guapa de L'Avenue *y te levantaste, miraste a tu alrededor, te volviste hacia mí y me señalaste. Hablamos esa noche hasta que salió el sol, cuando ya se hizo hora de que te fueras a la siguiente ciudad. Me llamaste al día siguiente, y tres días más tarde nos reunimos en Londres.*

Recuerdo cómo llegaste a esa cita, con mucho miedo de que yo ya me hubiera ido, porque te presentaste tarde, después de hacer una entrevista para un programa de televisión. Habías quedado conmigo a la hora del té. En aquel momento, pensé que tenía que ser cuidadosa, que tenía que tomar distancia para no enamorarme de ti. Pero tú no dejaste que sucediera, y zigzagueaste de un lado a otro del mundo para visitarme. Estabas permanentemente sufriendo de jet lag porque no podías soportar que estuviéramos mucho tiempo separados.

Finalmente fui a visitarte a Nueva York en la gira de Lollapalooza 2003, cuando cumplías treinta nueve años. Unas semanas más tarde, estaba en Mykonos y tú seguías en Lollapalooza cantándome por teléfono: "Oh, dulce Vicky, ¿cuándo vendrás y te casarás conmigo?".

Yo no sabía qué pensar más allá de que te amaba, y que eso era todo.

Volé a Los Ángeles con mi madre el día antes de mi cumpleaños, en agosto. Me diste una sorpresa increíble: flores, velas y globos por todas partes, cajas envueltas en papel de regalo de todas las formas y tamaños, como si fuera Navidad. Me hiciste sentir como una princesa.

Te mudaste a Beverly Hills porque yo estaba allí. Te despertaste una mañana haciendo volteretas en la cama. Me pediste que viniera a sentarme contigo, y dijiste que tenías que quitarte el collar. Pensé: "No... ¿Por qué?". Cogiste el anillo de plata que llevabas colgando y me dijiste: "Al despertarme, he recordado que he soñado con hacer esto. No tengo un anillo mejor, no tengo uno de compromiso de verdad, no es éste el anillo real, pero quiero casarme contigo". El anillo encajaba perfectamente.

Me sorprendiste con un Harry Winston, *varias semanas después. Siempre usé los dos, porque representaban lo diferentes que tú y yo éramos, pero cómo encajamos el uno con el otro.*

Recuerdo que hicimos la boda civil y cómo lloraste. Nunca había conocido a un hombre tan sensible y tan especial.

Estoy tan feliz por los casi catorce años y medio que pasamos juntos. Hicimos todo juntos, literalmente, todo. Eras mi mejor amigo, y cuando estabas en los descansos de tus giras, nos tirábamos en el teléfono al menos cuatro horas al día.

Eras el mejor padre, esposo, el mejor yerno para mis padres. Tu paciencia, empatía y amor siempre brillaron.

Siempre decías que yo te había salvado. Que no estarías vivo si no fuera por mí. Mi corazón brillaba por verte feliz y motivado. Por verte emocionado con la vida. Hice todo lo posible para devolverte lo que me dabas. Nos lo pasamos bomba en la última década.

Lo siento, mi dulce amor, siento no haber sabido ver lo que te pasó esa noche. Siento que estuvieras solo, y sé que no eras tú, mi dulce Christopher. Tus hijos saben que también fue así, para que puedas descansar en paz.

Estoy devastada, pero me pondré de pie por ti, y me encargaré de nuestros preciosos hijos. Pensaré en ti cada minuto de cada día, y pelearé por ti. Tenías razón cuando decías que éramos almas gemelas.

Se dice que los caminos que se han cruzado, se cruzarán de nuevo, y sé que vendrás a buscarme, y estaré aquí esperando.

Te amo más de lo que nadie ha amado a nadie en la historia del amor y más que nadie lo hará nunca.

SIEMPRE Y PARA SIEMPRE,

Tu Vicky".

Cuando yo leí esta carta, sentí ganas de vomitar. Porque esta carta me conectó con un episodio horrible de mi vida.

Quiero que sepas por qué me sentí tan identificada con Chris y por qué me obsesioné con él. Cómo su vida se parece tantísimo a la mía. Que entiendas cuánta mentira, cuánta falsedad, cuánta hipocresía, cuánta desesperación intuí en esa carta aparentemente tan bonita.

Porque los que hemos vivido instalados en la mentira sabemos leer entre líneas. Y creemos ver el corazón ácido debajo de la manzana con cobertura de caramelo. Creemos ver, debajo de todo el tono edulcorado, en lugar de luz y flores, doblez e hipocresía. Y en lugar de abnegadas esposas, víboras que pican en el corazón. Creemos ver, interpretamos, proyectamos.

Creemos ver, digo, porque no vemos. Interpretamos a partir de lo que nosotros hemos vivido.

Leo la carta de Vicky y hay demasiados detalles que no cuadran en ese cuadro idílico que ella quiere presentar.

Tu marido se ha suicidado, escribes una carta abierta y la envías a *Billboard* para que se publique. Quieres que tu carta figure en las páginas en una de las revistas de mayor tirada de Estados Unido. Y es que *Billboard* es una revista semanal que publica información sobre la industria musical. Una de las revistas especializadas más antiguas del mundo. Y de las más leídas.

No, Vicky, no dejas la carta en la tumba, no se la pones en el traje y dejas que le entierren con ella. Tu marido ya no puede leerla, pero si pudiera ¿querría que la compartieras con millones de personas? ¿De verdad?

No es una carta para tu marido: es una carta para el gran público. Un artículo periodístico. Una operación de relaciones públicas.

Se te olvida mencionar que cuando conoces a este hombre en la fiesta, este hombre está casado y tiene una niña que aún no ha cumplido tres años. Que el principio de esta gran historia de amor parte de una sórdida historia de infidelidad y mentiras.

Dejas en evidencia el egoísmo de Cornell. Un hombre que está constantemente de gira y que tiene muy poco tiempo libre decide que, en lugar de pasarlo con su hija, prefiere ver a su amante. Y por eso zigzaguea por todo el mundo.

Dices: "Te amo más de lo que nadie ha amado a nadie en la historia del amor y más que nadie lo hará nunca", y me suena tan tremendamente narcisista que me da miedo. ¿Los demás no tenemos historias de amor? ¿No amamos? ¿Tu historia, Vicky, está por encima de la nuestra, de los millones de historias de amor que ha habido y habrá en la historia?

Sigo. Me sorprende el *name dropping* en una carta que habla de un suicidio. En una época en la que las marcas pagan porque menciones su nombre, esto casi parece un post promocionado: "Te conocí en el *Hotel Athenee*, nos fuimos a cenar a *L'Avenue*, me regalaste un anillo *Harry Winston*..." Hablas de un hotel y un restaurante carísimos. El anillo *Harry Winston* vale dos millones de euros. Vicky, parece que no quieres que olvidemos ese pequeño detalle. Tampoco quieres que olvidemos que su marido pedía *foie gras* y sabía pronunciarlo. Quieres que nos quedemos con la idea de que tu marido era un *connaiseur* cosmopolita, no un rockero *grunge* que solo bebía cervezas.

"Eras el mejor padre, esposo, el mejor yerno para mis padres". Vicky, ¿olvidas que también fue hijo y hermano? Pero por lo visto la familia de origen de Chris no tiene derecho a ser mencionada.

"Me decías que no estarías vivo si no fuera por mí". ¿En qué cabeza cabe que alguien escriba algo así después de relatar que durante catorce años nunca se han separado y que cuando no estaban juntos se llamaban en conversaciones de cuatro horas? No está vivo, y tú estabas siempre a su lado. Y se suicidó después de pasar catorce años y medio contigo. Más que ser su salvadora, parece que fueras la causa de sus penas. En cuanto a lo de tener conversaciones de cuatro horas... Sí, para algunos podría sonar a amor. A mí me suena a relación intensamente dependiente. Y a control.

También es sorprendente que Vicky mencione solo los primeros momentos de su historia de amor si han estado juntos durante catorce años. Esos primeros momentos que no eran sino una historia sórdida y clandestina. ¿No hubiera sido más normal recordar los días del nacimiento de sus dos hijos, que casi siempre son los más importantes en la vida de unos padres sanos? ¿No habría sido más lógico recordar anécdotas de cuando eran una pareja por fin consolidada, cuando no eran dos mentirosos que engañaban a una tercera? ¿No hubiera sido más lógico hablar de todos los momentos que puede compartir un matrimonio con papeles e hijos en lugar de recordar la historia de unos amantes adúlteros que apenas se veían?

Pero, quien sabe, quizá hablar de su matrimonio significaría mentir aún más. Porque probablemente ese tiempo tan maravilloso no lo fue tanto: es muy difícil convivir con un adicto y depresivo crónico. Y tuvo que haber muchas zonas grises en esa historia que ella pinta de rosa monocromo.

Como la señora Cornell está obsesionada con demostrarle al mundo que ella no tiene nada que ver en el suicidio de su marido, días después de publicar esa carta asegura en una entrevista que el marido había tomado dos pastillas de Ativan antes de suicidarse. Y que no le cabe duda de que fue el medicamento lo que alteró su mente y le provocó las ideas autodestructivas.

La señora Cornell cuenta la siguiente historia: Chris acababa de dar un concierto, su mujer le llama. Le encuentra raro, incoherente, con la boca espesa. Él le dice que se ha tomado uno o dos ativanes. Ella se asusta y avisa al guardaespaldas de Cornell para que vaya a la habitación de su marido y chequee lo que está pasando. El guardaespaldas llama a la habitación: no le abren. La esposa exige entonces a la dirección del hotel que le abra la puerta a su empleado. La dirección, lógicamente, se niega. No se molesta a un cliente al que se supone dormido en mitad de la noche sin que haya una razón seria. Y no la hay. Desesperado, el guardaespaldas tira la puerta abajo y se encuentra a Cornell muerto.

El informe toxicológico demuestra que Cornell tomó unas tres o cuatro pastillas de Ativan. O sea, de Lorazepam. Pero esa dosis no es suficiente para provocar alucinaciones o pensamientos suicidas. Sí que te puede tranquilizar o dejarte dormido.

El forense concluye que el Ativan nada tuvo que ver en la causa de su muerte.

Veamos, si yo llamo a un novio y tengo una bronca con él por teléfono, y si luego no me coge el teléfono y no abre la puerta, no hago que tiren la puerta abajo. Porque supongo que el novio en cuestión está enfadado y en ese momento no quiere hablar conmigo. Doy por hecho que se ha ido a la cama. Y que no va a abrir la puerta porque está dormido y/o cabreado. Ya me llamará mañana cuando se le pase, si es que se le pasa. No me pongo histérica, no llamo a seguridad, no obligo a que nadie destroce una puerta. Porque en ningún momento creo que se vaya a suicidar.

Si todos los hombres con los que he discutido se hubiesen suicidado, no quedarían hombres de mi generación.

Yo solo me podría tan nerviosa, solo exigiría que tiraran una puerta abajo, si tuviera razones firmes para creer que ese hombre iba a atentar contra su vida.

Así que yo no llamo a seguridad a no ser que hayamos tenido la bronca del siglo, a no ser que yo sepa que vivo con un depresivo, a no ser que sepa que tiene pensamientos suicidas. A no ser que en el transcurso de esa bronca me haya amenazado con hacer algo muy gordo.

El informe toxicológico del forense informa de que se encuentran en el cuerpo de Cornell los siguientes medicamentos: Naloxona (Narcan), usado en tratamientos de desintoxicación por opiáceos; Butalbital, un sedante que se utiliza como calmante para el dolor; Pseudoefedrina, un descongestivo sistémico, un medicamento para el resfriado. Y barbitúricos, sedantes del sistema nervioso central.

Es decir: queda claro que Chris estaba en tratamiento de desintoxicación (por la Naloxona), que probablemente no llevaba limpio diez años, que tenía un resfriado y que tomaba tranquilizantes. Tranquilizantes que le habían sido prescritos.

Resumiendo: Chris no llevaba limpio ni feliz diez años, y sufría de ansiedad. Si no la padeciera, no tomaría tranquilizantes. Y si estuviera limpio, no tomaría Naxolona. Y todo apunta a que tuvo la bronca de su vida por teléfono con su mujer justo antes de decidir suicidarse.

Para liar más las cosas, está la suegra, la madre de Vicky, que no se queda callada cuando todo esto sucede. Se dedica a postear todo tipo de comentarios en Twitter. Primero pone a parir a Eddie Veder, cantante de Pearl Jam que había sido íntimo amigo de Cornell. Le recrimina porque no se ha presentado al funeral. Después ataca al hermano de Chris, Peter Cornell, acusándole de hacerse autopromoción porque Peter ha colgado una foto en Instagram en la que se le ve con su hermano. Por lo visto, la señora piensa que ella sí que tiene derecho a colgar fotos de Chris, pero el hermano no.

La suegra empieza a interactuar con cualquiera en Twitter, desconocidos incluidos, presidentes de clubs de fans de Cornell a los que no ha visto en la vida, tuitea mensajes incendiarios, insulta por aquí y por allá… Hasta que, por fin, su cuenta desaparece. O bien alguien le ha aconsejado cerrarla, o bien ha sido reportada y el propio Twitter la ha cerrado. Pero eso sucede después de que quede clarísimo que la suegra de Cornell no es precisamente un prodigio de estabilidad y autocontrol. Y de que la viuda de Cornell tampoco lo era.

Y esta mujer, la madre de Vicky, era la mujer con la que Cornell compartía gran parte de su vida. Dado que la suegra, según parece, casi nunca se separaba de ellos.

Cuando pienso en Cornell, en esa falsa felicidad de puertas para fuera, en esa insistencia por negar lo que pasaba, en esa representación tan bien orquestada, en ese matrimonio que parecía tenerlo todo y acabó por no tener nada, me acuerdo de mi matrimonio. Y de aquella obsesión absurda que nosotros (mi marido y yo) también teníamos por aparentar, aparentar y aparentar.

De cómo a mi alrededor todo el mundo creía que yo lo tenía todo. Era guapa, tenía dinero, se me valoraba en mi trabajo, mi marido era guapísimo, nuestra casa ideal, nuestra niña preciosa.

Pese a todo, pese a estar viviendo aquella vida tan aparentemente perfecta, intenté suicidarme.

Mi Muy Querido Martin,

Me preguntas por qué soy tan rara, me dices que no me entiendes, que no sabes qué es lo que busco. Que qué busco. Busco... llamarme, encontrar un nombre. Pero no lo encuentro. No tengo ni idea de quién soy. Busco y busco un signo que me defina o incluso que me sustituya. Me busco a mí misma desde hace años sin ningún resultado. No sé ponerle palabras a esa desconocida e informe llama que me anima y me domina. Te juro que he buceado, muy profundo, en mi pensamiento y en mis instintos, en las últimas profundidades de mis decesos y de mis miedos. Pero ahora extiendo los brazos en la sombra, desorientada.

¿Y tú pretendes que te diga cómo soy si yo misma no lo sé?

Empecemos por reconocer algo que sí soy (entre todo lo que soy y no soy): soy compromisofóbica. Alérgica al compromiso. El compromiso me da terror. Y no es que, porque ame la libertad ni nada por el estilo, no. Es porque soy cobarde. Tengo miedo a que me hagan daño.

Ya era bastante alérgica al compromiso cuando nos vimos por primera vez hace tantos años, antes de conocer a mi marido, pero he de reconocer que el divorcio agudizó aún más mi condición. Es decir, una va y se arriesga, se la juega, se casa, con traje blanco y todo, se jura a sí misma y al otro que solo va a vivir con esa persona... Y todo se va al carajo. Y una se queda tan hecha polvo que durante casi un año ni siquiera puede salir de la cama y durante tres no vuelve a tener ninguna relación que implique nada más profundo.

En este contexto es fácil de entender por qué una va y se enamora locamente de un señor que vive en París. Vamos, no hay que ser Einstein para pillarlo, digo yo. Es decir, escoja usted a un hombre que representa todo lo que a usted le gusta. Idealícelo a muerte. Vuélvase loca por él.

Siéntase especial porque usted sabe que él le lee, que a él le gusta recibir sus palabras. Sienta que hay alguien en el mundo que le valora a usted, que le considera inteligente, especial, excepcional incluso. Y eso le hace a usted sentirse muy, muy, muy feliz y ya tiene usted una razón para levantarse y para contenta de vivir.

Lo lógico es que escogiera usted entre las opciones posibles en su misma ciudad y no se fuera a buscar a París lo que es claramente imposible. Pero es evidente que elegir a alguien cercano implica una muy clara posibilidad de que eso degenere en una relación real, de ésas absorbentes y mutuamente exclusivas, fusionales, como la que usted tuvo con su marido. Y no, no es que usted ame la libertad ni que sea usted enormemente independiente, no. Es que usted es una cobarde de mierda.

Pero, por otra parte, usted desea, más que ninguna otra cosa en el mundo, ser amada. Ser amada intensamente.

Así que usted vive en una contradicción constante.

Pero la idea de pactar con la realidad, resignarse, conformarse, y elegir como pareja a una persona que puede apreciar, por la que puede sentir cariño, que puede incluso desear, pero que no le vuelve loca... La idea de actuar como la gran mayoría de sus amigas, esa idea... Esa idea, de momento, le resulta inconcebible.

Yo lo he intentado. Juro que lo he intentado. Después del divorcio. He intentado devolver lo que me dan. En algún caso sentía una atracción intelectual profunda pero no sentía el más mínimo deseo. En otros casos sentía agradecimiento, una intensa gratitud por que me quisieran tanto y que me tratasen tan bien, y hasta ahí. Y también me enganché a alguien solo porque me daban el sexo que buscaba.

Y esto nos lleva a otro tema. El por qué yo me engancho a gente solo porque son buenos en la cama. Pues verás, Martin, eso tiene una explicación. Una explicación neurocientifica, de hecho. Mi mejor amigo me dice a veces que debería escribir un libro, *Neurociencia para millenials*, por la cantidad de veces que doy explicaciones de este tipo.

Pues bien, ahí va un dato interesante de *Neurociencia para millenials*: Las cebras tenemos "un cerebro en un estado permanente de hiperactividad con conexiones de alta velocidad que se despliegan en todas las zonas del cerebro simultáneamente". Bien, esto nos convierte en gente hipersensible. Y la hipersensibilidad se aplica a todo. Al sexo también.

Se supone que cuando uno tiene un orgasmo segrega oxitocina, que es la hormona del apego. Y esa hormona es la responsable de que una persona se enamore de otra si existe entre ellas un contacto sexual frecuente. Pues dado que yo tengo un cerebro de cebra, en mi caso me parece que el chute de oxitocina debe ser unas diez veces mayor que el de ese otro 99,5% de la población que no lo tiene.

Creo de verdad que en nuestro caso los orgasmos son completamente diferentes. Y creo que es por eso por lo que es tan fácil cazarme si se me da buen sexo. Otra explicación que podría darte es que soy sagitario y, según he leído en los libros de astrología, a un sagitario se le puede seducir por el sexo. Ni tú ni yo creemos en la astrología y sin embargo yo no hago otra cosa que referirme a ella. Una contradicción más.

Volvamos a Martin que al fin y al cabo es el destinatario de esta carta (o eso se supone). Bueno, pues él está allí, en París, en su mundo pijísimo de moda y celebridades. Y no creo que imagine siquiera lo que es vivir aquí, desde donde yo le escribo, en un barrio sembrado de basura y donde nadie viste de marca.

Una noche estuve en tu piso, Martin. ¿Te acuerdas? Estaba tu hijo, tu hijo entonces pequeño, no hablamos mucho. La verdad es que si alguien me pregunta cómo es tu piso tengo que reconocer que no lo recuerdo. Pero sí recuerdo que me tranquilizó descubrir que el apartamento no era particularmente lujoso. De pronto el señor Lavigne parecía un poquito más humano, más cercano, más persona.

A veces pienso que ese aura de ser inaccesible y distante que tiene el señor Lavigne debe ser timidez. Casi con seguridad es timidez. Perro he de reconocer que a veces he llegado a pensar que Monsieur Lavigne era simple y llanamente un snob insoportable.

A cambio, puede que Martin Lavigne haya pensado que yo era alcohólica. Quizá por entonces lo era.

Cuando te escribo, Martin, me doy cuenta de que me enredo yo sola y que mis cartas no tienen ninguna consistencia lógica. Me siento frente al teclado y te escribo lo primero que me viene a la cabeza. Sigo haciéndolo porque siempre me dices que quieres leer más cartas.

Siempre tuya.

Amores que matan

Hace unos años, cuando yo era aún una mujer delgada, muy atractiva, muy bien pagada y casada con un señor guapísimo y exitosísimo, nadie suponía ni imaginaba lo que pasaba en mi casa.

De puertas para fuera yo era una mujer muy feliz. Pero no lo era.

Ay, el fabuloso mundo del postureo y la apariencia.

Discutíamos a menudo Y yo había aprendido a ceder, a darle la razón incluso si creía que él no la tenía. A intentar congraciarme con él a toda costa porque sabía que él podría pasarse días sin hablarme y haciéndome el vacío. Temía cómo decirle a él algunas cosas, porque sabía que su reacción podría ser desproporcionada. Sentía miedo. No de que me pegara, no. Sino de que dejara de hablarme.

Sentía que yo no sabría seguir adelante si él no estuviera a mi lado Dependía emocionalmente de él a niveles inimaginables. Es lo que comúnmente se llama "estar enamoradísima", pero que yo he aprendido a llamar "sufrir de dependencia emocional".

En público, a menudo, yo temía decir lo que opinaba por si luego en casa, en privado, mis opiniones pudieran tener consecuencias. También había aprendido a no contar mis problemas de pareja a mi entorno porque sabía que, si se él se enteraba, se enfadaría. Me sentía incómoda si me miraba alguien del sexo opuesto o intentaba hablar conmigo. Temía que él se diera cuenta y que pudiera ser motivo de otra discusión.

Yo sentía que necesitaba de su aprobación para cada cosa que yo hacía. Y por eso mismo, tenía la impresión de que no podía ser yo misma cuando estaba con él. Porque ¿cómo expresarme con libertad si tenía miedo a su mirada? Constantemente yo dudaba de mis capacidades porque yo notaba que cuando un mismo hecho lo realizaba otra persona él lo valoraba más positivamente que si era yo quien lo realizaba.

Nuestras discusiones no se resolvían en cuestión de horas, no. Podían extenderse durante semanas, meses. Cuando parecía que todo se había resulto, él volvía a sacar el tema, en el momento en el que yo menos lo esperaba. Él podía permanecer en silencio horas, horas, después de una discusión. Aquel mutismo angustioso, aquella distancia hostil, conseguía que yo me desesperara, que acabara llorando como una magdalena y que me disculpara incluso cuando sentía que yo no había hecho nada malo.

Muchas veces, sencillamente, él no hablaba y se encastillaba en el silencio. Era insufrible estar con alguien que de repente dejaba de hablarte... ¡durante horas! Y te dejaba con la duda de qué diablos habrías hecho, creándote una angustia insoportable. E imposibilitando cualquier posibilidad de arreglar nada, porque sin diálogo no hay solución.

"Es que me bloqueo", decía.

No, no se bloqueaba. Ahora pienso que sabía de sobra lo que hacía. Y como sabía que no llevaba razón, y que si hablaba pronto sería evidente que no la llevaba, no hablaba.

El método del mutismo, eso sí, solo lo podía usar él. Si era yo la que sugería que ambos tomáramos un descanso para calmarnos, él se negaba a hacerlo y continuaba discutiendo. Y yo, siempre yo, terminaba admitiendo que era mi culpa. Y me disculpaba. El jamás decía lo siento. Nunca. Nunca. Nunca lo escuché de su boca. Sencillamente, "lo siento, perdóname" no entraba en su repertorio de frases.

Por cierto, no sé ni por qué las llamo discusiones. Yo nunca grito, o casi nunca. Era él que gritaba y yo la que mantenía siempre el tono calmado, monótono, suave. No eran broncas a gritos. El gritaba, yo no. Él era completamente distinto en privado y en público. En público me llamaba "cariño" y "amor". En casa yo era una puta y una inútil. A sus ojos yo era una zorra, una controladora, una alcohólica, una depresiva, una loca. Pero al día siguiente era la mujer más bella del mundo y la más inteligente.

Él estaba en contacto constante con mis amigos para saber lo que yo hacía. Era un monitoreo imparable. Yo, sin embargo, no mantenía apenas trato con ninguno de los suyos. Todos creían que yo era una imbécil, yo les caía fatal a todos ellos. Eso sí, habían hablado poco o casi nunca conmigo. Deducían a partir de lo que él les contaba.

Yo me había acostumbrado a escuchar comentarios negativos sobre mí, los que venían de él, los que venían de sus amigos. Una y otra vez. Y me los creía. Me odiaba a mí misma.

Me volví miedosa y ansiosa, obsesionada con no hacer nada que pudiese provocar una discusión.

Me sentía inútil. Pensaba que nadie quería quererme. Me creía lo que él me decía, y también le creía cuando él me decía que nadie me querría nunca como él me quería. Lo mismo que dice Vicky a su marido, por cierto. No sabes el odio que le ha llegado a coger a esa frase. "Nadie te va a querer como yo". "Te amo como nunca nadie más va a amarte".

Yo no quiero que me amen diciéndome que nadie me va a amar así. Como si yo no pudiera ser amada por nadie más. Quiero que alguien me quiera confiando en mí, sabiendo que soy amable, querible. Además, resulta absurdo que una persona tan celosa me dijera que nadie más me querría como él lo hacía. Si a sus ojos la mitad de la población masculina del país quería follarme, ¿quién era él para decirme que entre todos aquellos hombres nadie podría quererme?

Pero yo, tonta de mí, le creía, Y yo pensaba que no era digna de amor, que nadie más me amaría. Que tenía mucha suerte de que él siguiera a mi lado.

Me sentía culpable de lo mal que iba nuestra relación. La responsabilidad de todo era mía. El me lo decía siempre. Él lo creía así. Él estaba convencido. Y yo le creía, me contagiaba de su convicción, me fusionaba con él.

Llegó a tal punto aquella fusión que cada vez que él se molestaba, yo automáticamente asumía que era por algo que yo había hecho. Si de repente dejaba de hablarme o cambiaba de expresión para adoptar una de sus despectivas muecas glaciales, yo no creía que era por algo que pasaba en el trabajo, o que pudiera tener una resaca, sino que intentaba averiguar qué podía haber hecho yo mal para que él se pusiera así. Y si yo le preguntaba "¿qué te pasa?", me decía "ya lo sabes" o "con lo lista que tú eres, deberías saberlo".

A veces yo asumía la responsabilidad, simplemente para evitar que estallara una pelea, incluso si sabía que no tenía nada que ver que ver en ello.

Yo sentía que debía vigilar cuidadosamente cada paso que daba, cada frase que publicaba, cada broma que decía. Por ejemplo, le pedía perdón si yo había hablado con otro hombre, incluso si en el fondo tenía claro que yo estaba en mi derecho de hablar con quién me saliera de los ovarios, porque él se pasaba el día hablando con quien le apetecía.

Teníamos discusiones día sí, día no. Bueno, discusiones es un decir. Gritos por su parte, lágrimas por la mía.

El nudo en el estómago se hacía cada vez más fuerte, hasta el punto de que vivía constantemente con un dolor en él. Me hice varias revisiones pensando que padecía una úlcera, y la médica me decía siempre lo mismo: estrés, estrés, estrés.

Y luego momentos de paz que eran maravillosos: muchísimo sexo, mucho decir que me quería. Yo me agarraba esos momentos como un náufrago a su tabla precisamente porque los otros eran horribles. Su amor se convirtió en mi ansiolítico para defenderme de la tensión que me creaba su odio. Su estado de ánimo se convirtió en mi prioridad principal, por encima del mío.

No, no me pegaba. De hecho, empecé a ver la luz (lentamente) cuando por fin me pegó. Su arma, la mayor parte del tiempo, eran las palabras. "Palabras, palabras, palabras". La tragedia de Hamlet, el significado de esta frase, solo puede entenderse si atendemos a lo que el Príncipe dice más tarde: "Y lo demás es silencio". Palabras que te van destruyendo, pero que no dejan huella visible. Por eso lo demás es silencio, porque no puedes transmitir a los otros lo que te está pasando.

Los demás pensaban que era un hombre atento, encantador, feminista (sí, ¡feminista!). Y no sabían que, si hacías algo que él no compartía o no era lo correcto, te vomitaba lo que habías dicho, lo que habías hecho o cualquier opinión que tuvieras, distorsionándola y haciéndote sentir mal contigo misma.

Palabras, palabras, palabras. Palabras como pequeñas agujas que se te iban clavando por dentro. Y luego palabras de amor, el famoso "nadie va a quererte nunca como yo te quiero", "me pongo así porque te quiero", "soy celoso porque te quiero". Palabras que alimentaban una esperanza. La esperanza de que aquella fuera la última bronca, de que volviera a ser el que era al principio, que aquella fuera la última escenita de celos.

Pero nunca era la última. Siempre había una próxima parada. Me recuerdo huyendo de casa en busca de la tranquilidad en la calle. Para no aguantar los gritos y la tensión, metiéndome en un bar a esperar a que pasara el tiempo. Recuerdo cómo me temblaban las manos, cómo cada vez yo bebía y lloraba más. Recuerdo los viajes a ciento cincuenta kilómetros por hora por la carretera con él al volante, los volantazos bruscos, el corazón en el pecho.

Lo demás es silencio, dice Hamlet... Una confusa mezcla de vergüenza y culpabilidad y confusión y miedo. Que ahogaba todas las palabras en la garganta. Que no me dejaba contarle a nadie lo que pasaba en mi casa, porque yo pensaba que toda la culpa era mía. Estaba completamente convencida de ello. Y estaba convencida porque él me lo repetía como un mantra, una y otra vez: si fueras más cariñosa, si fueras menos orgullosa, si no flirtearas tanto.

Cada gesto de desprecio, cada palabra de odio, cada muestra de superioridad por su parte, cada grito, cada desplante, cada vez que dejaba de hablarme durante días, todo me iba convenciendo de que lo que pasaba era mi culpa, de que era yo la que no sabía llevar una relación sana. Porque si yo trataba de explicarle lo mal que me sentía, lo que me dolían sus palabras, él acababa por decirme lo mal que se sentía él, lo mala que era yo con él.

Entonces no existía aún *WhatsApp*, ni Twitter. (Rectifico: Twitter existía, pero casi nadie lo usaba). Y todo mi entorno estaba enganchado a Facebook. Todos mis amigos tenían perfiles en Facebook, y él los agregó a todos, y les dejaba allí comentarios cada día. Debía perder un tiempo infinito en ello, pero el caso es que logró su objetivo. Porque yo no hacía eso, de forma que al final mis amigos se sintieron más valorados por él que por mí.

También se dedicaba a hacer favores si estaba en su mano. Yo entonces tenía una amiga muy querida que se dedicaba a llevar la promoción de varias compañías de danza. Como él dirigía la sección de cultura de un periódico, le garantizaba a ella que sus espectáculos y montajes se reseñaban. Ese es un caso entre muchos. Si yo tenía un amigo artista, cantante, escritor, cineasta... mi amigo o amiga sabía que mi marido se encargaría de que su trabajo mereciese una reseña o una nota en el periódico. Y si se trataba de un amigo que no fuera artista, al que no se pudiera promocionar desde el diario de mi marido, él hacía lo que fuera para congraciarse con esa persona: le decía lo bien que le sentaba aquel modelo, o lo interesante que era su post de Facebook, o lo bien que había salido en aquella foto.

Él tenía amigos, pero no tantos como yo, no era tan popular. No es sorprendente que también comprara a sus amigos. Su mejor amiga, Elisa, por ejemplo, era su subordinada. Él le había enchufado a ella en el diario, y ella había ascendido gracias a él. Pese a que ella no tenía un gran currículo y pese a que era obvio que capacidades eran muy inferiores a los de otros trabajadores de la empresa: redactores y periodistas que no se llevaban tan bien con mi marido, y que no ascendieron y quedaron por debajo de ella. A día de hoy, mi marido ha mejorado de posición y ella ha quedado como redactora jefa de la sección de cultura. Y dirige un departamento de colaboradores que tienen mucha más edad y experiencia, y que la odian cordialmente. Aunque se supone que ella no lo sabe o no se entera.

Sus otros amigos del alma eran una pareja de amigos muy ricos, millonarios, que le profesaban auténtica devoción. Ella, Miriam, era una chica guapa y muy poco brillante, que no trabajaba y que dependía por tanto de su marido tanto emocional como económicamente. Y él, Oliver, estaba claramente enamorado de mi marido. Era muy obvio. Mi marido me confesaría más tarde que habían estado liados, cuando eran muy jóvenes. Un experimento, decía él, una tontería adolescente. Quiero decir que los que habían estado liados eran Oliver y mi marido, por si no lo habéis entendido bien.

Creo ahora que Oliver admiraba y a la vez temía a mi marido. Temía mucho que mi marido revelara algún día lo que había pasado, y le agradecía que nunca lo hubiera hecho. En algún momento dudé de si mi marido me había mentido sobre aquella historia, pero probablemente no mintió. Bastaba con ver los ojos de aquel hombre, las miradas que dirigía a mi marido, para saber que a los dos, a Oliver y a mí, nos unía algo: estábamos atados a mi marido por el mismo vínculo tóxico.

Mi marido criticaba mucho a Miriam: a sus ojos era una trepa, una arribista que se había casado con Oliver solo por su dinero. Y probablemente mi marido tenía razón. Pero si alguna vez mi marido quedaba con ella, se deshacía en elogios. Miriam, qué guapa estás, qué bien te queda ese vestido, qué bien cocinas, cómo me gusta tu sentido del humor.

Al principio cenábamos con estas personas, pero con el tiempo dejé de verles. Yo viajaba entonces mucho, debido a mi trabajo (soy y era periodista, entonces trabajaba en televisión), y mi marido insistía en que el poco tiempo que podíamos pasar juntos lo disfrutáramos a solas. El veía a sus amigos cuando yo estaba de viaje. Así que la relación era muy asimétrica: Él tenía acceso a todo mi entorno, pero yo no tenía acceso al suyo. Si él quería quejarse de mí, tenía con quién hacerlo. Podía hablar con esos amigos suyos, solo suyos, con los que yo apenas tenía contacto. Pero si yo buscaba ayuda, consuelo, apoyo, en mis amigos, me encontraba siempre la misma respuesta: "Con lo que él te quiere, está loco por ti, con lo que tú eres...y vamos, Nena, admítelo, tampoco es que tú seas una persona fácil". Porque ellos hablaban con él casi más que conmigo. Así que yo me lo creí. Que yo no era una persona fácil y que él era encantador.

Otra cosa que recuerdo es que nunca me dejaba hablar. Si yo decía algo, él interrumpía, interrumpía, interrumpía... Hasta que al final yo saltaba y gritaba: "Pero déjame, hablar, coño", o yo subía el tono y hablaba cada vez más rápido para que no pudiera interrumpirme y me escuchara. Momento que aprovechaba para soltarme: "Estás muy nerviosa, ya hablaremos más tarde", para acabar con la conversación de golpe, dejándome con la palabra en la boca.

Hubo muchas ocasiones en las que le dejé hablar durante un rato sin interrumpirle. Y entonces yo contaba los minutos en los que él monologaba. Podía hablar solo durante cinco minutos seguidos –cinco, lo juro– y durante esos cinco minutos él hablaba sin parar, sin darse cuenta de que no estábamos estableciendo lo que se llama función fática del lenguaje, aquella función que se identifica cuando la comunicación se centra en establecer, cerrar o verificar la calidad del contacto entre los interlocutores.

Es decir, él ni siquiera caía en la cuenta de que durante esos cinco minutos yo no soltaba el clásico "claro, te entiendo", "mmm, sí", o "ya veo", con el que el interlocutor da a entender al que habla cinco minutos seguidos que sí está siguiendo el hilo de la conversación y no está pensado en otra cosa.

Por el contrario, si yo hablaba y él no respondía, yo ya sabía que algo iba mal, que iba a comenzar con uno de aquellos episodios de mutismo hostil, que me iba a dejar de hablar durante horas o días.

Así era muy fácil que él ganara todas las discusiones, porque solo se centraba en ganar, ganar, ganar... Ganar. Y no en escuchar mis argumentos ni mis quejas, no en que le importara cómo me sentía.

Al final me daba cuenta de que nosotros no discutíamos, de que yo no era más que un *sparring* en un largo monólogo. Él no sabía establecer un límite claro entre él y yo, él no podía concebir que él no era el centro de mi mundo, que yo podía tener intereses y/o opiniones diferentes. No se le pasaba por la cabeza que sus peroratas me aburrían. Y si alguna vez se le pasó, debió entender que el problema era mío porque no le prestaba la atención que según él se le debía prestar a una pareja.

Era extremadamente encantador –cuántas veces lo he dicho– y se había hecho amigo de todos mis amigos, así que yo no podía recurrir a nadie. Si me quejaba ante ellos, recibía siempre la misma respuesta, que venía a resumirse en: Él está enamoradísimo de ti, solo vive por ti. Y, además, con el carácter que tú tienes, es normal que tengáis discusiones.

El carácter que yo tenía. Hablemos de eso. Él podía estar enzarzado la discusión más grande del mundo, pero si en mitad de ella le llamaban por teléfono su tono cambiaba y pasaba de estar enfurecido a estar tranquilísimo en menos de un segundo. Jamás revelaba a los demás lo que pasaba en su casa. Yo, sin embargo, no me recomponía tan fácilmente, y estaba siempre distante, fría, de mal humor, tensa. Si teníamos una bronca antes de salir de casa y luego íbamos a cualquier sitio, los demás veían en él a un encanto y a mí a una persona apática y desatenta. Cuando en realidad, yo simplemente estaba cansada y asustada, y me esforzaba, sin conseguirlo, en poner buena cara.

Al principio yo respondía a todo, intentaba argumentar, pero aquello era imposible. El daba la vuelta a cada argumento como un calcetín, lo retorcía, lo deshilachaba y hacia que una discusión durara horas. Si yo elegía no responderle, no entrar en broncas, entonces él dejaba de hablarme. Y pasábamos un fin de semana entero en tensión, teniendo miedo hasta de ir a la cocina a por un vaso de agua, en medio de aquel silencio tensísimo e incómodo, glacial. Cuando esa calma congelada se instalaba, yo prefería encerrarme en mi cuarto a leer, y buscar mi vaso de agua de noche, cuando él ya estaba dormido.

Entré a jugar a un juego muy extraño. Le escuchaba, le compadecía, le admiraba, le temía.

Voy a poner un ejemplo cotidiano de cómo funcionaba nuestra relación. Una noche invitamos a varios amigos a cenar a nuestra casa. Al día siguiente, él se marchó a su trabajo y yo me quedé durmiendo un rato más. El coche de producción pasaba a buscarme. Ya estaba duchada y vestida, solo me faltaba coger el bolso. Pero el bolso no aparecía por ninguna parte. En el bolso estaban mis llaves, mi monedero, mi carnet de identidad, la tarjeta de identificación para acceder al edificio en el que yo trabajaba. A la cadena de televisión, quiero decir. No podía salir sin él.

La noche anterior había dejado encima del sofá. Eso lo recordaba perfectamente. Pero no estaba allí.

Llamé a mi marido, y él me dijo que también lo recordaba.

Me volví loca, registré la casa como si estuviera buscando drogas. Llamé a todos mis amigos hecha un mar de nervios. El bolso no aparecía por ninguna parte. Finalmente salí sin bolso. Me dejaron entrar en el edificio y el encargado de seguridad me hizo una copia especial de la tarjeta, a regañadientes. Pero no tenía llaves, ni documentación.

Esa noche, al llegar a casa, mi marido encontró el bolso en el fondo de un armario. Yo estaba segura de que yo no lo había puesto allí. Él me dijo que solo podía haberlo puesto yo. Luego me dijo que todos mis amigos estaban muy enfadados porque yo había desconfiado de ellos, que les había llamado acusándoles de haberme robado el bolso. Yo le creí. Me invadió un profundo sentimiento de culpa y de vergüenza.

Nunca sabré quién puso allí el bolso. En aquel momento pensé que yo me había vuelto loca, porque recordaba haber registrado en el armario antes de salir. Quizá fue él. Quizá no. Pero sí sé que él aprovecho el incidente para hacerme sentir mal conmigo misma y para distanciarme de mis amigos.

Pensé que mis amigos me habían criticado. Pensé que todos le habían llamado. Pero no, había llamado él, a una amiga, y había exagerado después lo que ella había contado. Y después me había dicho lo de siempre: "No te fíes de nadie, ellos te siguen porque eres popular y tienes dinero, pero al final del día los verdaderos amigos se cuentan con los dedos de una mano".

El episodio del bolso fue uno entre mil episodios parecidos. No tengo páginas suficientes para contar cómo era el día a día de nuestra convivencia, que él iba sembrando de miedo, desconfianza y angustia.

Cuando la cosa ya iba mal, mal, mal, cuando estábamos en nuestro peor momento, yo decidí que ya no me apetecía salir. Al principio mi marido y yo salíamos mucho. A mí me encanta salir a bailar, ir a conciertos, a exposiciones, al teatro. Cuando nos conocimos yo era mucho más activa socialmente que él. Al cabo del tiempo yo siempre estaba cansada y triste, y perdí el interés por salir. El siguió saliendo.

Aquella noche él se había ido de fiesta y yo me quedé en casa, deprimida. Me bebí una botella de vino yo sola viendo la televisión. Luego me tomé una pastilla para dormir. Lorazepam, lo mismo que tomaba Chris Cornell.

Estaba dormida en la cama cuando un ruido me despertó. Él estaba a mi lado, roncando, apestaba a alcohol. Él medía uno noventa, pesaba casi cien kilos y se había tendido con los brazos y piernas abiertas en la cama, como una estrella de mar gigante. Hacía imposible que yo pudiera dormir allí. Le zarandeé para despertarle. Y entonces, borracho todavía, dormido, semi inconsciente, casi con seguridad drogado, saltó y me pegó. Recuerdo que saltó del colchón como si le hubieran propulsado y que me pegó una bofetada mientras gritaba incoherencias.

Yo salté corriendo a la cocina, cogí un cuchillo, y, enarbolándolo, me presenté en el cuarto histérica, gritando: "Como me vuelvas a poner la mano encima te mato" o algo así. Entonces él saltó sobre mí, me placó al suelo, se puso encima, impidiéndome respirar y me dijo: "Puta, que eres una puta y te gusta chuparla". Nunca olvidaré la frase porque en aquel momento me resultó cómica de puro incomprensible. A él, precisamente, le encantaba que se la chupara.

Yo tenía el cuchillo firmemente agarrado contra mi pecho, con las dos manos. Él medía un metro noventa y pesaba, ya lo he dicho, cien kilos. Fue como un padre que le quita el cuchillo a una niña pequeña a la que sorprende jugando con él. Me lo arrebató de las manos de un plumazo. Y luego se fue a dormir.

Yo salí corriendo, cogí el bolso, bajé a la calle, me subí en el primer taxi que encontré y me dirigí a casa de mi amigo Bernat, llorando.

Aquella noche mi hija dormía en casa de otras niñas, en una fiesta de pijamas.

Al día siguiente este amigo se presentó en la que había sido mi casa para recoger algo de ropa para mí, porque yo no quería volver. Cuando regresó de la casa me dijo que había estado hablando con mi marido, que mi marido le había enseñado su camisa, que yo había roto, que estaba convencido de que lo nuestro no había sido maltrato sino una riña doméstica.

A Bernat no se le ocurrió ni pensar que si yo le había roto la camisa fue para defenderme, no se le ocurrió ni por un momento calibrar que una riña entre un hombre que mide uno noventa y una mujer que mide uno sesenta y ocho, una riña entre un hombre que pesa cien kilos y una mujer que pesa sesenta y cinco, no puede nunca ser una simple riña. Que la desigualdad de condiciones es tan evidente que no hay pie ni para la sospecha.

Mientras escribo esto lloro al acordarme.

Yo sabía que no podía llamar a ningún amigo. Todos, absolutamente todos, creerían su versión. Puesto que Bernat, que me había acogido y que ni siquiera tenía mucho contacto con mi marido, le creía, puesto que el amigo más cercano y más valioso para mí le creía, ¿cómo no le iban a creer los demás, que le debían tantos favores y que se comunicaban a diario por él con Facebook?

Y desde luego yo no podía recurrir a una familia con la que nunca me he llevado bien.

Volví con él, sí. Y ni siquiera tuvo que decirme aquello de "voy a cambiar, te prometo que voy a cambiar". Ya he dicho que él nunca dijo lo siento.

Volví con él porque estaba sola, porque nadie me creía, porque no tenía amigos ni familia. Volví porque no me sentía suficientemente buena, porque me sentía culpable por haber dejado de tolerar, de aguantar. Volví porque me creía la causante del estallido de violencia, porque creía que la culpa había sido mía, que no debía de haber reclamado mi sitio en la cama, que no debía haber entrado en la habitación con un cuchillo. Volví con él porque el sufrimiento alivia la culpa. Volví porque si yo sufría, yo pasaba a compartir su destino, porque me sentía responsable de él y de su sufrimiento: si él sufre, yo debo sufrir también, todo por amor.

Y cuando volví con él la cagué del todo, porque ya no se lo podía contar a nadie. Si lo contaba, definitivamente ya nadie me creería. Ya nadie creería que él me hubiera pegado y yo hubiera seguido a su lado. Creerían que me lo inventaba todo.

Volví con él y a día de hoy aún no puedo cerrar el puño de la mano izquierda, porque el dedo que me rompió nunca soldó del todo.

La segunda agresión llegó poco después. El controlaba mi móvil y mi ordenador y leía todo yo que yo escribía. Sí, yo hablaba con muchos hombres. Admiradores, gente que conocía en el trabajo. Porque quería salir de la situación en la que estaba, porque no podía hablar con mis amigos de toda la vida y porque los que intentaban contactar conmigo siempre eran hombres. Entonces, ya lo he dicho, yo presentaba un programa de televisión, era atractiva, me admiraban. Pero solo hablaba, solo contaba lo que me pasaba, lo mal que lo sentía. Nunca tuve un amante.

Y cada vez que él interceptaba una de esas conversaciones, teníamos una bronca épica. A mí no se me permitía ser infeliz en mi matrimonio, mucho menos contárselo a alguien, mucho menos contárselo a alguien del sexo masculino.

Me gritó, me gritó y me gritó, luego pegó un portazo y salió de casa. Llamé precisamente a uno de aquellos amigos, y quedamos a tomar un café. Con tan mala suerte como para que mi marido pasara precisamente por delante de aquel local. No, no entró y se puso a gritarnos en público, no. Y no porque le tuviera miedo al otro hombre, no por eso. Aquel otro hombre era pequeño y delgado, dos centímetros por debajo de mí. No entró al café porque él nunca montaba números frente a otras personas, porque nadie le vio jamás perder la cabeza en público. Lo que hizo fue llamarme al móvil y decirme que iba a tirar mis cosas por la ventana.

Salí corriendo de aquel café sin disculparme siquiera ante mi interlocutor y corrí por las calles empedradas del barrio hacia mi casa. Vivíamos en un primer piso y allí estaba él, en el balcón, con unos cuantos vestidos (todavía con sus perchas en la mano). Abrí el portal, subí los escalones de tres en tres, metí la llave en la cerradura y no tuve ni que girarla, porque él mismo abrió la puerta. Y cuando me tuvo frente a él me pegó una bofetada que me tiró al suelo.

Más tarde me dijo que me pegó porque creía que yo le iba a pegar a él ya que llegaba corriendo y sin resuello. ¿Qué te hace pensar que solo porque alguien corra va a pegarte? Y sobre todo ¿no te vale con inmovilizarme, si ya has probado que sabes hacerlo? ¿Por qué tienes que pegarme un golpe en la cara?

Eligió un momento en que mi hija no estaba, claro. Estaba de nuevo durmiendo en casa de una compañera de colegio. Cuando echo la vista atrás me doy cuenta de que entonces mi hija era muy popular, y cada fin de semana lo pasaba en casa de alguna amiga. Ahora pienso que mi hija era la primera interesada en escapar de aquel ambiente tóxico, porque ella siempre estaba invitada a dormir en casa de otras niñas. pero nunca invitaba a nadie a dormir a nuestra casa.

Ahora, cinco años después, soy capaz de ver que nadie puede amenazar con destruir los objetos queridos de una solo porque le haya encontrado hablando con otro hombre en un café. Ahora lo veo, entonces no. Entonces yo creía que tenía la culpa de todo. Y más adelante, cuando te explique cosas de mi infancia tú vas a entender, o eso espero, por qué estaba yo tan condicionada a sentirme culpable de todo, a echarme las culpas de todo. Lo entenderás más tarde cuando te explique por qué me afectó tanto el suicidio de Chester Bennington.

Pero aún no hemos llegado a eso.

Hablamos de que acepté esa segunda bofetada, y que aun así seguí con aquel hombre.

Porque cuando intentaba hablar con alguien y empezaba a sugerir lo que pasaba, me encontraba siempre con la misma respuesta: Pues vete. Tú que tienes dinero, tú que tienes carácter, formación, inteligencia, estudios. Tu que tienes a tantos hombres locos por ti. Qué tonterías dices. Déjale y punto, pero no me vengas a llorar.

Más o menos todo el mundo me decía eso, expresado a veces de formas más sutiles y con más giros.

Yo cometí muchos errores, muchos. Como todos cometemos errores. Unos con consecuencias leves y otros, como este caso, con consecuencias terribles. Y el amor es posiblemente el entorno en el que más errores cometemos. No olvidemos que el amor romántico, a fin de cuentas, es un estado alterado de conciencia. Y un mito.

Pero es que ser guapa, inteligente, tener un trabajo que funciona, tener dinero, cultura, son factores que no evitan que caigas en una relación abusiva. No, lo siento. Lo de ser maltratada... (¿Me he atrevido a escribir maltratada? Yo misma no me lo creo. Durante años negué que lo era, me lo negué a mí misma. Porque si los demás creían que yo no podía ser una mujer maltratada, entonces yo no podía serlo) Lo de ser maltratada, digo, no es de mujeres pobres ni incultas. De hecho, te voy a decir más. Mi psicóloga era cara. Atendía a mujeres con estudios, masters, doctorados. Con situaciones económicas que superan con mucho la media nacional. Mujeres inteligentes. Muy inteligentes. Capaces, muy capaces. Bellísimas, sociables, admiradas. Médicas que salvaban vidas. Militares que sirvieron en Afganistán. Arquitectas que habían levantado rascacielos. Abogadas, juezas, políticas que sabían perfectamente, sobre el papel, en teoría, lo que es un maltratador y que sin embargo no supieron reconocer al que tenían en casa. Mujeres que llegaron a su consulta tal y como llegué yo. Llorando, destrozadas, pensando que ellas estaban locas. Ellas, como yo, no se veían como maltratadas. Creían que no estaban bien de la cabeza. Muchas, como yo, habían intentado matarse. Otras rumiaban la idea cada día.

Todas ellas eran mujeres inteligentísimas que perdieron el norte y la razón por un desamor. Personas sin problemas de salud, ni de trabajo, que aparentemente lo tenían todo en la vida, y que se arrastraban hasta el límite por una persona. Personas que sabían que eran dependientes, que escribían y borraban decenas de mensajes cada día. Hasta que, en un arrebato, enviaban uno, para pasar el resto del día esperando una respuesta que no llegaba.

Y es que creo que hay una relación directa entre el éxito y la dependencia. Somos exitosos porque nos ponemos a prueba, y nos ponemos a prueba para demostrar valía. Valemos en tanto demostramos a nuestros padres determinados éxitos. Padres que nos han enseñado que el amor hay que ganárselo. Padres que no nos querían de manera incondicional. Solo si sacábamos buenas notas, o arreglábamos nuestro cuarto, o no ensuciábamos la ropa o no rompíamos los juguetes. Y esta idea de que tenemos que pagar por el amor crea estructuras mentales dependientes.

Repito, se trataba de personas muy inteligentes. Y en todos los casos bien situadas. Pues si no lo fueran, no hubieran podido pagar a una terapeuta tan cara. Porque no es cuestión de la formación que te han dado, sino de otras cosas. Y es que los factores que hacen que entremos y aceptemos una relación emocional abusiva son muchos y a veces se cruzan y se enredan entre sí. Y acaban formando en tu cabeza un intrincado laberinto del que no sabes salir. Tantos hilos que van formando una red de telaraña que te atrapa.

Nuestros patrones de dependencia, por ejemplo. Esos patrones que hemos heredado las personas que nos hemos criado en hogares difíciles, que no sabemos reconocer el amor sano porque nunca lo hemos conocido, que tenemos un miedo cerval al abandono.

O los patrones que hemos aprendido en nuestra primera relación adolescente. O la soledad, o el estar pasando por un momento difícil, estar lejos de casa, en un país extranjero, o trabajando en un entorno en el que no te sientes valorada.

Porque lo cierto es que el tener un estilo de apego segurísimo, unas figuras paternas maravillosas y un carácter que ni el de Agustina de Aragón, sigue sin ser una vacuna eficaz.

Puede que alguna de aquellas mujeres viniera de un hogar estable, muchas estaban más que reconocidas en su trabajo, la mayoría no estaban solas. Yo no estaba sola, pero sí me sentía sola.

A todos nos encanta creer decir que nunca caeríamos en algo así. Pero me decía mi psicóloga que en psiquiatría y en terapia de pareja había visto tantas cosas como para no poder decir que haya prevención o vacuna posible para una relación abusiva.

Yo que sé si mi marido era psicópata o no. Quizá fuera un narcisista, o un trastorno límite. Yo a estas alturas no sé nada de nada. O sí. Sé que era exageradamente celoso. Sé que era seductor y manipulador, que tenía a todo mi entorno a sus pies. Sé que consiguió destrozar mi autoestima, nublar mi razón y arruinar mi salud.

¿En serio crees, querido lector o lectora, que tú serías inmune a sus encantos? A los suyos o a los de alguien parecido. Ojalá, querido lector o lectora, tú cuentes con una vida estable, y seas feliz en tu entorno familiar. Pero piensa en tus peores momentos de confusión y soledad, en tu adolescencia llena de inseguridades... Si en esos momentos te hubiese llegado un encantador de serpientes... ¿Seguro que no hubieses caído?

Y además él contaba a su favor con el tema del mito del amor romántico, la estructura familiar como bien supremo, la maternidad divinizada, la sublimación del perdón. Él contaba con mi educación en una familia católica y machista, con mis ganas de adaptarme... Porque sí, yo estaba muy bien formada, tenía dinero, era inteligente. Pero yo no había llegado hasta él a través de una buena educación emocional, ni un modelo de familia de origen estable.

Poco después de aquella segunda bofetada estuvimos cenando con una amiga. Esta amiga no era muy íntima, era más bien una conocida. Pero se dio cuenta de que él me trataba mal. Creo recordar que él hizo una broma de ésas de mal gusto sobre mí y que cuando me sentí molesta me salió con aquello de que yo tenía poco sentido del humor. Mi amiga, después, me dijo que le había caído fatal mi marido.

Ya en casa, él y yo tuvimos una discusión. Sé que la discusión tuvo que ver con ella. Pero no recuerdo la frase exacta que le hizo saltar. Sí recuerdo que de pronto, en una fracción de segundo, se había levantado del sofá e iba tras de mí. Yo salí corriendo por el pasillo, me encerré en la habitación y eché el pestillo. El empezó a dar golpes a la puerta. En la mesilla de noche estaban mis pastillas. Lorazepan. Sí, las mismas pastillas que Chris Cornell tomaba para dormir. Y una botella de agua mineral. Me las tragué todas.

Desperté en un hospital en el que había pasado dos días inconscientes. No recordaba absolutamente nada a partir del momento en que me tragué las pastillas. Nada, nada. Él había tirado la puerta abajo y había llamado a una ambulancia.

Ahora entienden ustedes por qué lo de ese episodio que narra Vicky Cornell en el que el guardaespaldas tira la puerta abajo me resulta sospechoso. Mi marido tiró la puerta abajo porque se temía lo peor. Y si se temía lo peor era porque ya sabía que yo estaba desesperada. Si no lo hubiera sabido, si no hubiera sabido que yo ya estaba tan mal, sencillamente habría salido a dar una vuelta, como hacía tantas veces en las que, en mitad de una discusión, me dejaba con la palabra en la boca, cuando se daba cuenta de que yo iba ganando, de que no podía contra argumentarme.

Pero no se fue, no.

Porque sabía que yo no podía más, que estaba deprimida, que lloraba a diario. Sabía que yo corría el riesgo de matarme.

Cuando salí de aquel hospital, yo insistí en que no quería volver a nuestra casa. El no hizo nada por impedírmelo. Me puso en un taxi, pese a que yo estaba desorientada y no me había duchado. Me puso en un taxi pese a que yo seguía drogada y no recordaba apenas mi nombre. Recuerdo que me costaba incluso andar. Pero que sabía que no tenía que volver a aquella casa.

El temía que yo contara lo que había pasado, así que contraatacó. Llamó a toda mi familia, dijo que estaba muy preocupado por mí, que no había podido impedirme subir al taxi, que yo había perdido el juicio. Mi familia, por supuesto, le creyó a él y creyó que yo estaba loca. Mi madre se quedó con mi hija.

Pasé dos días dormida en casa de la misma amiga que me había prevenido contra él.

Me presenté en una psicóloga poco después, llorando. Todavía tenía el dedo roto, el de la mano izquierda. El que me había roto aquella noche en la que discutimos. Aquella noche en la que me presenté en casa de Bernat, que me había acabado por decir que "aquellas eran discusiones normales de pareja". La psicóloga me hizo notar que yo no era zurda, que, si hubiera estado enarbolando el cuchillo contra él, lo habría sostenido con la mano derecha. Me hizo recordar que yo tenía el cuchillo apretado contra mi pecho. Qué él primero me rompió un dedo, y que entonces yo solté el cuchillo.

La psicóloga le llamó a él, y le dijo que era necesario que hablaran. Él se negó a acudir a su consulta. La psicóloga me hizo ver que, si él hubiera estado de verdad tan enamorado de mí, habría ido corriendo a hablar con ella para saber qué era lo que me pasaba, o si yo estaba bien o mal.

Entretanto, mientras yo estaba desaparecida, él había llamado a todos mis amigos. Mis amigos y mi familia creían su historia: Yo era una persona depresiva, él había hecho todo lo posible. Ya se sabe, nadie envía a sus barcos a luchar contra los elementos. Jugaba como siempre la carta de hombre muy enamorado.

Sí, yo era depresiva antes de conocerle. Sí, tenía un antecedente de depresiones muy fuerte. Pero sé que la salud mental de una persona mejora o empeora dependiendo del entorno en el que esté. En los años que he estado sola, sin él, no ha habido nunca otro intento de suicidio. He mejorado muchísimo. Duermo y como bien, ya no bebo tanto como entonces, no tengo ataques de pánico, no me despierto llorando, no sufro como sufría.

Se dice, y con razón, que la depresión es un asunto de familia. Porque tal vez haya un componente genético que transmita de una generación a otra la tendencia a la depresión; pero lo que nadie puede negar es que también influye el ambiente familiar. Las personas objeto de malos tratos son las que corren el mayor riesgo, así como también quienes reciben demasiadas críticas y ven siempre destacadas sus deficiencias. O los que se ven abrumados una sobreprotección, que viene a ser en el fondo control encubierto, e incapacidad de permitir que una persona no funcione por su misma.

Yo con él lo había vivido todo. Sobreprotección excesiva, control, crítica constante, maltrato. Todo disfrazado de amor intenso. Recibiendo regalos a todas horas, ramos de flores en el trabajo, mensajes diarios en los que me decía que me amaba. Podía ser a la vez un ángel y Satanás, Jekyll y Hyde, mi amor y mi maltratador.

Quienes viven en hogares en los que se discute continuamente corren más riesgo de sufrir depresión que los que viven en ambientes menos tensos. Sí, vale, algunos expertos dicen que los factores medioambientales (como la mala alimentación, las toxinas y el abuso de sustancias adictivas) pueden provocar depresión. Otros opinan que también influyen ciertos medicamentos (como algunos antihistamínicos y tranquilizantes). Pero lo que a mí me queda claro es que la pareja es un factor determinante.

Por eso sé que si Vicky Cornell, como ella misma dice, estaba siempre con su marido, algo, digo yo, tendrá que ver en la decisión que él tomó.

Yo qué sé, no conozco de nada a Vicky Cornell. Pero sé, sé muy bien, que la decisión de suicidarse, aunque sea impulsiva, como fue mi caso, se medita largamente, de forma subterránea e inconsciente, durante mucho tiempo. Yo me tomé las pastillas en un arrebato, pero llevaba tiempo pensando que quería morirme.

Sé, sé muy bien, que es imposible que ellos fueran una pareja tan feliz, tan perfecta, como ella dice. Sé que convivir con un depresivo es complicado. Sé lo que es vivir con esta enfermedad, sé cómo hacen mella el desgaste y el cansancio. Sé lo que es vivir en sombras, con nubes sobre tu cabeza preñadas de una lluvia de tristeza. He conocido la desolación en todos sus matices. Sé perfectamente lo que siente una persona cuando quiere morirse. Lo sé.

Lo sé.

Mi Muy Querido Martin,

Me preguntas qué es una cebra y me doy cuenta de que tú no lo sabías.

Quizá ahora corresponda explicar qué es exactamente ser una cebra.

Una cebra no se puede domesticar. Debido a la naturaleza impredecible de las cebras y a su tendencia a dejarse llevar por el pánico cuando se ponen nerviosas.

Las cebras resultan prácticamente imposibles de enlazar con una cuerda. Incluso para vaqueros que ganan campeonatos de rodeos. Observan el extremo de la cuerda, volando hacia ella, para, a continuación, agachar la cabeza y esquivarla. Las cebras son muy inteligentes. De ahí que no se pueda ensillar o montar a una cebra. Son animales extremadamente celosos de su libertad.

Las cebras son hipersensibles. Poseen un excelente sentido de la vista. Se cree que pueden ver en color. Y tienen visión nocturna. Tienen también un gran sentido del oído, y tienden a tener orejas más grandes y redondeadas que los caballos. Pueden girar las orejas en casi cualquier dirección. Además de una buena vista y oído, las cebras tienen un agudo sentido del gusto y un sentido del olfato muy sensible al humo, esencial para sobrevivir a los incendios.

Las cebras se camuflan, no quieren mostrarse: las rayas verticales contribuyen a esconder la cebra entre las hierbas. A pesar de que esto puede parecer absurdo a primera vista, teniendo en cuenta que la hierba no es ni blanca ni negra, se supone que es efectivo contra el predador principal de las cebras, los leones, que son daltónicos.

Una leyenda africana asegura que, hace mucho tiempo, las cebras no tenían las rayas blancas y negras que tienen hoy en día, sino que eran todas blancas. Cuando veían una cebra, algunos decían que se trataba de un cruce entre un caballo de color blanco y un burro, o quizás una mula. En aquel tiempo, la gente todavía intentaba domesticar a los caballos salvajes para poder cabalgarlos y lucirlos delante de todo el mundo, pues eran muy bellos.

Las cebras tenían otro nombre porque eran diferentes de los caballos y las mulas. Pero era muy difícil capturar y entrenar una cebra. Un día, una cebra que todavía era muy joven se perdió y acabó dentro un poblado. La gente empezó a mirarla y a cuchichear, pensando cómo podrían capturarla.

La cebra se asustó, y se dio cuenta de lo que le querían hacer. Empezó a correr mientras la gente entraba a casa a buscar una red para cazarla. Corrió y corrió, hasta que finalmente tuvo una idea. Encontró un bote de pintura negra y lo tumbó. La pintura se esparció en muchas rayas onduladas. La cebra se revolcó hasta que las rayas se le quedaron pintadas en el cuerpo, pensando que así quedaría fea y la gente no la querría capturar.

Las cebras se distinguen unas de otras en la sabana. No hay dos cebras iguales, El patrón de las rayas es diferente y único en cada cebra.

Las cebras se encuentran en peligro de extinción porque tienen muchos predadores. Los leones, las hienas, los cocodrilos, y sobre todo los humanos. Las cebras son animales frágiles y nada agresivos. Son presas fáciles.

No sé si ahora habrás comprendido por qué a cierto tipo de personas los psicólogos nos llaman cebras.

Siempre tuya.

Síndrome de estrés postraumático

Los padres de Chester Benninton se divorciaron cuando él tenía once años. Tras una batalla por la custodia, el niño se quedó con su padre. Pero el padre era inspector de policía, lo que suponía que el chico se quedaba muchas veces solo. Es decir, el niño Chester vivió primero violencia (me refiero a las broncas que presenciaba entre sus padres) y después abandono (cuando perdió el contacto con la madre y se quedó con un padre que no podía hacerse pleno cargo de él).

Chester era un niño introvertido, enclenque, delgado, con gafas. Y además, poco protegido por sus padres.

La víctima perfecta.

Chester tenía un amigo mayor que él, que le prestaba la atención que él desesperadamente buscaba. Todo empezó, contaba Chester, con juegos que parecían inocentes. Juegos sexuales de descubrimiento, de los que se supone que comparten tantos adolescentes. Después el asunto fue escalando e intensidad, hasta acabar en violaciones y palizas. Chester no se lo contó a nadie porque pensaba que nadie le creería, y porque no quería que nadie pensara que era gay.

A los once años Chester sufría de ansiedad severa. En un caso claro de automedicación, empezó a beber y a fumar marihuana. De ahí a los ácidos, la coca, las anfetaminas, el crack. A los diecisiete años su padre no sabía cómo controlarle, y Chester se mudó con su madre, que le tuvo encerrado en casa durante un año sin dejarle salir.

A los dieciocho conoció a su primera novia, Elka, y la dejó embrazada. A los diecinueve la relación se acabó y Chester dejó a Elka por Samantha. No hubo transición entre una y otra. El hijo de Chester y Elka nació el 12 de mayo, y Chester se casó con Samantha el 31 de octubre.

Nueve años después se divorcia de Samantha, cuando el hijo de ambos acaba de cumplir tres años. Se va a vivir solo y entonces conoce a Talinda, que se muda a su apartamento una semana después de su primer encuentro.

Como buen dependiente, Chester no sabía ni podía estar solo. Porque conforme el adicto se vuelve cada vez más dependiente de la bebida o de la droga, también se hace más dependiente de sus parejas. Y es que, dado que su principal preocupación es satisfacer su adicción, el adicto no se ocupará de cosas básicas, como recoger la casa, comprar comida, alimentarse correctamente, pagar facturas, llevar el coche al taller... ocuparse, en fin, de los mil y medio problemas de la vida diaria. Por eso su pareja se encuentra a menudo llevándolo a la cama cuando lo encuentra borracho en el sofá, consolándole cuando se siente deprimido, o inventando excusas para justificar su conducta ante los demás.

Doy por hecho que sus esposas establecieron una relación de codependencia con Chester, porque Chester dependería de ellas. Y ellas se sentirían amadas.

Cuando estás con un adicto, y lo sé porque he estado con uno, la dependencia que él siente hacia ti te hace pensar que él te necesita, y, por tanto, que te ama. De ese modo tú crees que satisfaces una necesidad de conexión, intimidad y atención.

Pero la dependencia no es amor, es solo un falso sustituto que resulta destructivo para ambos, porque hace que la situación se mantenga, que el adicto siga siendo adicto y te siga necesitando. A su vez, tú sigues necesitando de su adicción, de su necesidad de ti. Aunque, por supuesto, esto es mucho más fácil si el adicto es millonario, como lo era Chester. Por eso, supongo, Samantha y Talinda soportaron a Chester mucho más tiempo que Elka. Porque Elka le conoció pobre.

Es más fácil soportar a un adicto en una mansión que cuesta dos millones y medio de dólares que en una caravana.

Chester sufría de Síndrome de Estrés Postraumático. El suyo era del tipo latente. Es decir, del que aparece tiempo después de que la situación traumática haya desaparecido.

Chester contaba que su trastorno se desató a partir de una visita a la casa de su madre, cuando vio una fotografía suya de niño y recordó claramente lo que había pasado el día en que se la tomaron, cuando era aún un niño enclenque y con gafas. Y es que cuando alguien sufre este síndrome revive continuamente el acontecimiento traumático. Recuerdos reiterativos del suceso que, en la mayoría de las ocasiones, también se mezclan con pesadillas.

Quien sufre este tipo de trastorno examina continuamente lo que le rodea para detectar signos de peligro. Esto supone, lógicamente, dificultad para la concentración y sobresaltos continuos Y casi siempre se afronta el acontecimiento traumático a través de pensamientos y estados de ánimo negativos: depresión, ansiedad, culpabilidad, vacío.

Para superarlos, Chester seguía consumiendo. Alcohol, cocaína, crack, meta, LSD... lo que fuera. Su depresión y su síndrome se intensificaron. Pasó por varias clínicas de rehabilitación. La última vez, en 2006. Y parecía que más o menos todo iba bien desde entonces. O no.

En una entrevista concedida a la revista Rolling Stone meses antes de su muerte, Chester afirmaba: "Me cuesta la vida. Incluso cuando todo va bien, yo me sigo sintiendo incómodo. Ahora mismo no me gusta mi cabeza. Así me siento yo, a todas horas. Y si no salgo de ese sentimiento, de verdad que me cuesta mucho vivir. No debería ser así".

Chester se suicidó en su mansión, solo. Le encontró al día siguiente la mujer de la limpieza. Su mujer y sus hijos estaban de vacaciones en Arizona. Chester debía de haber estado con ellos, pero adelantó el regreso a casa.

La versión oficial es que tenía que trabajar. Yo imagino que debió de haber una pelea familiar. Porque normalmente hay un desencadenante para un suicidio. Por muchas tonterías que leas por ahí, nunca se trata de una decisión impulsiva. Siempre hay una ideación suicida previa, siempre se trata de una fantasía que ha sido acariciada durante largo tiempo, aunque sea de manera casi subconsciente. Y luego, llega un acontecimiento que dispara esa fantasía para propulsarla al terreno de lo real.

Cuando Vicky Cornell colgó su sentida declaración de amor en *Billboard*, miles de fans de su esposo se dedicaron a insultar a Vicky en redes. Yo no fui la única que opinó que aquella carta de Vicky que *Billboard* publicó sonaba a narcisista y autoexculpatoria. Talinda, la mujer de Chester, había aprendido, por lo visto, de lo que pasó. Así que cuando Talinda colgó una nota en su perfil de Facebook aquella era una nota para los fans, no para Chester. No fuera a ser que le pasara lo que le pasó a Vicky.

"Hace una semana perdí a mi alma gemela y mis hijos perdieron a su héroe, su padre. Teníamos una vida de cuento de hadas que se ha convertido en una tragedia shakesperiana. ¿Cómo avanzo yo ahora? ¿Cómo recojo lo que queda disperso de mi alma hecha pedazos? La única repuesta que encuentro es que debo cuidar a mis hijos con hasta la última onza de amor que me quede. Quiero que sepáis, tanto mi comunidad como los fans de Chester en todo el mundo, que sentimos vuestro amor. Y sentimos también vuestra pérdida. Mis hijos son demasiado jóvenes para haber perdido a un padre. Sé que todos vosotros mantendréis vivo su recuerdo. Era un alma brillante y cariñosa y poseía la voz de un ángel. Y ahora por fin se ha liberado del dolor y está cantando en nuestros corazones. Ojalá Dios nos bendiga y nos permita apoyarnos los unos en los otros en los momentos de dolor. Chester lo habría querido así.

Descansa en paz, mi amor."

De Talinda se dice en todas las biografías que antes de conocer a Chester era modelo. Falso. No existe ninguna agencia que la representara, no hay fotos de campañas en las que participara. Se dice también que fue portada de la edición de chicas universitarias de *Playboy*. Pero en esa edición no aparecen modelos. Aparecen, precisamente, chicas universitarias.

No se sabe nada de la vida de Talinda antes de conocer a Chester. Ni siquiera, por mucho que se diga y se repita en la red, queda claro que realmente apareciera en las páginas de *Playboy*, porque esa foto nunca se ha visto. Lo que sí se encuentran son fotos de juventud. La Talinda que aparece en esas fotos no se parece mucho a la actual. Por lo que parece, la nueva Talinda se ha hecho algunos retoques estéticos en la cara y ha adelgazado muchos kilos. La Talinda que se fue a vivir con Chester era una chica normal y corriente, no la belleza espectacular que más tarde se fotografiaría con él.

¿Quién es la mujer que se va a vivir con un alcohólico a la semana de conocerlo? Pues una mujer que tampoco tiene mucho que perder ni una vida propia a la que dedicarse. No parece que Talinda hubiera hecho muchas cosas antes de estar con Chester. Y después, se dedicó en cuerpo y alma a él, y a cuidar a sus hijos. Supongo que se convertiría en una sustituta de la madre que Chester tanto echó en falta. Talinda, entiendo yo, o imagino, parece la típica codependiente.

Codependiente es aquella persona que se dedica a cuidar y a "salvar" a la persona con adicción. La que se involucra de una forma obsesiva en las situaciones y problemas del adicto. La que llega a adquirir características y conductas tan anormales como las del propio adicto. La que puede llegar, debido a su relación con el adicto, a perder el control de su propia vida y de sus límites.

Las personas codependientes sacrifican sus necesidades para atender primero las del adicto. Minimizan sobre aspectos problemáticos de su pareja y de la relación. Invierten toda su energía en el adicto, se implican hasta el punto de vivir por y para él.

Paradójicamente, además, la familia afectada por una adicción termina produciendo un sistema de conductas que apoyan al desarrollo de la propia adicción. El adicto lo es porque tiene un codependiente que le permite serlo. En el caso de Bennington, una mujer que vivía para cuidarle, para ocuparse de su casa y de sus hijos. Para librarle de quebraderos de cabeza como buscar y pagar asistentas, llevar a los niños al colegio, acordarse de las vacunas, de los regalos de cumpleaños, de las revisiones, de todo lo que supone el caos de la vida diaria.

Los codependientes no pueden darse cuenta de que ayudan al adicto a seguir siéndolo, en parte por la negación del problema y en parte porque están convencidos que su conducta está justificada. Ellos creen que están "ayudando" a que el adicto no se deteriore más, y a que la familia no se desintegre.

Exactamente un mes después del suicidio de Chester, su segunda mujer, Samantha, colgó una nota en su perfil de Facebook. Recordemos que Talinda fue la tercera mujer de Chester.

La nota original está llena de faltas de ortografía. La he traducido como he podido. He de decir que, en el original, con tanta falta de ortografía y de sintáctica, costaba entender el discurso de Samantha. Creo que el texto ha ganado con la traducción.

"He sido una señora, me he callado la boca. Me he mantenido con la cabeza muy alta, pero cuando alguien espera que agache la cabeza quiere decir que tengo que hablar.

Hoy hablo. No porque busque conflicto, sino porque no quiero reprimirme más.

Mi hijo se queda en casa conmigo. Tenemos muchos sentimientos y emociones encontrados, después de cómo se ha gestionado todo esto.

Queremos hablar, queremos ayudar a otros.

Ni mi hijo ni yo tuvimos oportunidad de hablar en el funeral de su padre. Porque en aquel funeral parecía que Chester solo había vivido una parte de su vida, la que vivió con su nueva esposa. No había fotos, solo una foto de Chester. Mi hijo nunca fue bien tratado por Talinda y mi hijo nunca quería ir a su casa por eso. Ahora mi hijo no quiere ir a aquella casa, no quiere ir a la casa en la que su padre se suicidó. Y por eso hay rumores de que intento alejar a mi hijo de sus hermanos. Nada más lejos de la realidad.

¿Recuerdas aquella cena que tuvimos todos juntos? Gracias por no cumplir el deseo de mi hijo. Gracias por no permitir que rezara junto a sus hermanos. Gracias por no permitir que fuera con vosotros a esparcir las cenizas de su padre en el océano. Gracias por no decirnos ni a mí ni a otros treinta y un invitados dónde iba a tener lugar la celebración privada tras el funeral. Gracias por esas llamadas de teléfono preguntando que dónde estábamos, pero sin mencionar dónde estabas tú, dónde tenía que ir mi hijo.

En el funeral solo mencionaste a la estrella de rock. Nada de su vida anterior. Estoy asqueada a tantos niveles... Muchos familiares y amigos fueron excluidos. Porque en el funeral decidiste que su vida se reducía a doce años. Los que pasó contigo.

En el funeral sus padres no estaban. En el funeral no se nos mencionó a las otras madres. No había fotos de nosotras, ni de nuestros hijos.

Menos mal que guardo mensajes. Menos mal que tengo pruebas de que Chester solo quería que mi hijo fuera a tu casa cuando él estaba allí. Que no quería que mi hijo fuera a ver a sus hermanos si él no estaba.

Mi ex marido me contó cosas. Y no voy a mentir a mi hijo ni por ti ni por nadie. El padre de mi hijo nos contó cosas. Cuando salíamos a cenar juntos, o cuando venía a nuestra cosa. Qué más da si soy su mujer o su ex mujer. El eligió estar con todas nosotras, tener hijos con nosotras, no es cuestión de culpar a nadie.

Pero en cualquier caso...

Se te olvidan todos los sacrificios que mi marido y yo tuvimos que hacer cuando él no era famoso para que el primer LP de Linking Park *viera la luz. Vergüenza debería darte. Pero al final, la verdad saldrá a la luz.*

Ni mi hijo ni yo hemos tenido la oportunidad de despedirnos y de honrar a su padre como es debido. La falta de honestidad y de respeto da asco. No tenemos dónde ir a honrarle, ni siquiera tenemos parte de sus cenizas.

Dices que quieres que mi hijo vaya a tu casa para darle cosas de su padre. Pues dáselas, pero no le obligues a ir a tu casa. Mis amigos, la familia, los médicos, le apoyan en su decisión. Y Draven es mi hijo, no el tuyo. El prefiere quedarse sin recuerdos de su padre antes que tener que volver aquella casa.

Ya sabemos cómo te las gastas, la clase de persona que eres, las cosas que vas diciendo. Tienes miedo de que la verdad salga a la luz.

Mírate en el espejo, espero que te guste lo que ves. Los negocios son los negocios, vale. Tú has rentabilizado su muerte. Yo veo cero amor en todo esto".

Bueno, parece que queda claro como el cristal que la vida doméstica de Chester y Talinda tampoco era el paraíso doméstico. No era, desde luego, el cuento de hadas del que Talinda hablaba.

Talinda y Chester se conocen en 2004 y, como he dicho, a la semana ella se va a vivir con él. Se va a vivir con un adicto. El divorcio de Samantha no se hace efectivo hasta el 2005.

Sobre esa época, Chester diría más tarde: "Mi vida se desmoronaba en pedazos, tanto por el divorcio como por el hecho de que estaba muy metido en drogas y alcohol".

Aquel año debió de ser particularmente duro, porque en el 2006, según contaba Chester, estuvo a punto de fallecer. "Aquel año tuve que elegir entre seguir bebiendo o morirme. Mis propios compañeros de grupo se abrieron conmigo y me dijeron que no podían más. Yo hasta entonces no tenía ni idea de que ellos estaban viviendo una pesadilla conmigo. Tenía muy claro que mi problema con el alcohol y las drogas era serio, pero no me había dado cuenta de hasta qué punto estaba afectando a las personas a mi alrededor hasta que me dijeron: mira, eres así. Me dijeron que yo era como dos personas: Chester y otro gilipollas. Y yo no quería ser el otro gilipollas".

El cuento de hadas que relata Talinda no lo pudo ser tanto. Aguantó al menos dos años con un hombre que se dividía en dos. Y quiero que quede claro que cuando uno es adicto las cosas no son tan fáciles como "vale, admito que soy adicto, me voy a una clínica, hago una cura, todo arreglado". Los problemas se inician precisamente al salir de la clínica.

En la clínica todo es fácil. No hay manera de conseguir alcohol o drogas, no existen los problemas ni las situaciones estresantes de la vida diaria, los horarios son fijos, todo es estable. Cuando uno sale, el alcohol está siempre a mano y, más o menos, las drogas también. Talinda aguantó al lado de Chester durante los dos años en los que él fue adicto, y estuvo a su lado durante la rehabilitación.

No, no debió ser un cuento de hadas. Y tampoco creo que la tragedia shakesperiana le cogiera tan de sorpresa como afirmaba.

Cuando uno convive con un adicto o adicta rehabilitada sabe bien que el fantasma de la recaída está siempre acechando, como quien dice, a la vuelta de la esquina, como una fiera hambrienta y solitaria. Siempre acecha en pequeños detalles –una mirada, un hábito, un acento– que parecen sin ninguna importancia, pero que constituyen un pasadizo al pasado, y que no se resignan al olvido.

Por ejemplo, imagino la ansiedad de saber que tu marido es un adicto en rehabilitación y que cuando se va de gira siempre va a haber alguien cerca de él que beba una cerveza. Tú puedes conseguir que en tu casa no haya alcohol, pero no puedes evitar que lo haya fuera de tu hogar. Y no puedes impedir que contacte con los viejos amigos, o que sueñe con recuerdos que la noche desentierra.

A un lado del paraíso, siempre acecha el infierno.

Deduzco que Chester y Tailnda vivieron ratos buenos y ratos malos. Además, cualquier rato malo debe de ser un poco menos malo cuando eres millonario, digo yo. Se me critica mucho cuando digo esto, pero sé por qué lo digo. Una de mis íntimas amigas, ya fallecida, estuvo toda su vida casada con lo que yo considero un maltratador. Su viudo es uno de los tipos más inteligentes y carismáticos que he conocido, pero tiene un problema grave con la bebida. Ellos poseían dos casas, la de Madrid y una en un paraíso frente al mar. Me invitaron a pasar unos días a la segunda. El gritaba constantemente, por niñerías. Recuerdo que organizó una trifulca de campeonato porque alguien se había dejado una puerta abierta y un gato del jardín se había colado en la casa. Pero ella valoraba mucho lo que tenía. Y, a lo que parece, se sentía compensada. La lista de valores de cada uno y las reacciones de cada uno son diferentes.

Deduzco, decía, que en la relación de Chester y Talinda tuvo que haber malos momentos. Sin embargo, las redes sociales de ambos solo hablaban de felicidad. No digo yo que alguien tenga que colgar en las redes "estoy deprimido", pero sí que puede a veces colgar fragmentos de poemas, de canciones, un dibujo, un pensamiento en los que se nota lo que siente. Yo lo hago. Alguien que me conozca bien puede intuir a través de mis redes cuando me siento mejor o peor. Cuando estoy mal, cuelgo imágenes o poesías tristes. Pero Talinda solo hablaba de su marido y de sus hijos, sus perros, sus caballos, su casa con playa privada en Santa Mónica.

Talinda colgaba muchos, muchos vídeos de su vida familiar, aparentemente feliz. No hablaba de la música que escuchaba, o las películas que veía o los libros que leía. No colgaba el tipo de chascarrillos o frase ingeniosas o sentencias que la mayoría de la gente cuelga en Twitter cuando se le van ocurriendo. Parece que no tuviera voz propia, ideas propias, pensamientos propios. Talinda evidentemente, no tenía otra vida que su familia y su marido.

En cuanto a él, pues colgaba lo típico: promoción de su grupo y de sus conciertos. Lo que me llama mucho la atención es que iba colgando detalles de las series de ejercicios que hacía en el gimnasio y los progresos que iba haciendo.

¿A qué venía –me pregunto– cuidar tanto un cuerpo que iba a hacer desaparecer?

Y es que Chester hacía lo posible por esconderse, por camuflarse, por ser otro. Como hace la cebra con sus rayas.

Chester era un hombre increíblemente tímido, increíblemente herido, increíblemente creativo, radicalmente distinto.

La cebra perfecta.

Mi Muy Querido Martin,

Que no entiendes lo de la cebra, me dices. Que no entiendes lo de la cebra...

Quizá ahora debería darte unos cuantos datos de ese libro que debería escribir, el de la *Neurociencia para millenials.*

Las cebras somos personas que tenemos conexiones cerebrales más numerosas, más complejas y más activas que la mayoría de la población. El desarrollo de dichas conexiones también es diferente. Con técnicas de neuroimagen se han encontrado variaciones tanto en la sustancia gris (cuerpos neuronales) como en la blanca (conexiones neuronales a larga distancia). Por ponerte un ejemplo, la corteza cerebral es más delgada a los seis años en las cebras y alcanza su mayor grosor mucho más tarde: a los doce en los niños cebras frente a los ocho o nueve de la mayoría de los niños.

Varias áreas de nuestra corteza están más diferenciadas que la media, en particular en el lóbulo frontal. El hipocampo, sin embargo, no lo tenemos tan compartimentado como el resto de la población.

Parece que poseemos un mayor nivel de organización en la sustancia blanca, en concreto en el cuerpo calloso. Esto significa una transferencia de información entre los dos hemisferios cerebrales mucho más rápida de lo que se considera normal. También poseemos una estructura más organizada en las vías que conectan los lóbulos frontales con los ganglios basales y las regiones parietales.

La neurociencia no puede responder a la pregunta de si hemos nacido cebras porque tenemos esa organización cerebral especial o si nuestra mayor actividad cerebral genera cambios en la estructura cerebral. Es decir, ¿qué fue primero, el huevo o la gallina?, ¿qué fue primero, la cebra o su cerebro?

Y tú me preguntarás: Y todo esto ¿qué quiere decir? ¿En qué se traduce exactamente?

Que somos diferentes. Más creativos, hipersensibles.

Y te lo voy a explicar.

Ser cebra quiere decir que puedo memorizar un artículo con solo leerlo una vez, y puedo leer ese artículo a una velocidad increíble.

Que puedo recordar casi entera la letra y la melodía de una canción con solo haberla escuchado una vez.

Que puedo memorizar los datos más absurdos y asociarlos entre sí. Es decir, que, si mañana me hablas de física cuántica, por ejemplo, te sorprenderá lo mucho que sé sobre el tema, pero en realidad lo único que sucede es que recuerdo dos o tres documentales que vi en su día.

Ser cebra quiere decir que probablemente, si las entrenara, podría tener capacidades telepáticas o telequinéticas. O eso dicen. Pero no me ha dado por hacerlo porque no quiero convertirme en la niña de *Stranger Things*.

Ser cebra, sobre todo, quiere decir que soy hipersensible.

Esa cualidad, es, ante todo, la que me define. Que soy hipersensible.

Que lloro por cualquier cosa. Que no puedo ver escenas de violencia en cine o televisión. Que no soporto que me griten, ni que me dejen de hablar durante días. Que a veces no aguanto a mis parejas. Que en cuanto intentan hacer conmigo lo que les funcionaba con otras parejas, es decir, gritar, utilizar el mutismo hostil, desvalorizar, etc..., me hundo en la miseria. Que me deprimo a niveles tan hondos como para decidir abandonar la relación. Y que, como ése ha sido el patrón general en mis relaciones, he desarrollado un pánico tremendo a las relaciones.

Que soy kinestésica. Que veo la música en colores, por ejemplo, y asocio colores a gustos. Que por esa razón soy una cocinera excelente y puedo preparar cualquier plato sin receta: porque sé elegir y combinar las especias por mero instinto.

Que, por supuesto, tengo orgasmos múltiples y sinestésicos. Que siento los orgasmos en colores y en imágenes.

¿Qué más? Que sufro de hipersensibilidad emocional; que tengo un sentido del humor muy particular; que tengo tendencia a sobreanalizar, a pensar demasiado; que no tengo autoestima; que hago un uso frecuente, casi abusivo, de la analogía y de la metáfora, que tengo una imaginación potentísima; que sueño en colores; que tengo una creatividad inmensa; que puedo dibujar de memoria algo que he visto, sin necesidad de modelo; o que puedo cantar casi de memoria una canción que solo he escuchado una vez; que tengo tendencia a dispersarme, que sufro de ansiedad, que vivo en una ansiedad semi permantente, con montañas rusas emocionales, que tengo una gran capacidad de visualización; que entiendo sistemas complejos, que pienso en arborescencia (eso quiere decir que cada pensamiento se asocia a otro pensamiento); que sufro de hipersensibilidad sensorial, (es decir, que no puedo soportar ruido, luces olores demasiado intensos); que puedo reconocer a una persona solo por su olor, (es decir, que puedo decir "en esta habitación acaba de estar Fulanita" y dejar a todo el mundo creyendo que soy una bruja, pero sencillamente he olido su perfume), que tengo la empatía tan desarrollada como para que no pueda ver violencia en el cine (he vomitado en varias películas); ... y que tengo una tendencia a escribir cartas larguísimas.

No sé, quizá hayas escuchado hablar de nosotros. Quizá alguien te haya contado de los problemas de los niños y adolescentes cebras, de las burlas e incomprensión que padecen en la escuela. Pero nadie se pregunta qué ocurre cuando nos hacemos mayores. Hay cebras que sufren en el trabajo porque no se adaptan. Otras sufren porque sus jefes no toleran que sean brillantes. Y se queman. Se pierden para siempre.

Todas las cebras sufrimos por sentirnos diferentes, incomprendidas y solas. Gran parte de nosotras tenemos la autoestima destrozada y vivimos con problemas de ansiedad. La gran mayoría nos hemos pasado la vida escondiendo nuestra condición, camuflándonos. Más de la mitad de las cebras suspenden o sacan notas mediocres, y muchos adultos dejan el trabajo porque les aburre o porque les rechazan. Y no siempre resulta fácil sobrevivir.

Las cebras somos las personas más sensibles sobre la tierra. ¿Razón? A mayor cerebro, más emociones. Es así de sencillo.

Ser cebra no es ser inteligente. No es ser inteligente de la manera en que la mayoría de la población entiende la inteligencia. No somos triunfadores. No somos grandes ejecutivos, ni directivos, ni millonarios, ni líderes. Funcionamos de un modo atípico. No se trata de ser «cuantitativamente» más inteligente, sino de disponer de una inteligencia «cualitativamente» distinta.

Tenemos una capacidad sensorial exacerbada. Nuestros sentidos están constantemente alertas y esto activa nuestra receptividad del mundo. Nuestra memoria visual u olfativa puede ser increíble, pero con frecuencia olvidamos nimiedades: no recordamos dónde dejamos las llaves o el móvil o el bolso hace dos minutos. Poseemos una tremenda agudeza para según qué cosas, y esta agudeza explica también nuestras reacciones extremas y nuestra enorme afectividad. Necesitamos de amor como una planta necesita del agua. Nos relacionamos desde la emoción. No conocemos otra manera de estar en el mundo.

Alguna vez he leído que nuestra hipersensibilidad emocional es un rasgo derivado de nuestra inteligencia, como si estuviese indisolublemente asociada a ella. Se cree que una cebra puede "sentir mucho, pero sin saber lo que siente". Que no sabe muy bien hacia dónde va dirigida esta sensibilidad, que no sabe identificar el objeto de su sensibilidad.

Sentir y percibir de una manera tan extrema nos genera una tensión emocional constante, una ansiedad y un dolor que están siempre ahí, en nuestra vida, como una corriente subterránea. Somos débiles, somos vulnerables.

¿Me reconoces? Quizá también te reconoces a ti mismo. Tengo la impresión, después de leer tu libro, de que tú eres otra cebra. Porque en esas descripciones de los colores, en esa hipersensibilidad emocional, te reconozco y me reconozco.

Antes de que yo pasase el famoso test y supiese qué era exactamente lo que me pasaba, a mí alrededor siempre habían considerado que estaba loca. Yo también creía que estaba loca. Y sin embargo, era imposible acertar con lo que me sucedía. He conocido a un rosario de psiquiatras y psicólogos, y me ha gastado en profesionales suficiente como para haberme podido comprar un Porsche. Estaba deprimida, eso era evidente, y sufría ansiedad, eso era evidente también, pero no padecía trastorno alguno, me repetían todos. Nadie podía darme un diagnóstico preciso.

Martin, querido, ser una cebra no es una bendición de los dioses ni un don privilegiado. Ser una cebra es una manera de estar en el mundo que puedo ser exageradamente tormentosa. Nos une un dolor común que nos aterra.

A veces pienso que yo no soy sensible por inteligente, sino inteligente por sensible. Es decir, mi sensibilidad (mi capacidad de ver, de percibir, de ser esponja o caja de resonancia emocional de todo lo que me rodea) estaba ahí antes que mi inteligencia. Lo que me define (ante el mundo y ante mí misma) es que soy hipersensible, no que soy inteligente. De hecho, por mucho que tú y tantos como tú me repitáis tantas veces lo inteligente que soy, nunca he creído serlo.

¿Sabes? Desde niña he sabido siempre que era diferente y sentía que era diferente. Me sentía apartada, me sabía apartada. Y sin embargo, entendía perfectamente a los demás, captaba sus emociones de inmediato. Sabía y sé cuándo una persona está triste, o enfadada, o si me engaña.

Desde niña he sentido que no tenía piel, ni defensa, que andaba siempre expuesta. A merced de los leones, los cocodrilos y las hienas.

Cualquier cosa me hace llorar, o puede enviarme a la euforia como un cohete. La música, por ejemplo, tiene un efecto increíble en mi ánimo, el arte también. Tu libro, sin ir más lejos, me dejó noqueada durante días. No sé cómo explicártelo, era como si la belleza de sus líneas se derramara de repente por todas mis venas, como si me hubieran impreso al rojo vivo el impacto quemante de tus frases. Como quien no puede esconder más bajo el abrigo una noticia magnífica y quiere reírse sola.

Es decir, que yo creo que percibo y comprendo mucho antes que los demás, pero soy incapaz de beneficiarme de ello. Y siento que mi sensibilidad exacerbada me traiciona, que me convierte en una persona altamente frágil y constantemente sufriente. También creo que me hace dependiente en extremo, aunque sé que se me considera como muy independiente porque vivo sola y me manejo bien sola. Pero es que los problemas de acoplamiento e identidad que vivo yo y que vivimos tantos como yo, anclados permanentemente fuera de lugar, son difícilmente comprensibles para esa mayoría de la población que no son como nosotros (siempre me pregunto si tú eres como nosotros o como ellos). Nos perciben como a locos. Por eso mi ex marido presentó esa demanda, porque cree que estoy loca, y porque contaba con que el propio juzgado me vería así.

Las cebras se camuflan. La mayor parte están colocados en posiciones aparentemente corrientes porque no han querido ni podido hacer uso de sus dones. Dones que la sociedad no solo desperdicia, sino que además desprecia. Cualidades que despiertan la envidia y la hostilidad. Esa envidia y esa hostilidad que yo he vivido muy de cerca. La demanda de mi ex marido solo es un ejemplo de tantos.

Por eso la mayoría de nosotros escondemos nuestra condición. Porque tenemos miedo. De ahí las rayas, los camuflajes.

Viviendo como vivimos en una cultura agresiva, que preconiza valores como la dureza, la extroversión, el narcisismo, la agresividad, la competencia y la represión de las emociones más delicadas, sentimos miedo, ansiedad. ¿Qué pintamos nosotros, los hipersensibles, los tímidos, los exageradamente creativos? ¿Qué pintamos las cebras en un mundo de leones?

Somos dolorosamente conscientes de nuestra diferencia y de nuestra vulnerabilidad.

No sé si te lo he explicado y si me entiendes.

Aunque puede que tú tengas razón en lo que dices y no todos mis problemas dependan de mi condición de cebra. Intentar definirse a una misma a partir de la condición cebresca es probablemente un error, es fijarse en los árboles que ocultan el bosque.

Tienes toda la razón cuando dices que cada individuo es diferente a los demás. Cuando dices que el hecho de que uno sea todavía más diferente no explica por sí solo los eventuales problemas metafísicos, afectivos, sociales metafísicos, amorosos, de cada uno. O sea: es un hecho innegable que se sufre por ser cebra, pero no suficiente.

Es cierto que no tuve una infancia fácil, ni una adolescencia fácil tampoco, y que me hice muy famosa demasiado pronto, cuando no estaba preparada en absoluto para asimilar semejante cambio de vida, semejante invasión en mi privacidad, semejante exposición mediática, semejante crítica constante. Quizá no debería haber salido en televisión siendo tan joven. Sería complicado explicar las razones por las que yo me hallaba allí sin entender exactamente cómo me había tocado llegar, estrujando el momento.

En realidad, yo no había trabajado mucho o poco para llegar hasta allí. Me cogieron en el primer casting al que me presenté, cuando aún no había acabado la carrera. "Qué suerte tienes", me decían. Quizá no fue tanta fortuna, según lo veo ahora, en perspectiva. Me hice famosa demasiado antes de tiempo. No sé si lo entiendes. Tu fama de escritor no es tan invasiva. No te reconocen por la calle, es algo diferente.

Cuando me dieron los resultados del test, cuando me confirmaron que yo era una cebra... No sé cómo explicártelo. De repente sentí: "Es cierto, soy diferente, pero soy igual a otras personas con mi misma diferencia". Supongo que es lo que debe pensar un niño negro adoptado que crece en un entorno blanco y un día pone la televisión y descubre que hay una serie en la que todos los personajes son negros.

Sobre todo, sentí que no estaba loca. Después de haber escuchado a mi marido llamarme loca en cada discusión, esa certidumbre me tranquilizó mucho. Yo no estoy loca, solo percibo más que la mayoría de la gente.

Pero de momento, nadie ha podido dar un diagnóstico más adecuado. No soy bipolar, no padezco trastorno alguno calificable o mensurable. En los numerosos test que he hecho a lo largo de los años nadie sabía decir nada sobre mí aparte de "apego desorganizado", "depresión" o "ansiedad".

Es curiosos que pasara tantos test y que no fuera hasta tan mayor cuando a una psicóloga se le ocurrió, por fin, hacerme aquel famoso test. Y de repente, todo tenía una explicación. Así, de golpe, de la noche a la mañana.

Tengo que ir a dormir, mañana sigo escribiendo.

Siempre tuya.

Lo que nunca se dice y está enterrado dentro

¿Por qué me obsesioné con Chester? ¿Porque era amigo íntimo de Cornell, porque se colgó el mismo día en el que Chris cumplía años?

Sí, también.

Pero, sobre todo, porque contaba mi vida.

Me ha costado mucho, pero mucho, escribir aquí la historia de por qué tuve que divorciarme, de cómo perdí a mis amigos, mi autoestima y mi felicidad. Mucho. Pero, bien o mal, lo he escrito.

Sin embargo, me cuesta mucho más, me cuesta lo imposible, escribir sobre mi adolescencia.

Como Chester, vengo de una familia complicada en la que los gritos estaban a la orden del día. Como Chester, yo sufría de ansiedad cuando ni siquiera sabía que lo que yo sentía se llamaba así. Como Chester, empecé a beber muy joven. (Me emborraché por primera vez con doce años). Como Chester, sufrí abuso sexual por parte de un amigo y vecino mucho mayor que yo. (Cuando el asunto empezó, yo debía tener doce años y él diecisiete). Como Chester, cuando me di cuenta de que la cosa se me había ido de las manos, no se lo pude contar a nadie.

Pero mi historia va a más.

El amigo se lo contó a más amigos. Nadie entonces consideró que aquello pudiera llamarse abuso sexual. Consideraron, al contrario, que yo era una puta. Y un día, en una fiesta, me emborraché y me cogieron entre varios. Lo más fuerte del tema que nadie consideró que aquello era una violación. Todo el barrio se enteró, todo el barrio. Y yo me quedé para siempre con el estigma de puta. Con la idea de que la culpa había sido mía. Sin saber que aquello tenía siquiera un nombre: Violación. Violación en grupo.

Una víctima de abuso sexual no es un niño o niña cualquiera. En primer lugar, tienes que estar verdaderamente necesitada de afecto y atención. El que te elige sabe que eres vulnerable, que quieres que te miren, que te toquen, que te mimen. Un niño o una niña tienen que estar muy solo para ser convertirse en una presa fácil. Después, tu depredador debe estar seguro de que no dirás nada, de que no lo contarás. Y en mi caso no lo diría no solo porque no tenía una relación fluida o de confianza con mis padres, sino porque vivía en una familia católica tradicional.

Esto quiere decir que no había recibido ninguna educación sexual. Es decir, que al principio no entendí ni identifiqué la naturaleza de lo que pasaba. Y cuando finalmente lo entendí, lo entendí porque ya me habían dicho lo que era el sexo. Y me habían dicho que era un pecado. Que aquello me convertía a mí automáticamente en un desecho, en una paria, en material defectuoso. Que ya no podría casarme. Que mejor me lo callaba. Que no podía contarlo nunca.

Pero lo traumático no fue la historia en sí, las veces que nos besamos o que me tocó o que me hizo tocarle.

Lo traumático y lo enfermo de verdad era el ambiente en el que vivía y la familia en la que me había criado. Y sin embargo era una familia más o menos normal, como tantas otras, una familia católica de buen barrio, con su papá que trabajaba mucho y que no estaba nunca y su mamá que atesoraba en el armario pastillas suficientes como para mantener tranquilitos a todos los yonkis de mi barrio. Las mismas pastillas que me tragué a los trece años en mi primera tentativa de borrarlo todo.

Intenté suicidarme con trece años. Me metí todas las pastillas que encontré en el botiquín de mi madre, que tenía tranquilizantes como para drogar a un ejército. Sobreviví porque no calculé bien la dosis. Me fui a la cama pensando que ya nunca despertaría. Pero a la mañana siguiente yo estaba vida. Inconsciente, pero viva. Lavado de estómago que no quiero recordar, porque no lo recuerdo. Tengo gran parte de esa historia borrada.

Y el resto fue algo parecido a lo que vivió Chester. Una cuesta abajo de autodestrucción. Pero yo siempre fui cuidadosa con las drogas. En mi caso, el problema siempre fue el alcohol.

Yo soy mujer y provengo de un entorno muy clasista. Quizá en mi caso no se viera con buenos ojos lo de tomar drogas. Así que yo opté por una adicción muy diferente: la dependencia emocional. Me hice adicta a las relaciones destructivas. Me hice codependiente. Es una adicción tan nefasta como lo pueda ser una adicción a las sustancias. Y no, no estoy haciendo una metáfora literaria.

Chester se enganchó a las drogas, yo me enganché a otro tipo de droga. Y digo que es se trataba de una droga, y dura, porque los mecanismos de la adicción a sustancias y los de la adicción al amor funcionan exactamente igual.

Volvamos a dar datos interesantes de ese libro, *Neurociencia para millenials*, que no escribiré nunca: Cualquiera que haya estado enamorado y haya tomado drogas sabe que los efectos en ambos casos son similares. Pensemos, por ejemplo, en el alcohol, la cocaína y el sexo. Los conozco muy bien.

En la fase de subida hay euforia, desinhibición, risas, alegría. En la fase de bajada: el terrible, oscuro, suprimido temor de que en algún momento del futuro se pueda acabar el suministro... y por supuesto los espantosos sufrimientos psicológicos y hasta físicos cuando ya no hay más.

El síndrome de abstinencia del amor puede ser tan doloroso como el mono de la cocaína. Y no, no estoy haciendo una metáfora, sino que hablo de una realidad. De hecho, he consumido en la juventud, y creo de verdad que el mono amoroso me hizo mucho más daño que el de cualquier droga. Porque no hay diferencias en los mecanismos cerebrales entre una ruptura amorosa y el síndrome de abstinencia de drogas.

Para el cerebro no hay diferencia entre la pasión amorosa y la cocaína, cuando éstas faltan: un mecanismo biológico de respuesta a la ausencia de un estímulo que provoca placer. Esto explicaría, por ejemplo, que las sensaciones relacionadas con la ruptura amorosa sean similares en todas las culturas, y que el rechazo amoroso cause el mismo tipo de, digamos, síntomas que los de la depresión clínica.

Podría escribir sobre las zonas del mesencéfalo asociadas con la recompensa y la motivación, que están relacionadas con el amor. Y también podría escribir sobre el núcleo *accumbens* del córtex prefrontal, una región asociada con el sistema de recompensa vinculado a la adicción a la cocaína. Podría escribir sobre el córtex insular y el cíngulo anterior, áreas que tienen relación con el malestar físico y el dolor. Pero no quiero aburrirte.

Lo importante no es a qué nos hacemos dependientes, sino que el mecanismo básico de recompensa y de bienestar cerebral se avería y nos convierte en adictos. Ya sea la causa un juego de azar, un videojuego, los porros, la coca, el alcohol, el MDMA, el teléfono móvil, las tragaperras, el chocolate...

O una persona.

Yo soy a la vez Chester y Talinda. Viví la vida de Chester y luego me convertí en una Talinda. Mi patrón de dependencia se repitió con todas las parejas que encontré, y en esencia repetía el que mantuve con el primer hombre (porque no era un chico, ya era un hombre) que me utilizó cuando yo tenía once o doce años (ni recuerdo, ni creo que quiero recordar, cuándo empezó todo exactamente). Yo creaba una dependencia que no se debió nunca a razones más o menos objetivas, sino que era puramente necesidad de afecto o de pertenencia. De legitimidad, incluso. De sentirme aceptada.

Yo nunca, jamás, he dependido económicamente de una pareja. Ni mi dependencia se basó en ninguna otra cuestión que no fuera la emocional. Siempre he contado con dinero, amigos, estatus y popularidad.

Por favor, te lo repito otra vez, quítate la cabeza la idea de que la mujer maltratada es pobre, tonta, débil y no tiene amigos.

Porque no es así.

El síndrome de abstinencia por dependencia emocional puede llevarte al más profundo de los abismos: depresión, ansiedad, intentos de suicidio...Yo lo padecí hace años. A diferencia del alcohol o de cualquier droga local, en la que para desengancharte dejas de consumir la sustancia y recibes terapia, en la codependencia no puedes alejarte de la adicción para siempre. Porque las relaciones amorosas siempre están ahí fuera. Porque toda la dificultad reside en alcanzar un equilibrio, un punto medio que en el que puedas enamorarte sin perderte a ti mismo. Mientras llegas a ese estado, tienes que pasar por un desierto que yo crucé: fobia a enamorarte, miedo al compromiso.

Mi Muy Querido Martin,

Me has preguntado por teléfono por cuestiones muy privadas de mi vida, y no me he atrevido a ser sincera. Llámalo pudor. Bueno, voy a intentar explicar la conversación que hemos tenido por teléfono. Tampoco tengo esa vida sexual tan trepidante que imaginas. No sé qué diablos te habrá contado Elo. Ten en cuenta que yo no tengo mucho tiempo. Tengo una hija, tengo un trabajo, no salgo mucho.

Me gustan los hombres. Ya sabes –te lo he contado– que a veces también me acuesto con mujeres. Porque he tenido la suerte de que he coincidido con mujeres tan guapas y tan maravillosas como para que fuera imposible decir que no. Pero el caso es que me gustan los hombres. Me gustan los hombres altos, guapos, con clase, bien vestidos y muy inteligentes.

Yo por ti sentí un auténtico flechazo. Desde la primera vez que te vi.

Hay que aclararte que yo no suelo flecharme a menudo. Me gusta un tipo físico muy particular y eso me ha creado muchos problemas. Hombres altos, muy altos, vestidos de una forma muy particular (elegantemente desaliñados, diríamos), cultos, y con una voz bonita. En el caso de las mujeres, exactamente lo mismo.

Un pequeño inciso sobre el hechizo erótico que las voces bonitas ejercen sobre mí. Me puede excitar tanto la voz de un hombre como para que en la cama me guste que me hablen. Y no me hace falta que me cuenten burradas del tipo "vas a ser mi puta y te voy a hacer lo que nunca te han hecho" (no soy puta porque de momento nunca he cobrado, y dada mi edad y mi experiencia me parece complicado que alguien me vaya a hacer algo que no me hayan hecho ya, aunque estoy abierta a todo tipo de posibilidades), porque ciertamente un hombre guapo y con una voz bonita me podría recitar la lista de la compra en la cama y me excitaría igualmente. Es la voz y el tono lo que me excita, el contenido a veces no me importa tanto.

Teniendo en cuenta que vivo en un país en el que uno de cada tres españoles no ha leído nunca nada en su vida y en el que la media de estatura esté en torno al metro sesenta, casi resulta heroico no solo ya que haya tenido vida sexual y amorosa, sino que haya tenido en su día una vida sexual y amorosa bastante variada. En el pasado, claro. Hace años que no podemos hablar de sexo, ni de variedad, muchísimo menos de amor.

Otro pequeño fetiche añadido. Me gustan los hombres que tienen un acento marcado. Sea francés, catalán, vasco, ruso, británico, escocés, árabe... Siempre y cuando no hablen español. Tengo especial predilección por los acentos muy marcados. De hecho, llegué a enamorarme un poco de un ruso que me hizo la reforma en casa, solo porque era alto, iba vestido como un mendigo y me hablaba con essse assento exagerrrado. El tipo no era culto, eso es cierto, pero sabía poner enchufes, lo cual para mí resulta mucho más exótico, dado que no conozco a muchos hombres que sepan hacerlo. Probablemente se trate de otro tipo de cultura, y desde luego es más útil en la vida diaria.

Verás, Martin: Todos tenemos un tipo que nos gusta más que otro. Hay un máximo denominador común que se repite en todas las relaciones que hemos tenido.

Por ejemplo, hay hombres a los que les gustan las chicas extranjeras, hombres a los que les gustan muy delgadas, hombres a los que les gustan muy gordas, mujeres que se pirran por los hombres altos, mujeres que solos los quieres morenos, mujeres que buscan a hombres mayores, hombres mayores que buscan a jovencitas, osos que buscan a *chasers, chasers* que buscan a osos, *dykes* que quieren a *butchs,* chicas que solo quieren *lipsticks-lesbians...*

En fin, todos tenemos una preferencia. Pero cuando la preferencia es muy marcada, limita mucho el campo de opción.

Yo he tenido pretendientes maravillosos que probablemente me hubieran podido dar unos momentos increíbles a los que rechacé por una razón estúpida. Eran bajitos, o no me gustaba cómo vestían, o tenían la voz aflautada. Estoy absolutamente convencida de que mi vida habría ido mucho mejor si no respondiera a ese condicionamiento.

Lo de por qué elijo hombres más altos que yo es fácilmente comprensible. Imagínese a una niña de la mano de su padre. Verá al padre como a un hombre altísimo, aunque no lo sea. Mi padre era bajito, pero de pequeña lo veía alto. Y como no pude tener a ese padre para mí, como nunca pude conseguir su cariño o su atención, me he buscado la vida buscando padres sustitutos. Y sí, por supuesto, mi padre era un señor exageradamente culto, que hablaba en varios idiomas, y con un acento vasco marcadísimo. ¿Que si tenía la voz bonita? Sinceramente, sé que suena horrible escribirlo, pero no sabría decirlo. No la recuerdo.

Existen muchos recuerdos que he borrado sobre él. Resultaba más fácil sobrevivir sin recordar. Pero no se puede borrar todo y muy en el fondo sigue activado ese mecanismo que me impulsa a buscar sustitutos y a repetir una y otra vez la misma historia en un esfuerzo desesperado por cambiarle el final.

Durante los últimos años no he mantenido, en mi concepto, ningún tipo de relación amorosa. Porque lo que yo entiendo por "una relación amorosa" no tiene nada que ver con las historias que he tenido. He tenido historias sexuales, o sexoafectivas. Pero no he tenido amor.

Por lo demás, todos los hombres que he conocido en estos tres años me aburrían. Un rosario de nombres. Era, y es, muy desesperante.

Y yo me repetía siempre lo mismo: Si bajaras un poquito el listón, el nivel de exigencia, si maduraras... Entonces, te enamorarías tú también y no estarías sola.

Porque yo más o menos lo veía, y a veces lo veo, así: Soy presa de un ideal romántico según el cual solo puedo iniciar una relación con alguien de quien me enamore. Y para que me enamore de alguien me tiene que atraer intelectual y físicamente. Incluso, diría, espiritualmente.

Y lo tercero, lo de la atracción espiritual, lo aclaro por una razón. Encontré a un hombre que me atraía físicamente, intelectualmente también. Espiritualmente no. Es egoísta, egocéntrico, manipulador, También es muy inteligente y es guapo de aburrir. Pero es peligroso. Y destructivo. Se destruye a sí mismo y destruye a los que tienen alrededor.

Y era idéntico a ti. Físicamente, quiero decir. Es más joven que tú y que yo. Es más bien idéntico al Martin que yo conocí hace once años.

Porque estoy enamorada de un tipo físico, de una imagen, Y eso es infantil, ingenuo. Y destructivo.

Me voy a dormir. Ya he escrito demasiado.

Siempre tuya

El síndrome de la depresión sonriente

Como buena dependiente emocional, siempre busqué a parejas dominantes, de carácter fuerte, más bien egoístas y egocéntricas, desconsideradas, posesivas e incluso déspotas, capaces de llegar al maltrato físico y/o psicológico. Las idealicé en extremo y viví para ellas. Y aunque, a partir de cierto punto en mi vida, empecé a reconocer que vivía en relaciones de maltrato, no podía dejar de engancharme a ellas.

Los hombres normales, tranquilos, amables, no me atraían. O quizá ese tipo de hombres es tan tímido y tranquilo que ni siquiera se acercaba a mí.

Todos los hombres con los que estuve me sedujeron. Fueron ellos los que dieron el primer paso. Yo soy enormemente tímida e insegura, no soy capaz de acercarme a alguien. Así que era presa fácil para ese tipo de persona que va avasallándolo todo y que se cree con derecho a conseguir lo que quiere

Yo vivía dominada por un pánico terrible a la soledad. Y la soledad no sabe tomar decisiones por su cuenta, con lo cual siempre acaba decidida a dejarle campar a la tristeza.

Yo no crecí en un ambiente en el que se me valorara mucho. Crecí con un padre distante que jamás me dijo que me quería y que nunca me cogió la mano, y con una madre hipercrítica que no hacía otra cosa que señalar lo que a sus ojos eran defectos: yo estaba gorda, era muy desordenada, demasiado rebelde y tenía muy mal carácter, según ella... Crecí bajando la cabeza, dejando que me juzgasen y que decidiesen por mí. Tanto tiempo escuchando insultos que pensé que sí, que tenían razón.

La primera vez que me llamaron puta a la cara tenía doce años. Luego lo he escuchado tantísimas veces que he creído siempre que no merecía nada. También he escuchado decir que tengo muy mal genio, pese a que soy más bien tímida y retraída. Que era rara. Y lo soy.

Pero ser diferente no debería ser motivo de vergüenza. Aunque yo entonces eso no lo sabía. Así que pasé mucho tiempo encerrada dentro de mí misma, avergonzada de quién era. Jugando un papel que a veces todavía juego. Camuflándome con mis rayas de cebra.

Y cuando juegas a ser otra persona lógicamente olvidas quien eres de verdad.

Me autodestruí y dejé que las palabras de otros, que lo que opinaban de mí sin conocerme, se convirtieran en realidad. Y por esa razón me dejaba seducir siempre por el mismo tipo de hombre repetido en muchos hombres diferentes. Por un narcisista.

Todos los hombres que he tenido cumplían el mismo patrón: eran ellos los que se enamoraban de mí, eran ellos los que me seducían, eran ellos los que prometían la luna. Y yo, al principio, me dejaba querer.

Y casi desde el principio, desde los primeros meses, se veía venir lo que iba a pasar.

Desde el principio había gritos o episodios de mutismo, o me interrumpían al hablar o me acribillaban con su sarcasmo ácido. Pero durante mis primeras relaciones no me pareció que aquello fuera raro. Al fin y al cabo, eso era lo que había visto en mi familia de origen y no sabía siquiera que existía otra forma de comunicación.

Yo volvía una y otra vez a la pareja, del mismo modo que el alcohólico o el drogadicto vuelve a consumir. Y con cada regreso a la pareja, al mismo hombre repetido en hombres diferentes, la situación empeoraba. Porque con cada ruptura yo me iba deprimiendo más.

Y finalmente me acostumbré a vivir enferma. Con una tristeza intrusiva, desproporcionada y penetrante.

Somos víctimas de otras víctimas. Porque nuestros agresores han sufrido en su infancia, y por eso han crecido convirtiéndose en monstruos.

¿Qué es lo que faltó? ¿Por qué a pesar de haber recibido muchas cosas buenas, no fueron las suficientes? ¿Por qué hay que hacer renuncias y sacrificios tremendamente injustos a veces para salvaguardar la paz? Renunciar a cosas que nos correspondían por derecho, por el mero hecho de haber nacido. Renunciar a la autoestima, al propio respeto, a la dignidad. Al amor propio. Dones que no recibimos de nuestros padres porque nuestros padres estaban enfermos. O porque nadie les había enseñado.

Por eso somos víctimas de otras víctimas.

No sabemos amar porque no nos amamos. No nos amamos porque no nos amaron. No nos amaron porque a ellos tampoco les habían amado. Es como el vampiro que fue mordido y morderá a su vez. Como un virus que se transmite por contacto.

Cuando el sufrimiento ha llegado demasiado pronto, y demasiado intensamente, es fácil hacerse adictos a él. Si no hemos tenido una relación feliz con nosotros mismos y nuestro grupo original familiar, el sufrimiento enmascara todas nuestras relaciones. Nunca seremos felices. No nos damos cuenta de ello, pero de alguna manera nos hemos hecho adictos al sufrimiento y no sabemos salir de él. Elegimos de forma inconsciente entablar relaciones con gente que sabemos que nos puede hacer daño, y permanecemos en ellas.

Y digo esto con conocimiento de causa. Desde el principio, desde los primeros momentos, mi marido había dado pruebas de lo que era. Le vi consumir cocaína desde el primer fin de semana, me gritó apenas al mes de conocernos, ya recurría al mutismo hostil desde los inicios de nuestra relación, desde lo que hubiera debido ser la luna de miel. Y yo no me fui.

Para colmo no tenemos ni idea de lo que es la felicidad. Porque nadie nos ofrece un modelo sano de felicidad. No nos lo enseñaron nuestros padres, no nos lo enseña la sociedad en la que vivimos.

La felicidad no es dinero. No se compra. No viene en forma de ropa ni de relojes ni de gimnasios ni de restaurantes. Tampoco viene en forma de parejas fusionales. Viene el día en que una persona es consciente de sus propias capacidades, cuando es capaz de afrontar de forma productiva las tensiones normales de la vida y es capaz de amar y de recibir amor. Amor sin exigencias, chantajes sentimentales, ansiedad o angustia.

Yo sé que existen personas que no se despiertan llorando. Sé que existen y las envidio. Yo cada día, cuando abro los ojos, regreso desde el sueño a la vigilia con una sensación de angustia sofocante que me lastra. Cada día.

Sé que yo misma, hace años, no era así. Sé que ha habido momentos en mi vida en que me despertaba feliz. Sé que ha habido momentos en mi vida en los que no estaba siempre cansada. Ahora no. Siempre tengo sueño. Siempre estoy cansada. Poca gente lo sabe porque vivo con la sola compañía de mi hija y mis amigos no conviven conmigo.

La mujer a la que ven en reuniones sociales no habla jamás de sus sentimientos ni de lo que le pasa. Y es ingeniosa, y sonríe, y tiene mucha habilidad social.

Mucha gente piensa que las personas con depresión no quieren salir de su cuarto, que descuidan su aspecto, que dejan de comer, que no parar de llorar. Solemos pensar que la persona deprimida no puede llevar una vida normal, sino que se mete en la cama, que no puede acudir al trabajo, que tiene el llanto fácil, que arrastra los pies al caminar, que asume una postura encorvada que denota su tristeza.

Sin embargo, esta imagen es un simple cliché.

Cada persona es un mundo y la depresión no tiene los mismos síntomas en todas las personas. Muchos enfermos, creo que la mayoría, conseguimos mostrar una apariencia más o menos sana, pero, debajo de ese barniz, escondemos a una persona agotada. De hecho, un efecto bastante común de la depresión es un permanente cansancio. Es que trabajo demasiado, piensas. Es que soy muy perezosa. Es que estoy incubando una enfermedad.

Y nos creamos una necesidad de secretismo que procede del miedo al rechazo. Y logramos ser funcionales y hasta bromistas en nuestra vida cotidiana. Y llevamos el dolor por dentro, sin exteriorizarlo. Y nos vamos consumiendo a fuego lento. Y la máscara pesa.

Yo soy una de tantos hombres y mujeres que padecemos "el síndrome de la depresión sonriente". Que presentamos, de puertas para afuera, una apariencia de normalidad e incluso de felicidad, porque llevamos la procesión por dentro. Una de tantas personas que no conseguimos olvidar lo que nunca hemos dejado atrás, toda la vida que ha seguido viviendo a espaldas nuestras.

Es un dolor tranquilo, nos decimos, una melancolía silenciosa. Una de esas tristezas que se pueden llevar escondidas en el bolso, en la cartera. Pero la tristeza pesa. En el bolso y en la cartera. Y en las mismas palabras. Y por eso a veces hablamos arrastrándolas.

Hemos andado mucho. Hemos avanzando pasando de puntillas y a oscuras casi siempre, con nuestra media luz. Es difícil para nosotros imaginar algo distinto a la incertidumbre. Complicado creer en la existencia de alguna esperanza. Imposible dejar de arrastrar el cuerpo a duras penas, ensimismados en la angustia que nos habita, a la que ponemos nombre y apellidos.

Una desolación que es una víctima más de nosotros mismos

Nos avergonzamos de quienes somos. Nos avergonzamos de sentirnos tristes. Porque nos han dicho tantas veces que lo nuestro no es más que una falta de fuerza de voluntad y de carácter.

Nos han dicho que hay que sonreír a la vida y lo hacemos.

Pero en la calle, con sonrisa falsa. En nuestra casa, ya no sonreímos.

Esperamos que un día la depresión desaparezca por sí sola, que la tristeza se haya ido milagrosamente. Queremos creer que no es para tanto, que ya se pasará. Al fin y al cabo, eso es lo que nos dicen cuando a veces nos atrevemos a confesarles a los demás cómo nos sentimos. Entonces nos dicen que nada dura eternamente.

Y el día que alguno de nosotros se suicida nadie entiende por qué no se dieron cuenta de lo que iba a pasar.

Y es que no queremos preocupar a los demás, somos introvertidos por naturaleza y no queremos agobiar a nadie con nuestras dificultades. Además, como no nos queremos, pensamos (o sabemos) que los demás nos valoran solo en función de la imagen que les transmitimos. Y por eso nos esforzamos tanto en representar un papel. Por eso nos camuflamos con nuestras rayas de cebra.

Somos introvertidos, aunque algunos, como yo, sepamos disimularlo. Y lo disimulamos porque también somos perfeccionistas, híper responsables. Yo soy el alma de cualquier fiesta y tengo muchos amigos, pero quien me conoce bien se dará cuenta de que casi nunca hablo de mí misma.

Sufrimos mucho, pero sabemos vivir como si no sufriéramos. Pretendemos escapar de la depresión, pero en realidad, al ignorarla, la alimentamos. Sabemos que mentimos, nos despreciamos a nosotros mismos por hacerlo, y así nos vamos deprimiendo más. Esa necesidad de sobreactuar cada día hace que nos desmoronemos en privado. Porque no es posible poner buena cara todos los días ni a todos.

No soy la única. La depresión es un trastorno mental frecuente, el más frecuente casi con toda seguridad. Nuevos datos de *Neurociencia para millenials*: Hoy, ahora mismo, la depresión afecta a trescientos cincuenta millones de personas en el mundo. Y a lo largo de nuestra vida afectará a más del veinte por ciento de la población. Es la principal causa de discapacidad, una enfermedad y que lleva al suicidio a miles de personas cada año.

Son solo cifras. Hemos aprendido a vivir con las cifras y los datos. Muchas veces las estadísticas tienen un efecto analgésico: el problema está ahí, persiste, pero el dolor se difumina y desaparece. Si tanta gente lo vive, se normaliza.

Solemos pensar en la depresión como algo que uno tiene. Como si fuera sólo un mecanismo neuroquímico o un problema de funcionamiento psicológico. Pero no es eso. Nadie puede esperar que alguien que ha perdido un hijo se recupere, nadie puede esperar que yo me recupere de lo que me pasó. Viviré con ello toda la vida, como hay otros que viven con diabetes o con el VIH. Estoy harta de escuchar que puede mejorar. No mejora. Yo estoy adaptada y vivo con ello, eso es todo.

Y el mayor problema es precisamente que la imagen distorsionada y parcial que tenemos de la enfermedad mental nos impide a los que la sufrimos hablar de ello. A mí ya me han llamado loca demasiadas veces, ya me he hartado, no me la quiero jugar más. No quiero cargar con el estigma.

El estigma está ahí. La enfermedad es un tema incómodo, algo de lo que no se habla y que se esconde.

Yo estoy harta de que esconderme. Yo no tuve la culpa de lo que me pasó y estoy cansada de sentirme avergonzada por ello. Y si algún día finalmente me mato me gustaría que la gente supiera por qué fue.

Yo vivo con mi pasado a cuestas, arrastrando su peso como una bola. Lucho contra su influencia cada día, tenazmente, intentando convertirme en un ser de piel dura, intentando no borrarme. Y sé que estar deprimido es una forma de estar. Y sé que una fiera herida sigue siendo una fiera. Y sé que puedo alzarme en carne viva. Aunque sea magullada y envuelta en mis rencores no superados. Y en mis miedos a flor de piel. Y en mi rabia. Sigo adelante, aunque sea en llaga viva, no tengo ni idea de hasta cuándo.

Resistir es la clave.

Mi Muy Querido Martin,

Cuando dije que estaba enamorada de un tipo físico, de una imagen, no quise decir que me gustaras solo porque te adaptaras a ese tipo. Me gustas por eso. Y por más cosas.

Me gustaría explicártelo, aunque no sé bien si sabré hacerlo.

Para ti, Martin, el hecho de que tú hicieses el amor conmigo quizá no tuvo mayor importancia. Para mí, sí.

Perdí la cabeza. Quería tenerte a toda costa. Y debes entender algo. Los españoles son muy, muy, fríos. Somos pasionales, quizá, pero no somos románticos. En cualquier caso tus mensajes eran tan bonitos que pensé que tú sentías algo por mí. Los españoles no escriben ese tipo de mensajes.

Y yo leía tus mensajes y pensaba que tú sentías algo por mí. Y me volví loca. Cuando llegué a España estuve tres días sin comer y casi sin dormir. Solo pensaba en ti, a todas horas.

Iba más allá de la atracción física, creo.

Me da vergüenza incluso escribirlo. Pero la distancia me permite contártelo sin miedo. No tengo que enfrentarme directamente a tu cara de sorpresa o, peor aún, de compasión.

Siempre tuya.

El atisbo de una diosa

Era el día de Sant Jordi. En toda Cataluña existe la tradición de que en el día de Sant Jordi los enamorados se regalan un libro y una rosa. Ella a él, un libro. El a ella, una rosa. La tradición es machista porque se suponía que las mujeres no leían y por supuesto no se contemplaba la posibilidad de que hubiera parejas del mismo sexo. Pero bueno, la tradición existe y el día de Sant Jordi es el día en que se venden más libros no ya en Cataluña, sino en todo el territorio español.

Ese era el día en el que había quedado con El Hombre De La Moto Naranja.

Yo había conseguido una maravillosa habitación de hotel, con una cama de dos por dos.

Como voy a Barcelona muy de cuando en cuando, aprovecho la ocasión para ver a mis amigos. Y quedo a las ocho con dos de ellas.

Les aviso que El Hombre De La Moto Naranja va a unirse a nosotras. Insisto mucho en que sean amables con él, que le hagan sentir bien.

Cuando él llega, mis amigas sobreactúan un poquito.

–Huy, Nena no nos había dicho que eras tan guapo –dice una.

–Más que guapo –añade la otra.

Él trae una rosa, viene impresionantemente bien vestido. Todo parece ir sobre ruedas.

Recibo en ese momento un mensaje de mi amigo Bernat. Pregunta dónde estoy, a ver si tomamos algo para celebrar Sant Jordi. Le digo que estoy en el bar Tal, con dos amigas. "Espérame que voy", es la respuesta.

Y al rato se presenta Bernat. Pero no se presenta solo.

Se presenta con la Diosa.

La diosa es Laura. Abogada de prestigio, famosa en España porque sale en televisión, hablando de política. Metro ochenta, talla cuarenta, rubia, ojos azules, porte de modelo. Una voz maravillosa.

Recapitulemos. ¿He dicho ya que me siento atraída por los hombres altos, rubios, cultos y con voces bonitas?

Pues me siento atraída por las mujeres altas, rubias, cultas y con voces bonitas.

Y en el momento en el que llega Laura, es como si alguien encendiera un foco desde el techo que la iluminase solo a ella. Y todo lo demás desaparece.

Incluido El Hombre De La Moto Naranja.

Laura se pone a hablar, y a hablar y a hablar… Y yo tengo la impresión de que habla para mí y para nadie más.

Y pasan los minutos. Las horas. Y son las diez de la noche.

Y entonces Laura propone que vayamos todos a cenar a un restaurante.

Es el momento en que yo debería decir. "No, no vamos a cenar en grupo. Yo he quedado con El Hombre De La Moto Naranja". Pero no lo hago.

Y nos vamos a cenar a un restaurante. Y Laura se sienta a un lado. Y El Hombre De La Moto Naranja al otro.

Y Laura habla conmigo, solo conmigo. Me habla de su antigua novia, una actriz muy rubia y muy guapa de la que yo conservo un vago recuerdo. De lo duro que fue separarse, de cómo todavía no se ha recuperado. Me hace el tipo de confidencias que se podrían hacer a cualquier amiga. Y yo solo tengo ojos para Laura y desatiendo completamente a El Hombre De La Moto Naranja. Y sé que me estoy equivocando. Porque jamás tendré a Laura y porque El Hombre De La Moto Naranja se está enfadando.

Pero Laura ha activado el mecanismo que se pone a funcionar cada vez que ese tipo de persona, el mismo tipo repetido en hombres y mujeres diferentes, se acerca a mí. Porque yo solo tengo ojos y oídos para Laura.

Salimos del restaurante a las dos de la noche.

El Hombre De La Moto Naranja afirma muy digno que se va a su casa. Quiere que quede claro, ante Laura y ante mí.

Laura se va cómo ha venido, con Bernat.

Yo cojo un taxi y me voy a mi hotel, a mi cama de dos metros por dos en la que dormiré sola.

Cinco días después Bernat me escribe y me dice que Laura ha insistido mucho en que los tres cenemos juntos la próxima vez que ella venga a Madrid.

Mi Muy Querido Martin,

He leído y releído trescientas veces tu último correo. Estás enormemente ocupado, imposible venir a Madrid e imposible encontrar un fin de semana libre para que yo pueda ir a visitarte. No me he sorprendido ante tus excusas porque tú y yo sabíamos que esto iba a pasar.

Sabíamos que esto iba a pasar. Que no vendrías. Que acabarías atrapado entre las redes de la costumbre. O quizá en otra red tejida por una araña gris de tiempo y de distancia. Esa araña que caza y devora tristezas cotidianas.

Sabíamos que esto iba a pasar. Que tus compromisos, tus obligaciones, tus ex mujeres, tus hijos, tus editores, tus fechas de entrega, París entero, te retendrían. Que un día me escribirías lo que me has escrito: No puedes comprometer una fecha, no podemos embarcarnos en una relación a distancia.

Sabíamos que esto iba a pasar. Que poco a poco la intensidad de nuestras conversaciones decaería. Que ya no me llamarías a diario. Que cada vez habría menos mensajes. Que, aunque tú no lo mencionaras, yo sabría que había otras mujeres, más cercanas, más accesibles, que residirían en tu misma ciudad.

Sabíamos que esto iba a pasar. Ya estabas un poco harto de husmear en los residuos del pasado. Ya no me quieres, solo me quisiste, quizá ni eso. No me vas a hacer llegar explicaciones de por qué, cómo, dónde, cuándo, ni yo las necesito. El amor tiene un precio que se paga pronto o tarde: el olvido. Y tú me has olvidado, poco a poco, como tarde o temprano todos olvidamos tantas cosas en la vida.

Sabíamos que esto iba a pasar. La vida se nos va viendo pasar nubes, y yo pasé por la tuya como una nube más. Nos unimos como se unen los bordes de una herida. Después fuimos cicatriz y ahora solo sombra. Pero el olvido es como el agua salada: da una sed más dolorosa que la sed que quita.

Sabíamos que esto iba a pasar. Yo no te olvido. Te idealizo, probablemente, pero sigues allí, en la distancia. Tan divino, tan francés. Sobre todo, tan francés. Si fue por ti que empecé a escribir, ¿por qué voy a dejarlo? Continuar es una forma de tenerte. Para mí las palabras sobre el teclado conforman e un lenguaje distinto. De lluvia, de frío y de música.

¿Es el mismo dolor cuando hablo o cuando escribo, cuando las palabras cambian? Los nombres que usamos para designar las cosas a veces nada tienen que ver con una imagen. Cuando un nombre no consigue explicarlo todo, asesina la realidad que destruye su designio. Existe una zona muda que los nombres no alcanzan. El rastro de tu resplandor en mi memoria es inasible, verbalmente o por escrito.

Sabíamos que esto iba a pasar. Pero yo sé que volveremos a vernos, no me cabe duda, ya son muchos años.

Sabíamos que esto iba a pasar. Pero también sabemos que volveremos a vernos en París.

Y por eso es por lo que continúo escribiendo, porque sé que me leerás. Y estoy tendiendo hacia ti un puente de palabras, en el idioma literario en el que tú me hablabas.

Por eso te sigo escribiendo incluso cuando tú has dejado de escribirme, aunque sabíamos que esto iba a pasar.

El desarraigo afectivo

Cuando empecé a escribir este ¿diario? ¿memoria? lo hice porque quería escribir a Martin. Después, en un momento dado, me di cuenta de que a Martin yo le daba completamente igual. Se había acostado conmigo, le había gustado, se había sentido halagado por mis cartas, pero yo no era más que una más en su constelación de amantes. Y ni siquiera era la estrella más brillante.

Pero ya le había cogido el gusto a escribir, así que decidí seguir haciéndolo. Tenía que recomponer las cosas en mi cabeza. Como quien hace un *puzzle* y empieza, poco a poco, a ver clara una imagen que anteriormente no fue sino piezas dispersas.

Me explico. Por ejemplo, el padre de mi hija presentó una demanda judicial contra mí para intentar quitarme la custodia de mi hija. En la demanda se decía que mi hija vivía en "un ambiente inestable y desquiciado" (sic) porque la madre (o sea, yo) "mantenía numerosas relaciones con hombres y mujeres". En un país como España una acusación así, en teoría, no te puede hacer perder la custodia de un menor. En teoría. En la práctica si bien el juez nunca podría usar contra ti, sobre el papel, tu orientación sexual o tu vida privada, lo cierto es que los abogados saben que los jueces (y lo que es peor, las juezas) nos consideran muy mal a las mujeres bisexuales y promiscuas, y por eso los abogados escriben cosas así en las demandas.

Lo más curioso es que yo no soy no soy promiscua. Al menos no lo soy ahora.

Cuando le conté a El Hombre Taciturno que había empezado a escribir y que no sabía dónde me llevaría, me dijo que tendría que escribir "La vida sexual de N.", en clara alusión a "La vida sexual de Catherine

M." La diferencia estriba en que la vida sexual de Catherine M era amplia y variada, y la mía es no es gran cosa.

Hasta años yo sí que tenía vida sexual. Mucha. Durante años mi vida siguió un patrón de parejas encadenadas como las cuentas de un rosario. Normalmente mis parejas duraban entre uno o cuatro años. Las parejas oficiales, diríamos. También había asuntos no oficiales.

Nunca he sido fiel a ninguna de mis parejas, y nunca he esperado que ellos me fueran fieles a mí. Nunca he entendido el concepto fidelidad sexual.

Tampoco he sentido celos sexuales, aunque puedo llegar a ser muy celosa. Me explico: si tuviera una pareja y él (mis parejas oficiales han sido siempre hombres) me dijera que ha salido una noche y se ha acostado con una mujer, yo no sentiría nada especial. Eso ya ha sucedido muchas veces. Y cuando lo supe, no sentí celos.

Sin embargo, sí que siento celos de madres y de ex novias o ex esposas. Siento celos de otras mujeres que pueden interferir en su vida, cuya opinión pueda ser más importante, a las que pueda amar más que yo. He llegado a sentirme enferma de celos en esos casos. Pero cuando he tenido, por ejemplo, un novio músico, no sufría si él se iba de gira ente la posibilidad de que follara con alguna *groupie*. Tuve un novio músico. Bueno, más de uno. Pero uno de ellos fue mi novio durante tres años. Y sí, se acostaba con *groupies* en las giras. Y sí, yo lo sabía. El me lo explicaba a veces. Y a veces no, pero algo que se daba por sentado. Y daba igual. La importante, la oficial era yo.

En ese sentido, cuando yo he tenido una pareja oficial alguna vez he podido acostarme con otro hombre. Pero el importante, el oficial, era él.

En cuanto a las mujeres. Sí, me he acostado con mujeres. Varias. No sé cuántas. No las he contado. Casi siempre en asuntos de una o dos noches. Y las he deseado mucho y en muchos casos la historia ha sido muy bonita. Pero nunca me he enamorado profundamente de una mujer.

Y sí, he hecho tríos. Muchos. No los he contado. Creo que con casi todas mis parejas. Era fácil. Yo he sido una mujer muy guapa cuando era joven. Mis novios solían ser espectaculares. Y yo soy muy simpática, y hablo mucho. Como tantos tímidos, he aprendido a fingir aunque la procesión vaya por dentro. Y a veces íbamos a un bar y nos poníamos a hablar con una chica, y todos habíamos bebido mucho, y la cosa surgía de manera natural. Otras veces sucedía en una fiesta.

Pero nunca se pareció a una película porno. Siempre era algo torpe y desmañado. Y a la mañana siguiente, siempre había malas caras y complejos de culpa. Yo he hecho muchos tríos por satisfacer a mis novios, que fantaseaban con hacerlos. A mí no me importaba mucho. También me he acostado alguna vez con dos hombres. Tres veces, de hecho. Y fue un desastre.

Competían entre sí y yo me sentía presionada. Como un eslabón en una cadena.

Es decir, en el fondo no me gustan los tríos. Me aburren soberanamente. Y lo sé porque he hecho muchos.

Pues eso, hasta que me divorcié yo tenía la impresión de que podía ir a un bar y escoger al hombre o la mujer que me interesase, y seducirle. Nunca me había sido difícil. Era guapa, llamativa, simpática.

Esto cambió desde que me divorcié.

De repente todo había cambiado.

Ya no era guapa. De pronto, me había convertido en una señora con sobrepeso. Pesaba setenta y cinco kilos cuando me divorcié. Había engordado diez kilos durante mi matrimonio, a fuerza de beber y comer de más para paliar la ansiedad. Y el mercado sexual es tremendamente exigente.

Por otra parte, cuando estaba casada tenía dinero, y ese dinero lo utilizábamos en pagar cuidadoras. Salíamos mucho. Pero cuando me divorcié, cambié de ciudad. Huyendo de él y de su recuerdo, por supuesto. Aunque tenía una buena excusa: Me habían ofrecido trabajo. Sin dinero para pagar cuidadoras yo no podía salir como antes, porque no tenía con quien dejar a mi hija. Y tampoco quería dejarla sola. Quería pasar tiempo con ella porque yo notaba que ella estaba muy triste.

Y mi vida sexual se acabó.

Se desmoronó.

Como un edificio dinamitado.

De repente ya casi no había vida sexual. Una vez cada dos meses podía tener un asunto, un asunto que duraba una o dos noches. Es decir, si cuento, una pareja sexual cada dos meses, durante tres años, son dieciocho parejas. Parece mucho, pero es muy poco. Porque nadie dejo huella. Ni estelas, ni pisadas. Y era aburrido, y decepcionante, y triste.

Porque yo había conocido la intensidad y la pasión. Y, en comparación, esos encuentros tristes eran sórdidos y lamentables.

Eran historias sin transcendencia, muy decepcionantes,

He leído muchas veces que los hombres basan su valía en su trabajo, y que las mujeres se valoran en función de sus parejas. Yo soy así. Me valoro en función de mis parejas. Al fin y al cabo, me he educado en una familia católica y machista. Es lo que he aprendido. Lo que se me ha grabado a fuego en el subconsciente. Y por eso, en estos últimos años, me he valorado tan poco.

He estado años casi sola, siempre con amantes, pero sola. Nombres sin importancia, gente con la que intercambiaba fluidos, pero con la que nunca tuve verdadera intimidad. Relaciones en la que había tan poco amor, tan poca compenetración, tan poca complicidad y tan poco sexo... Mis historias son anecdóticas, aunque cada una podía tener cierto encanto en sí misma.

Aprendí a bucear en la sociedad líquida. En la que todos no somos más que eslabones de una cadena larguísima que a veces se convierte en red. En red de pesca. Cuando todo el mundo se lía con todo el mundo, el amor se hace flotante, se hace barca, y surfeamos sobre las olas de relaciones que nos arrastran, cada vez más imprevisibles, olas que puede que nos lleven a puerto seguro o puede que nos lleven mar adentro y nos ahoguen. O quizá, con suerte, olas que solo nos den nuestro chute de adrenalina y después nos devuelvan a la playa.

El desarraigo afectivo es parte de cada uno de nosotros. Todo es transitorio y volátil porque las sociedades posmodernas, se supone, son frías y pragmáticas. Mentira. No lo son. El ser desapegado no te libra del drama. Te mete en más drama todavía. Eso es lo que no nos habían contado.

Sí, por supuesto, la promiscuidad se paga cara: vacío, frialdad, indiferencia, insatisfacción permanente, alienación… ¿Qué me va usted a contar? Me lo sé de memoria, lo vivo cada día, lo veo a mi alrededor.

En esta sociedad tan frenéticamente consumista en la que cambiamos de teléfono móvil cada año, de trabajo cada dos, de ordenador cada tres … ¿Por qué vamos a querer tener siempre el mismo modelo de amante? Los cuerpos de los demás no son sino una mercancía más de la que puedes desprenderte, desecharla, desconectarla.

Me he sentido tantas veces mercancía, utilizada, que nada me sorprende ni me escandaliza. Los vínculos duraderos despiertan ahora la sospecha de una dependencia paralizante, no son rentables desde una lógica del costo-beneficio. Como es natural esto también afecta a nuestra sexualidad que, una vez liberada del amor, se condena finalmente a sí misma a la frustración y la falsa felicidad. Tenemos que consumir muy rápido (teléfonos, ropa, restaurantes, cuerpos), porque cuando se patina sobre hielo fino, hay que hacerlo a toda velocidad para que el hielo no se resquebraje. Si no conseguimos calidad, nos aferraremos a la cantidad.

Vivimos en el mundo de lo *light*, de lo pasteurizado, de lo superficial, de lo banal, de lo rápido, de lo efímero, de lo frenético, de lo instantáneo. De los polvos rápidos y la música electrónica. De la novedad y el consumo. Del uso y el descarte. Se sustituye el amor por el sexo, la calidad por la cantidad. Las relaciones de pareja se han fragilizado tanto que parecen de cristal. La fluidez es la norma.

La sexualidad, que por años fue un secreto, se ha vuelto hoy en día un objeto, un mercado de intercambios en donde nadie intercambia nada, porque todo el mundo se limita a mirarse el ombligo. Se trata de un neo-canibalismo: consumir gente.

Todos especulamos sobre las mejores oportunidades que nos esperan y todos creemos que la hierba puede ser más verde al otro lado de la colina. Pero yo fui moderna antes de que todo esto del sexo como mercancía estuviera de moda. Yo he sido mercancía desde los ¿once? años. ¿Empezó todo a los once años? Cuando veo a mi hija, me asusto.

Ya he dicho que no me apetece escribir sobre ello. Es demasiado complicado, demasiado doloroso. Las piezas del *puzzle* me queman en las manos cuando intento juntarlas.

Durante mucho tiempo esta historia fue la golosina de los psicoanalistas, psicólogos y psiquiatras que me trataron. Como si hubiera sido la piedra fundacional de todos mis problemas. Me pusieron una etiqueta: víctima de abuso sexual.

De niña, yo me dejaba hacer, como una res conducida al altar sacrificial. Al principio no entendía lo que estaba pasando. Yo no había conocido ningún tipo de educación sexual, no sabía exactamente lo que él estaba haciendo, ni por qué lo hacía. Cuando me di cuenta de lo que pasaba, era demasiado tarde. En un entorno católico como el mío yo ya estaba marcada, ya era material de segunda mano, de desecho.

Pero aprendí a pensar que eso era todo lo que podía ofrecer. Mi cuerpo. Y aprendí a usar mi cuerpo para conseguir atención.

Confundía la atención con amor porque nunca había conocido el amor.

Quizá por eso, porque solo he usado mi cuerpo como moneda de cambio, todas las historias de estos últimos años se resumen en una palabra: vacío.

Mientras mi cuerpo se desmoronaba, mi país se desmoronaba. Incluso mi barrio se desmoronaba. Los recortes presupuestarios afectaron también a la limpieza de la ciudad. Mi barrio, un barrio obrero, fue de los primeros afectados. Montones de basura se apilaban por las calles. Por las noches, de cuando en cuando, veías ratas saliendo y entrando de las alcantarillas. En la calle y en mi cabeza yo caminaba entre basura, y entre escombros de edificios y sueños derrumbados. Todo retrocedía.

Tanto mi país como mi vida se morían de ganas de borrarse de la historia. Retroceso en vértigo, en caída libre. Que caiga todo. Empecé a dudar de la esperanza y a sentirla en mí como carencia. Crisis, agonía, declive, desgaste, lento derrumbe de mi barrio, de mi cuerpo, de mi cabeza. Todo en ruinas. Guardando silencio para evitar que las imágenes de años más dichosos nos hagan daño, sintiéndome como intrusa, como extraña. En mi propia vida, en mi propio cuerpo, en mi propio barrio, en mi propia ciudad.

Todo resultaba tan triste que parecía un sueño, una pesadilla. A mi alrededor el barrio se había convertido en mi enemigo. Rostros tristes, cadáveres andantes, como gentes que hubieran muerto sin conocer la tierra donde yacen. Ojos que ya no miran, voces sin sonido. Hasta que llegó la crisis a mí no me importaba no vivir en un barrio bonito. Pero la suciedad hizo que el barrio se convirtiera en casi invivible, especialmente en verano.

Y durante estos años de vez en cuando se cruzaba alguien en el camino y ofrecía un pequeño destello de esperanza, de ilusión, que se apagaba pronto.

Y después, de nuevo la oscuridad.

Yo maldecía el hecho de haber nacido así, con una sensibilidad, una emotividad, una receptividad afectiva, una híper emocionalidad que se lleva siempre a flor de piel. Que duele. Que duele mucho. Que duele en secreto.

Mi dolor vive conmigo, late en el pulso de mi sangre y se ha construido una máscara, una risa especial, para que no le pregunten por su sombra. Mi dolor es clandestino, se esconde. Se esconde tras sus rayas de cebra, tras la sonrisa impostada. El dolor ha construido una cara amable, y tras ella se oculta un violento cuchillo, el que traza los días de ceniza en los que vivo. Me he acostumbrado a vivir así, a caminar a tientas entre tinieblas. A un eterno esconderme dentro de mí misma.

Con un dolor de límites difusos y con la vergüenza del ángel estropeado.

Mi Muy Querido Martin,

Estoy escribiéndote algo que no voy a enviarte. Estaba tan acostumbrada a escribirte casi a diario que ahora, por rutina, me siento frente al ordenador y pienso en ti. Como el perro de Paulov que aprendió a relacionar el sonido de una campana con comida, y salivaba cuando escuchaba el tintineo, yo me siento frente al ordenador y pienso en escribirte.

Puedo hacerlo, puedo escribirte, pero no puedo enviarte esta nota porque en nuestra última conversación telefónica me dijiste que siempre seríamos amigos, pero que no querías intensificar esta relación. Que buscas historias tranquilas y que ésta no podría serlo. Que vivíamos en ciudades diferentes, que ambos teníamos complicado lo de viajar por culpa de nuestros hijos (en tu caso eso no es cierto, en realidad, pero como coartada te quedaba muy bien). Y luego todo ese rollo, tan francés, tan bien elaborado, tan cobarde, de lo maravillosa que soy y lo mucho que me admiras.

Yo fui muy digna. Escuché con calma. No lloré, no supliqué, no dije que todo me sonaba a excusa ridícula.

No te llamé cobarde porque no tenía derecho a hacerlo. Y porque sabía que yo también tengo miedo.

Y no precisamente de la noche, de la oscuridad, de las tinieblas. Tengo miedo de la luz y de lo que puede ocurrir de día, y a puertas abiertas. Tengo miedo de mis propias dudas. Miedo de conocerte mejor. Pero en este miedo hay tanta curiosidad, que creo que ya te doy por conocido, Martin. Aunque haya llegado tarde.

Me dolió lo que dijiste, Martin, me dolió tu cobardía. Porque sabía que lo que no querías decirme es que hay otra persona. No entendí por qué no querías hacerlo. Yo te habría propuesto que siguiéramos juntos de todas formas, que nos viésemos cuando pudiésemos. Pero deduzco que ella no lo permitiría.

Sí, sé que hay otra persona, me lo contó Elo. Parece ser que en París se sabe que tienes algo así como una novia oficial, aunque quien te conoce sabe también que ella no es la única. Que has tenido muchos asuntos parecidos al mío.

Me encantaría no echarte de menos y no pensar en ti. Desgraciadamente, a mi pesar, estás siempre en mi cabeza, pese a todo.

Lo cierto es que de alguna manera me alegré. Me alegré de que tú hubieras cortado con esto, de que abortases una historia que nunca llegó a nacer. Yo ya sabía que esto no iba a llegar a ninguna parte, pero nunca reuní el valor para dejar de llamarte o escribirte. No sé si el cobarde eres tú, que tuviste miedo de aventurarte más para averiguar hasta dónde podíamos llegar, o si la cobarde fui yo, que nunca encontré los arrestos para decidir dejar de llamarte o escribirte.

Yo siempre pensé que no había nada más valiente e impulsivo que el instinto de amor, esa centella etérea, elemental, prendida en las fibras más hondas de la vida. Pero a veces el amor se consume en sí mismo, y pocas veces sobrevive a la distancia. Al amor, al fin y al cabo, se le representa con un niño, Cupido. Y los niños no suelen ser constantes.

Creo que hay personas que sabemos enamorarnos. Es más, que somos unos verdaderos genios en el arte de enamorarnos. Pero no sabemos amar. Sabemos obsesionarnos y entregarnos. Sabemos escribir poemas y canciones. No sabemos quedarnos cuando el deseo se acaba. No sabemos hacer planes a largo plazo. No sabemos aburrirnos. No sabemos perdonar. No sabemos tolerar la frustración.

Amamos mucho, pero en serie.

Somos *serial lovers* como otros son *serial killers*.

Y durante años nuestra condición no nos crea el menor problema. Nos adoran, adoramos. A nuestra extraña manera llegamos a ser felices e incluso hacemos felices a otros. Como una raza de vampiros, nos infiltramos entre los humanos, que nos temen, pero nos reverencian. A veces nos sentimos mejores, a veces peores, pero siempre nos sabemos distintos. Y, como los vampiros, no envejecemos.

Pero no, no somos felices. No del todo. Todo lo que tenemos de erótico lo tenemos de trágico. Lo de ser vampiro tiene un cierto glamour, y no dudo que tenga mucho encanto literario.

Pero está definitivamente pasado de moda.

Y creo que tú y yo, Martin, somos como mellizos separados al nacer. Y nos parecemos más de lo que queremos aceptar.

Siempre tuya.

Ser una cebra

Es muy difícil pasarse media vida, escondiéndose, negándose, disimulando. Es agotador esconder en la sonrisa el hecho de que la estás forzando. Es triste esconder los suspiros en el pecho, las palabras en tu diario. Esconder los sentimientos en historias que han vivido otras personas. Es vergonzoso esconder la furia aguda, los sollozos, la tristeza. Es laborioso esconder lo que se piensa tras un denso manto de silencio. Esconder la voz para que no nos traiga desgracias. Escondernos como una planta que no florece, pero lleva dentro de sí la luz de las flores que no muestra. Escondernos como la estrella que se esconde entre las nubes para que nadie vea su luz.

Todo lo que escondemos, sin embargo, acaba atrayendo a otros como un imán fatal. Si piensas que atraes siempre a las personas equivocadas, quizá sea por algo.

Es como la historia de esa mujer transexual que escondió a su prometido su verdadera condición. El marido lo descubrió la noche de bodas y la asesinó. Solo un fundamentalista religioso aceptaría no tocar a su compañera hasta después de la boda. Si ella hubiera sido honesta, habría atraído a un hombre menos rígido y dogmático.

Es extraño sentir que la gente te admira, te para por la calle, quiere hacerse fotos contigo, cuando tú te sientes tan sola, y en el día a día, sientes que no sabes comunicarte con nadie.

Cuando era pequeña no conseguía tener amigas, tampoco las quería. Mientras yo estaba leyendo libros de adultos las chicas de mi clase jugaban con muñecas. Mi familia dio por hecho que tenía un trastorno serio, que era asocial. Incluso mis hermanas decían que era autista.

La adolescencia fue el horror. Para qué perder líneas en contarlo. Desde que cumplí trece años mantuve relaciones con hombres mucho mayores, porque con los chicos y chicas de mi edad no tenía absolutamente nada en común. Y buscaba la atención entre quienes estaban dispuestos a ofrecérmela. A los dieciséis años tenía un novio de veintiséis. Y puedo asegurar que yo había leído mucho más que él, sabía más de música y de cine y de política. Pero lo que yo no tenía era la capacidad emocional para bregar con una situación así. Yo era más inteligente, él tenía más calle. Me manipuló todo lo que quiso. Para colmo, el estrés de tener que esconder la relación me estaba hundiendo.

Empecé a trabajar muy joven. Tampoco perdamos líneas para enumerar todos sitios en lo que he trabajado. Entras en un trabajo y por un lado te necesitan porque nadie es capaz de hacer lo mismo que haces tú en tan poco tiempo. Pero por otro lado el jefe te teme e intenta machacarte siempre que puede no sea que "te lo creas" y le robes el puesto. Eres peligrosa, eres más lista que él, trabajas más rápido, detectas fallos. Le haces quedar como un inútil sin darte siquiera cuenta de ello.

Trabajar en equipo es sencillamente imposible. En las reuniones de equipo, me aburría soberanamente, yo ya había visto la solución al problema antes ni siquiera de que los demás hubieran detectado el fallo. Pero si lo señalabas, señalabas de paso la ineptitud de tu jefe. Así que aprendías a callarte, o te ibas. Recuerdo aquellas reuniones como una auténtica tortura.

Mis relaciones de pareja han sido muy difíciles. Para poner un solo ejemplo entre diez mil. Una vez hicimos un grupo de amigos un viaje al Museo de la Ciencia en Granada. Allí había una serie de juegos de lógica. Todos intentaron jugar a uno, que era una especie de *puzzle* que había que resolver. Ninguno lo logró, todos lo dieron por imposible. Yo fui la última en intentarlo, y yo lo resolví en cuestión de unos minutos. Mi pareja de entonces –uno de aquellos músicos con los que yo me liaba cuando era joven– se enfadó muchísimo. Dijo lo mismo que he escuchado en tantas parejas: tú te crees muy lista, lo has hecho por humillarme, etc. El mismo estribillo en canciones distintas. Mi marido me lo ha repetido tantas veces...

A mis parejas les gustaba mucho, al principio, que fuera tan culta. Pero luego no soportaban que me pasara toda la tarde del sábado leyendo, no soportaban que quisiera ir a ver películas en japonés. No querían acompañarme y no entendían por qué iba sola. Les molestaba que viajara sola, les incomodaba todo. Primero estaban fascinados conmigo, luego empezaban con el "estás loca, eres una asocial, eres rara, a ti no hay quien te entienda..."

Un hombre no acepta a una mujer más inteligente, es así de simple. Si ustedes no me creen les recuerdo que en una reciente encuesta del CIS la mitad de los entrevistados de entre dieciséis a treinta años afirmó que no se casaría con una mujer que ganara más que él. En el siglo XXI.

En cuanto a los problemas con la familia. Mi madre a día de hoy sigue, en el fondo, hundida porque yo sea así. Y lo manifiesta abiertamente. No le gusta como soy. Poco femenina y pedante. Pero mi adolescencia con ella fue un infierno. Yo no respondía al patrón de lo que, según ella, debía ser una mujer.

Me llevaron al primer psicólogo porque "leía demasiado". Ese señor, cuando se enteró de que yo estaba leyendo a Proust, les dijo a mis padres que me quitaran ese libro ya, que era un libro pernicioso. (Más tarde supe que el psicólogo era numerario del Opus Dei, una organización católica que publica un "índice" o lista de libros prohibidos, entre los que se encuentra "En busca del tiempo perdido").

Ser una cebra no es un trastorno, pero implica ser muy diferente. Cuando para colmo ni siquiera sabes que lo eres te sientes rara, asocial, enferma o loca. No comprendes por qué no compartes gustos con nadie, por qué te hacen gracia cosas que a nadie se la hacen o por qué no te hacen gracia cosas que a los demás les parecen tan divertidas. Cenar en un grupo de amigos o en familia es una tortura. No compartes ningún interés, y muchas veces a los demás les cuesta seguirte la conversación. Eres rara, aburrida y difícil.

Cuando me di cuenta de que era guapa –o de que al menos la gente lo pensaba así– comprendí que podía tener muchos amigos si quería. Y los tuve. Cuando aprendí a mentir, y a fingir que me interesaban cosas que no me interesaban lo más mínimo. Cuando me refugié en mis rayas, cuando me camuflé. No imaginas lo que se puede llegar a sufrir por eso. Lo que se sufre cuando tienes que vivir ocultando quien eres.

La historia se ha repetido con mi hija. Ella lee el *National Geographic*, ve películas de Woody Allen, habla inglés y francés con soltura. En su clase las niñas escuchan reguetón y ven Sálvame. Una vez en clase hizo una exposición sobre la Guerra de la Independencia. La profesora le felicitó. Las niñas la empujaron en las escaleras. Desde entonces no volvió a hacer una sola exposición en clase.

Yo no sabía nada de esto, los profesores tampoco. Todo salió a la luz cuando tuvo que pasar una evaluación psicológica porque su padre había reclamado la custodia, y acabó hablando. No participa en clase, no ha querido ser delegada, detesta el colegio, se aburre. Lo pasa francamente mal. Habla inglés perfectamente, pero falseó la prueba de inglés este año aposta, porque si sacaba dieces las otras niñas iban a por ella.

Yo hacía exactamente lo mismo. Jamás hablaba en público en clase porque lo siguiente era que te iban a llamar "pitagorina" o "enciclopedia". Así que me sentaba en la última fila y dibujaba, y procuraba llamar la atención lo menos posible.

La gente piensa que ser una cebra es una ventaja, pero por lo poco que he visto, no parece que la vida de la cebra lo sea. Eso sí, nadie lo cuenta en público. Es como decir que ser gay no es un problema, que no se sufren acosos. O que ser bisexual no lo es. Uno de los argumentos para intentar quitarme la custodia era precisamente que yo tenía una relación con una mujer El simple hecho de que se aceptara el curso de esa demanda ya muestra que la homofobia y la bifobia existen. Que ser diferente es un problema y que salir del patrón es un problema.

Una persona nace siendo la que es. Única, irrepetible, como su ADN. Pero cuando crece, quiere parecerse a los demás, y se reviste de una personalidad: de un conjunto de hábitos, de aprendizajes, de mecanismos necesarios para interactuar con el entorno. Y la esencia, lo que le convierte en diferente a todas las demás, va quedando como dormida, aprisionada por esa identidad postiza, ahogada en su frescura inicial.

Pero hay personas a las que su esencia no se les duerme del todo, seres sensitivos, interiormente inquietos, que miran la realidad indagando su sentido. Jamás se quedan con la percepción superficial de la vida, sino que preguntan, –se preguntan–, y, sin saber cómo, se encuentran un día a punto de ahogarse en sus propias aguas profundas.

Hacemos enormes esfuerzos por ser uno más. Pero no podemos. Nos resulta imposible renegar de nuestra condición. Es como si una voz interna nos ordenara Buscar. Un imperativo interior. Nos sentimos inadecuados en lugares donde todos parecen estar cómodos. Nos vemos incomunicados en donde todos parecen comunicarse con códigos que no logramos aprehender. Nos encontramos buscando los porqués profundos en sitios donde todos se quedan en la superficie.

Y padecemos nuestra condición como un estigma. Sentimos que no pertenecemos al mundo de todos, y a su vez anhelamos pertenecer. No necesariamente a ese mundo: a algún mundo, a cualquier mundo, Y si no podemos pertenecer a un mundo, al menos queremos pertenecer a alguien.

Entendemos demasiado bien la historia de aquel pichón de cisne que, por accidente, había sido incubado por una pata. Al nacer, como es lógico, se crió entre sus hermanos patitos, sin saber que pertenecía a una especie diferente. Más grande que los demás, más oscuro comparado con sus hermanos. Su percepción de sí mismo era la de alguien inadecuado, por más que se esforzara en no distinguirse del resto de la bandada. Como el pato, solemos ser torpes en nuestros intentos de adaptarnos. Muy retraídos, hipersensibles, precozmente maduros, críticos, distintos.

Un día nos damos cuenta de que no podemos seguir siendo como éramos, pero que no sabemos cómo ser.

El diferente sufre mucho en la adolescencia, cuando lo que más se valora es llevar la misma ropa y escuchar la misma música que el grupo. A veces, después no logra superar eso. En otras ocasiones, es esa diferencia la que le hace rico. La que le convierte en artista o en intelectual cuando se hace mayor.

La cuestión es que por mucho que intentes adaptarte para balar al mismo son del rebaño, tu voz siempre va a sonar discordante. Así que más vale aceptar la diferencia, integrarla y abrazarla.

Los psicólogos hablan del Síndrome de Solomon para explicar el fenómeno por el cual la gente afirma algo que no cree o hace algo que no le gusta solo porque tiene miedo a ser diferente. Y a quedar en evidencia. El tema que subyace al síndrome es archiconocido en la psicología social: el miedo a destacar. Expresado mediante conductas que eviten ser discordantes, discordantes hacia una masa más o menos homogénea de personas. Este miedo es tal que puede llevar a que más de un tercio de la gente declare estar a favor de un hecho que considera falso por simple presión social. En varios experimentos de Solomon Asch, un tercio de los individuos declaraban que una línea curva era recta solo porque un grupo de autoridad había afirmado que era lo era.

Y muchas veces, cuando se habla del Síndrome de Solomon se sugiere que se trata de un problema propio de personas con baja autoestima. Pero el factor primordial de este miedo a ser diferente no es la baja autoestima, no. Es el hecho de vivir en una sociedad que juzga sobremanera los fallos y critica constantemente los éxitos de los demás. Condenando a todos a una mediocridad basada en el miedo a no sobresalir.

Todo consiste en saber equilibrar nuestro deseo de agradar e integrarnos con nuestra necesidad básica de no traicionar a la persona que de verdad somos.

No he averiguado aún cómo se logra ese equilibrio.

Cada mañana se me hace más y más difícil salir de la cama: tengo la impresión de que no me espera nada ahí fuera. Bajo el letargo, la actividad sin movimiento, el mundo inmóvil, es preferible a lo que trae la vigilia. En el mundo dormido nada arde, nadie llora: no hay sal para las lágrimas, ni carbón para la cólera.

En Madrid el cielo está tejido de azul. Salgo al silencio y en este ahora de secreta extensión indago en la memoria. Y me busco en el cielo y en el recuerdo. Ya volverán los días de vértigo. Ahora no. En esta pausa azul sin disciplina de calendarios o relojes –dulce equilibrio de sol y cielo en calma–, el pulso de la sangre no reclama su memoria de tormentas. Ahora echo un vistazo en la memoria a lo que pasó en los últimos tres años. Mi cuerpo, ayer amante, es hoy carne de destierro.

Los últimos años han sido tan extraños que casi siento que no fui yo quien los viví. Había enterrado los recuerdos porque dolían, voy a desenterrarlos con una pala de letras. Es una historia escondida que me he ido callando durante tres años Yo fui aquella mujer que estaba tan perdida. Mis amantes no conocían a mis amigos, y viceversa.

Yo tenía un deseo náufrago que de cuando en cuando arribaba a islas desiertas. Lo que sucedía se quedaba en la isla y nadie más lo sabía. Cuando lo escriba, volverá a suceder. En realidad, en el recuerdo, todo pierde vigencia, como un chicle masticado que haya perdido su sabor. Yo he llegado hasta donde nunca pensé que llegaría, porque de joven nunca pensé seriamente que llegaría el día en que tuviera arrugas, celulitis, en que no pudiera leer sin gafas.

Jamás se me ocurrió pensar que el destino de cada cuerpo es su inevitable deterioro.

Mi historia es tan vulgar como cualquiera que haya leído yo en libros ajenos. Una mujer más –pero pudo ser un hombre– que entiende que ya ha pasado la parte más hermosa de la vida, ésa en la que todo estaba aún por estrenar. Es vulgar esta historia y probablemente a nadie le importe. Lo único que tiene de nuevo es que me haya pasado precisamente a mí.

Es extraño que mi cuerpo pudiera ser un instrumento, porque yo lo percibo desafinado. Es extraño que aún pudiera encontrar amor en humedales ocultos y en agujeros equívocos. Es extraño que ahora que las heridas han cicatrizado resulte tan difícil recordar nombres.

Tengo que pactar con la desaparición de mi juventud. No hay grandeza en mi historia, ni el tiempo que he desperdiciado inútilmente buscando un chute de adrenalina. Y después de dar muchas vueltas por la casa y por mi memoria he encontrado algunas imágenes.

Una extraña emoción adorna a la persona que fui, que desde allí me observa y que voy comparando con la que soy ahora. No hay mucha diferencia, en realidad. Quizá que aún me quedaba por entonces un resto de ingenuidad.

Los ojos que me miran desde el pasado reciente pertenecen a una mujer que soñaba un futuro diferente para la mujer que hoy soy, que no podía siquiera imaginar que a día de hoy yo iba a escribir esta historia desde la soledad.

Ahora alimento pocos sueños, y los pocos que alimento probablemente también se desperdicien.

Mi Muy Querido Martin,

Me he enterado por vía de Elo que has estado ingresado en el hospital. Elo me contó que todas tus ex mujeres fueron a verte, y yo me pregunté si debería coger un vuelo a París y presentarme. Pero tú no me habías dicho nada, no me habías llamado, y no lo consideré oportuno.

Desde que te escribí la última carta he seguido escribiendo. Pero esta vez mis palabras ya no estaban dirigidas a ti, sino a mí. Había adoptado la costumbre de escribirte cada mañana así que, por inercia, seguí haciéndolo. Seguí despertándome, haciéndole el desayuno a mi hija y, después de despedirla en la puerta de casa, me sentaba frente al ordenador y escribía, como hacía cuando te escribía a ti. Si lo pienso, no sé bien por qué lo hacía. Quería saldar cuentas con el pasado, supongo. Quizá, desde que me preguntaste qué buscaba, quién era, me di cuenta de que no tenía respuesta para ninguna de esas dos preguntas. Y que era muy triste no tenerla.

Qué maravilloso sería poder entendernos sin palabras. Como entendemos el susurro del mar, o como yo entiendo al viento enredado en las copas de los árboles cada vez que salgo al parque a pasear a mis perras.

Me preguntaste, y no supe qué respuesta debía darte. Hace ya mucho tiempo aprendí razones que los demás no comprenden, y que nunca he sabido transmitir. A veces me gustaría pensar que a los demás, en lo más hondo, también les queman las mismas razones, y les hieren. Siempre he sospechado que yo era muy diferente, pero, aun así, siempre he sabido que en lo esencial todos los seres humanos sentimos igual.

Últimamente me pregunto a menudo: ¿dónde va el amor cuando se olvida? ¿dónde se quedó todo el amor que intenté darte o que al menos inventé para ti? Y ¿qué ha sido de todas las historias que he vivido en los últimos años? Es como preguntar dónde estarán ahora los juguetes con los que jugaba de niña, las muñecas a las que tanto quería.

Estos años he vivido historias vulgares, sin una brizna épica, de grandeza. Estos años en los que desesperadamente intentaba huir hacia adelante y olvidar.

Las historias de huida se repiten una detrás de otra.

Dos personas se cruzan. Se acarician. Se besan. Se bastan. Durante un breve instante, están colmados por ellos mismos, colmados por el deseo del otro y hacia el otro. Se huelen, se gustan, se desean. La libertad que intuyen les deslumbra. Se miran a sí mismos en el otro. Y se equivocan gozosamente, y confunden el deseo con la promesa de otra cosa.

Cuánto abandono momentáneo. Se conocieron ayer, pero sientan que llevan siglos de parecerse. Les unen las mismas apetencias de olvido y de sabores no probados, las mismas semejanzas descubiertas con delicia. Pero acaba todo sabiendo a un plato ya conocido, con sus "siempre" y sus "nunca" efímeros, con sus partes confundidas, como miembros que el amor enlaza.

Y luego, de pronto, la historia acaba. Y las historias de huida se repiten una detrás de otra.

He seguido escribiendo, Martin, y nunca olvido que cuando empecé a escribir fue para ti. Y mientras escribo me doy cuenta de que la única forma de que las historias vulgares alcancen cierta grandeza consiste precisamente en escribirlas. Por eso voy a escribir las historias vulgares de los últimos años.

Dedicadas a ti, Martin Lavigne, que fuiste mi última historia vulgar.

Deseo de verdad que mejores, no te guardo el más mínimo rencor.

Siempre tuya.

Un italiano vero

El primer hombre con el que me fui a la cama después de divorciarme fue... el primer hombre con el que me fui a la cama. Nada más. Nada menos.

Sucedió en mi barrio. Se celebraba el día de no recuerdo qué virgen y por eso habían llenado la plaza de puestos. Creo que era la Virgen de la Paloma. Yo me dirigía a uno cuando un chico me paró, con un acento italiano marcadísimo. Me saludó, como cualquier fan más. Uno de tantos que reconoce la cara que ha visto en la televisión. Yo saludé, creo que asumí que era gay, no le di más importancia, seguí adelante.

Más tarde estábamos sentados varios amigos en el parque infantil. Yo había decidido que nos sentásemos allí porque el suelo del parque era más blando que el cemento. El chico se acercó y me preguntó si podía hacerme fotos. Me pareció la excusa más tonta del mundo para hablar conmigo, pero me hizo gracia. Así que le dije que se quedara con nosotros.

Al rato llegaron tres chicos más que se unieron al grupo. Alguno debía ser el amigo de alguien. Esas amistades volátiles que solo ves de noche, cuyos nombres se confunden con otros nombres. Uno se puso a hablar conmigo. Me presentó a sus amigos. Nos estábamos riendo, hablando de tonterías. Y uno de los tres hizo un comentario que me sorprendió: "Se va a enfadar tu novio". "¿Qué novio?", dije yo. "Ése", y señalaron al italiano. "Ése no es mi novio", dije yo. "Pues se ha enfadado mucho cuando te has puesto a hablar con nosotros". "Lo dudo mucho, si le acabo de conocer".

Los tres empeñados en decirme que el italiano no hacía más que comerme con los ojos. La verdad es que yo ni me había parado a pensarlo.

Después de haberme divorciado había perdido por completo la autoestima. Lo último que imaginaba es que yo pudiera atraer a otro hombre.

Excuso contar toda la historia de lo a dónde fuimos después y las tonterías que el grupo hizo a lo largo de la noche, pero al final, cuando todos nos hubimos dispersado, el italiano subió a mi casa. Y estuvimos hablando. Y solo entonces me empezó a gustar. Porque me gustaba su voz (ya he dicho que me atraen los hombres con acento) y me gustaba cómo hablaba, lo que contaba, lo que decía. No era especialmente guapo, no era mi tipo, y sin embargo cada vez me parecía más atractivo. Me flechó completamente. Y entonces me dijo que tenía pareja.

Por eso digo que fue el primer hombre con el que me fui a la cama. Pero no tuvimos sexo, solo dormimos juntos.

Pero cuando se marchó me dijo algo que me dejó sorprendida: "Llámame o escríbeme".

Si era evidente que ambos nos gustábamos, ¿por qué quería jugar con fuego?

Había decidido no llamarle ni escribirle, pero cuando le conté a uno de los amigos gays al día siguiente lo que había pasado, me animó a hacerlo. Si te gusta tanto, llámale. Yo soy demasiado tímida para eso: Escribir es mucho más fácil, crea una barrera, no existe el contacto directo de voz a voz. Por eso a Martin le escribía tanto y le llamaba tan poco. En el papel le contaba muchas cosas. Por teléfono, me ponía nerviosa, no sabía qué decirle.

Me habría gustado decirle a aquel chico italiano que el rato que pasamos juntos en mi casa fue muy especial para mí. Que me sentía como en el interior de una inmensa y cálida rosa encendida. Que la serenidad de su voz me dio la luz para avanzar sin tropiezo entre la oscuridad de mis sueños, que aquella noche transcurrieron por una vez sin pesadillas, porque me dormí pensando en él. Por primera vez en mucho tiempo, no soñé con mi marido.

Pero todos los tímidos tenemos miedo a ser cursis y grandes dificultades para expresar lo que nos bulle por dentro. Ese silencio insensato que todo se lo guarda por culpa de la testaruda timidez. Hay miedo al dolor en todas esas palabras que no se dicen, un miedo que circula en el cuerpo como otra sangre, un miedo viscoso que no se atreve a mirar de frente al dolor para no merecer la esperanza.

Pero nunca le llamé, ni le escribí.

Tuve miedo. Lo que sí supe es que me sentía sola, triste, vacía.

Que gracias a él caí en la cuenta que durante todo mi matrimonio me había faltado algo muy importante.

Mi marido me había comprado joyas, vestidos. Me había llevado a cenar a restaurantes caros, me daba todo el sexo que yo quería.

Pero nunca me dio lo más importante de todo:

Respeto.

Mi Muy Querido Martin,

Muchas gracias por responder y, sobre todo, por preocuparte por mi salud. Yo no he estado ingresada. Pero el otro día me sucedió algo bastante curioso.

Yo estaba en la biblioteca de mi barrio, estaba escribiendo. Llevaba toda la mañana sintiendo unos dolores muy agudos en el pecho, intermitentes, como pequeños pinchazos. Y de repente llegó un dolor mucho más intenso, como si alguien me hubiera clavado una aguja de hacer punto y me hubiera atravesado con ella. (Se trata de un símil, por supuesto, nunca me han clavado una aguja de hacer punto). Me doblé en dos de dolor. Y entonces empezaron a llegar unas náuseas muy potentes. Bajé corriendo al cuarto de baño y me puse a vomitar. Sudaba muchísimo, sentía un calor asfixiante, me encontraba muy mareada.

Así que tecleé en el buscador de internet de mi teléfono: sudor, mareos, dolor en el pecho, vómitos.

Y lo primero que encontré fue esto.

"*¿Cuáles son los signos y síntomas del ataque cardíaco?*

No todos los ataques cardíacos comienzan con el dolor repentino y abrumador del pecho que se muestra en la televisión o las películas. Por ejemplo, la tercera parte de los pacientes de un estudio que tuvieron ataques cardíacos no presentaron dolor en el pecho.

Muchos ataques cardíacos comienzan lentamente, con dolor o molestias leves.

El síntoma más frecuente del ataque cardíaco consiste en dolor o molestias en el pecho. Esto abarca dolor o molestias nuevas o cambios en las características del dolor o las molestias existentes.

La mayoría de los ataques cardíacos se presentan con molestias en el centro o el lado izquierdo del pecho, que a menudo duran más de unos pocos minutos o desaparecen y vuelven a aparecer. Las molestias pueden sentirse como presión incómoda, opresión, sensación de llenura o dolor. La sensación puede ser leve o intensa."

Precisamente yo sentía el dolor en el lado izquierdo del pecho. El artículo continuaba diciendo que en muchas ocasiones aparecían vómitos, náuseas y sudores fríos.

Como el ambulatorio de la Seguridad Social está al lado de la Biblioteca, salí disparada.

Me presenté en el mostrador y le dije a la mujer que estaba allí que creía que estaba sufriendo un ataque al corazón. Ella me miró de arriba a abajo con expresión despectiva y me dijo: "Espere un momento, que tengo a otras personas que atender".

Entonces me fui a sentar a un banco.

Lo siguiente que recuerdo es estar en una camilla, con electrodos pegados en el pecho, conectados por cable a una máquina. Alguien me había quitado el jersey y el sujetador. Luego llegó una enfermera, me dio un vaso de agua y una pastilla. Me devolvieron mi ropa, y me dijeron que pasara a otra sala.

Una médica muy amable me explicó que había sufrido un ataque de pánico. Y que después, me había desmayado.

El electrocardiograma arrojaba buenos resultados, pero yo tenía la presión altísima. Me dijo que en casos como el mío la tensión hace que los músculos se contraigan y que de esta manera se presiona al corazón.

Me extendió un volante para una cita con el psiquiatra.

No me avergüenza contártelo porque sé que no siempre me has tenido por mentalmente equilibrada.

Me ha hecho gracia saber que tú y yo hemos sufrido un ataque al corazón en las mismas fechas.

Pero el mío era falso.

La última vez que nos vimos a ambos nos dio un vuelco al corazón.

Pero el tuyo era falso.

El Hombre Egoísta

Al primer hombre con el que me tuve sexo después de divorciarme lo recuerdo muy bien. Recuerdo su olor cuando cierro los ojos. Sería imposible olvidarlo. De hecho, tengo una muestra de su perfume. Me la regalaron en unos grandes almacenes. Sentada frente al teclado, me pongo unas gotas en el dorso de la mano.

Cierro los ojos y aspiro.

Lo revivo todo.

Me lo encuentro en el backstage del FEA, el Festival Electropop Alternativo de Barcelona. No sé qué hace allí. No es jurado y, que yo sepa, no va a tocar ni ha tocado en el festival. Yo llevo unas copas encima. Él no. No bebe, no se droga, es vegetariano estricto. Así que no sé qué hace allí y tampoco sé de dónde saca el valor para decirme lo que me dice.

–Joder, tía, estás más buena cada día.

–Pareado –respondo yo. Es una vieja broma entre nosotros. Viene de algún grupo en el que él tocaba, que hacían canciones punks, de aquéllas con pareados. Y animada por el valor que me infunden las tres copas, sigo–. Tú no estás más bueno cada día porque tú siempre has estado igual de bueno –lo podía haber dejado en un flirteo tonto, pero ya he cogido carrerilla–. Hay una fiesta ahora en el Boulevard. ¿Quieres venirte conmigo?

La verdad es que no me esperaba que me dijera sí, mucho menos que me tomara de la mano y me llevase. Me encanta la presión que ejerce sobre la mía. Muy fuerte, muy agresiva, muy directa, como si no quisiera soltarme. Prácticamente me arrastra hacia la puerta.

En el camino una chica se planta delante de nosotros y le aborda:

–*Nen,* ¿no se suponía que ibas a pasar la noche conmigo?

No sé si es una broma o va en serio, pero respondo muy sonriente.

–Me he adelantado. Prueba mañana que igual vuelve a estar libre.

En el taxi él habla y habla sin parar. Parafraseando a Salinas, lo que es (su olor, su voz, sus músculos bien torneados, su sonrisa luminosa, sus ojos verdes como semáforos que abren paso,) me distrae de lo que dice (una sucesión de naderías con muchos "¿sabes?" intercalados).

Ya en el Boulevard nos vamos a una esquina oscura, me mete la lengua hasta la campanilla. Huele a *Egoiste* de Chanel. Siento su erección presionado contra mi entrepierna. Me susurra al oído:

–Joder, ni te imaginas lo que te voy a hacer si vamos a la cama.

–No subestimes el poder de mi imaginación –le digo. Se ríe.

–Hay algo que te tengo que decir...

–Que tienes novia.

–¿Lo sabías?

–Cielo, tú siempre tienes novia. Desde que te conozco. Pero si a ti no te importa, a mí menos, como comprenderás.

–¿Tienes casa?

–Ya sabes que sí.

Cogemos un taxi. Hacemos bromas, no nos soltamos la mano, nos besamos de cuando en cuando. Y ya en casa, al contrario que cualquier político, cumple lo que promete. Incluso hace más de lo que ha prometido. Yo me siento insegura, un poco distanciada de mí misma. No experimento nada especial. Simplemente, no podía pasarme toda la vida añorando a mi ex marido. Y este hombre es guapo, joven, elegante. Sí, le estoy utilizando. Y él a mí.

Después, se empeña en que le haga un café.

–Cielo, no sé hacer café. No tengo ni idea de hacer café. No me gusta el café.

–Pero habrá café en esta casa ¿no? Digo yo.

–¿Y vas a ponerte a hacer un café a las siete de la mañana?

–Claro.

–Pero te va a despertar.

–Pero es que quiero estar despierto, quiero hablar contigo...

–¿De qué?

–No sé, de cosas... Siempre me has parecido una tía muy interesante.

–Y tu novia ¿no te espera en casa?

–No, qué va, la tengo muy engañada. Le diré que me he quedado a dormir en casa de un colega.

–¿Cuántos años tiene?

–Veinticinco.

Claro, así no me extraña que la tenga engañada.

–Cielo, pero yo he quedado a mediodía, y me gustaría dormir antes.

–Pues dormimos juntos.

–Ya… pero no duermo bien cuando estoy acompañada.

–¿Me estás echando, tía?

–No exactamente, pero… bueno, sí. O sea, no. O sea, que prefiero que te vayas.

–Joder, eres peor que un tío.

–No digas chorradas, anda.

–Oye… ¿cuánto tiempo te quedas en Barcelona?

–No sé, hasta el martes o así.

–¿Por qué no me llamas y quedamos a tomar un café? No a follar. A tomar un café. Me encanta hablar contigo.

Hace cinco años habría dicho que sí. Y hace diez, no le habría dejado irse de casa. Pero ahora ya sé que no me conviene tomar cafés con un tío que reconoce que tiene a su novia muy engañada.

–Claro, dame tu teléfono.

–Dame el tuyo y te envío un *WhatsApp.*

–No recuerdo el número. Me acabo de cambiar de número... –miento–. Apunta el tuyo ahí.

Aún tarda media hora en irse, haciendo tiempo para quedarse. Al final, le tengo que acompañar a la puerta.

Me pregunto si realmente ha merecido la pena. Porque todo me parece vacío y absurdo y frívolo. Pero creo que este polvo sin compromiso inicia una etapa de libertad, que por fin he olvidado a mi marido, que por fin voy a ser feliz.

Ni imagino entonces lo equivocada que estoy.

La funda de almohada todavía huele a *Egoiste.*

Mi Muy Querido Martin,

Hoy he ido al psiquiatra, a un centro de salud mental (público), a las afueras de Madrid. Cuando he llegado al mostrador, las recepcionistas estaban discutiendo delante de todo el mundo que si "el doctor X se queja de que le mandamos a todos los bipolares y depresivos". Han interrumpido la discusión para atenderme a mí, con la misma cara con la que un oficial nazi miraría a un judío.

Después he tenido que esperar casi una hora a que me llegara mi turno.

Mi primera cita con el psiquiatra no ha tenido nada de especial. Él era un hombre atractivo, de unos cincuenta años y expresión cansada. Me pregunta que por qué estoy allí. Le cuento lo que ya te conté en la carta anterior, toda la historia del falso ataque al corazón. Me pregunta si estoy atravesando una época de estrés. Le digo que no, no particularmente. Me mira como si sintiera pena por mí.

Me pregunta si duermo bien. Le explico que no, que a menudo me despierto a las cuatro de la mañana, de golpe. Me dice que éste es un rasgo típico de una depresión. Que los depresivos no dormimos de un tirón. Que sufrimos de "insomnio medio". Que nos despertamos en mitad de la noche y nos cuesta volver a dormir. Las personas adultas, me explica, nos despertamos muchas veces a lo largo de la noche (el ruido del baño de un vecino, el camión de la basura, la tele que acaba de encender alguien...) pero generalmente nos volvemos a dormir y al día siguiente no lo recordamos. Sin embargo, los depresivos viven en un estado permanente de alerta, continúa explicando. Y por eso los depresivos (o sea, esa gente como yo), cuando nos despertamos, nos despertamos sobresaltados, con miedo. Imaginamos una amenaza parecida a la que vivimos en el pasado.

Le explico que durante los meses posteriores al divorcio yo me despertaba en mitad de la noche envuelta en sudor. El corazón se me desbocaba de la misma manera que se me desbocó en la biblioteca. También entonces yo pensaba que iba a sufrir un ataque al corazón.

Reúno valor y le cuento al psiquiatra que cuando eso me sucedía me costaba mucho recordar dónde estaba, qué estaba pasando. Que en mis sueños se confundían muchas cosas. Los gritos de mi ex, los de mi madre, los susurros de mi vecino, recuerdos de infancia y de adolescencia, calles oscuras, miedo. Angustia. Una angustia opresiva, como la certeza de un peligro inminente y muy grande. Todo lo que se había vivido en el pasado y que quedaba allí, en alguna neurona, en algún rincón remoto del subconsciente, y que afloraba de noche.

Síndrome de Estrés Postraumático, dice el doctor. Y le digo que ya he oído esa cantinela antes.

Miedo, angustia, ansiedad, asco. Dolor. Asco de mí misma, también. No puedo ponerles nombre a estos sentimientos. Me resulta bastante difícil describirlo. Es como una marea negra que te invade por dentro, que te impide respirar. Es un dolor físico también. Te duele el pecho, el estómago, la cabeza. Es entonces cuando piensas que morirse sería la solución más fácil.

El doctor no dice nada. Ya no sonríe. Me dice que cada persona vive el duelo de diferente manera. Me pregunta si pienso en suicidarme. Le digo que sí, que a veces sí, pero que nunca lo haré, que no es lo mismo pensar en algo que hacerlo.

Me extiende una receta y me dice que nos veremos dentro de un mes, pero que si me encuentro muy mal puedo presentarme de nuevo en el centro e informar que noto síntomas y que quiero consultar con su especialista. Que se me atenderá de urgencia cuando el médico encuentre un hueco, y se me modificará el tratamiento.

Me atrevo a contarte todo esto solo porque tú también me contaste que estuviste visitando a un psiquiatra después de la muerte de tu madre. Pero de verdad te agradezco mucho tu carta cariñosa y tu interés. Y no o te preocupes por mí, por favor. No me voy a suicidar.

Pero necesitaba desahogarme. Y ¿con quién mejor para hacerlo que contigo, que vives lejos y no compartes mi día a día? No quiero hablar de esto con gente muy cercana. Tengo miedo a sus juicios, a sus comentarios, a su desprecio disfrazado de compasión.

Me alegra mucho que tu libro se esté vendiendo tan bien. Te envío mis mejores deseos, como siempre. Y espero no haberte aburrido.

Siempre tuya.

El Hombre Casado

Mi tercer amante sin importancia era profesor de literatura, y le conocí en una conferencia que di en un instituto. Tengo claro que me eligió él, y me persiguió él. En realidad, yo, al principio, no estaba muy interesada. Este es un rasgo que comparten todos los hombres narcisistas. Eligen a sus presas y las persiguen, no desesperan y aguardan pacientes a que sus trofeos caigan en la trampa. En su caso, me estuvo enviando mensajes durante semanas, hasta el día en que por fin acepté quedar con él.

En nuestra primera cita no hablamos de nada importante, de música y de libros. Solo al final de la conversación me dijo que estaba casado. No lo había mencionado siquiera hasta entonces. Le dije que no quería tener nada que ver con hombres casados, pero aun así acepté verle una segunda vez. ¿Por qué? No lo sé. Vanidad. Soledad, quizá.

Aquella segunda vez quedamos en un café. Me había traído un regalo: Las obras completas de Cioran. No me atreví a decirle que ya tenía ese ejemplar. Peor aún, hubiera jurado que él debería saberlo, que yo se lo habría comentado. Quizá no me escuchaba cuando le hablaba.

Nos cogimos de las manos. Él, que es muy rubio, enrojeció hasta la raíz del pelo. Después me contó la milonga clásica: Ya no estaba enamorado de su mujer, casi no tenían sexo, pero no se atrevía a dejarla porque tenía miedo a la soledad y porque sentía compasión por ella.

Más predecible que un pantallazo azul en Windows.

Aun así, seguimos en contacto. Yo ya empezaba a entender que mi ex marido ni me había querido ni me quería ni me iba a querer nunca. Aceptaba el duelo no solo de haberme divorciado, sino también el de asumir que creí en un amor que en realidad nunca existió.

Sin embargo, mi hombre casado, aparentemente, sí existía. Estaba permanentemente al otro lado del teléfono o de la pantalla del ordenador. Si le enviabas un mensaje, recibías respuesta casi inmediata. Estaba allí para ti, y además era exageradamente cariñoso y amable. Incluso si le escribías cuando él estaba en casa y a horas en las que su mujer estaba allí, te respondía. Supongo que se encerraba en el cuarto de baño.

Hablábamos a diario, un rato por teléfono, otro por chat, otro por *WhatsApp*. Durante unos quince días, me sentí muy acompaña nada por él y, sobre todo, me sentí halagada, deseada y valorada. Me escribía notas preciosas, a veces intensamente eróticas, sobre las ganas que tenía de verme y lo que haría si algún día encontrábamos un sitio para estar juntos.

Pero no lo encontrábamos, porque él estaba casado y porque su mujer le tenía muy controlado. Sí, claro, habríamos podido darnos un revolcón rápido cualquier día a la hora de comer, pero yo quería una primera vez bonita, no un aquí te pillo aquí te mato. Y él parecía compartir mi opinión, y había algo de encantadoramente anticuado en ir dejando retrasar el momento.

Yo no estaba enamorada de él, en absoluto, de hecho, aún pensaba obsesivamente en mi marido, pero me gustaba leer sus mensajes y me sentía muy mimada. Mi vanidad se esponjaba con leerle y escucharle, porque era exageradamente lisonjero.

Una noche él, había quedado en pasarse por su casa de sus padres para no se sabe qué. Cuando salía de allí, y de camino hacia su casa, me llamó desde el móvil. Estaba frente a mi portal. La niña ya estaba durmiendo. Bajé a saludarle dejando a la cría sola en casa. Nos besamos en el portal. Estaba oscuro, pero nuestra electricidad generaba una luz propia. Yo no veía, pero veía en mi interior.

La oscuridad era un destino para los labios y una vocación para las manos, en aquel negro esplendor que nos cegaba. Se había lavado el pelo y lo tenía muy suave, daba gusto acariciárselo, como el contacto sedoso de un animal acicalado. Olía a algún perfume denso y penetrante, que mareaba. Lo aspiraba y sentía que aspiraba su esencia, sus latidos confundidos con los míos. Lo sentía vibrar contra mí en confusión bajo el murmullo de mi tacto, dispuesto a mi caricia, de improviso, entre las sombras del portal. Como recién descubierto, como otro.

Otro nuevo, otro sin compromisos ni obligaciones.

No me tocó por debajo de la ropa, pero se apretó contra mí y sentí perfectamente su erección. Hice una broma a propósito del tema y me susurró al oído que antes de salir de casa se había masturbado pensado en mí.

Cuando subí a casa estaba como en una nube, como si me hubiera drogado, se me rebelaba, se me revelaba, una locura celular por el pulso de la sangre. Pero tuve una intuición muy pura de que nunca iríamos más lejos, de que no podríamos superar aquello. Que aquel momento ya había sido perfecto, y que nunca iría a mejor.

Poco después me avisó de que su mujer se iba a pasar el fin de semana en casa de sus padres y que él habia pretextado un montón de trabajo acumulado para no tener que acompañarla. Se iba a pasar dos días solo. Yo no quería ir a su casa, así que necesariamente él tendría que venir a la mía. Ese fin de semana mi hija tenía que ir a pasarlo a casa de su padre.

Me envío varios mails muy bien escritos, irónicos, eróticos, promisorios. Tenía muchas ganas de estar por fin conmigo a solas,

Yo le deseaba, pero no estaba tan segura.

Le deseaba, sí, pero ¿y si el asunto salía bien y después le deseaba aún más? ¿Podría dejarle partir tan tranquila? Por no hablar de que, si bien no tengo mucha conciencia moral, sí que creo que un hombre que es capaz de hacerle eso a su mujer, te lo puede hacer a ti en el futuro. Es decir, podía ser que la cosa no avanzara, y que se quedara allí. Podía ser que yo me enamorara y que tuviera que soportar que él volviera con su mujer y no tenerle nunca. Podía ser que él dejara a su mujer, pero ¿iba yo a vivir una historia en serio con un hombre que era capaz de mentir de una forma tan flagrante?

Me pasó a recoger por casa. Llovía y hacía mucho frío. Él quería subir para que le invitara a un café, pero yo no le dejé. Bajé a la calle y le dije que me acompañara al bar de la esquina. Nos sentamos en un sofá que hay en un rincón del establecimiento.

–Dime –empecé yo, taza de *relaxing cup* en mano– ¿no tienes cargo de conciencia?

–No, ¿por qué lo iba a tener? No tengo el más mínimo reparo. Además, ahora mismo no sé dónde está ella, y podría estar haciendo exactamente lo mismo que yo.

–¿Quieres decirme que tenéis una relación abierta de ésas de "ojos que no ven, corazón que no siente, haz lo que quieras, pero procura que no me entere"?

–No, qué va… Si ella se entera de que estoy contigo, me mata. Es muy celosa.

–Entonces, estás mintiendo.

–Claro.

–Y, repito, ¿no sientes ni un mínimo cargo de conciencia?

–No, qué va. Todo el mundo hace cosas así.

–No todo el mundo. Existen los maridos fieles ¿sabes?

–Pues yo no los conozco. Todos mis amigos son infieles.

–Pero el mundo no se acaba en tus amigos…

–Oye, ya está bien ¿no? No te metas en mi vida, lo que yo haga con mi vida es asunto mío.

–Y mío, puesto que te vas a acostar conmigo, y en mi casa.

–Pero tú y yo sabemos perfectamente a lo que vamos.

–¿Y qué pasaría si yo me enamorara de ti, por ejemplo?

–Tú no te vas a enamorar de mí, tú sabías perfectamente desde el primer momento lo que había.

–Bueno, lo que había, según tú, era un matrimonio roto…

–Yo jamás te he dicho eso.

–Perdona, pero sí me lo has dicho. Me dijiste que no la querías y que venías a estar con ella poco menos que por pena y costumbre.

–Yo no te he dicho nada de eso. Yo a ella la quiero.

–Y si la quieres ¿por qué le haces esto?

–Pues porque ella siempre impone todo. La decoración de la casa la impone ella, los horarios los impone ella, a donde vamos de vacaciones lo ha impuesto ella… Pues supongo que alguna parcela de libertad me tengo que reservar ¿no?

–¿Y no es más simple sentarte a hablar con ella y decirle que hay cosas que no te gustan en lugar de ponerle cuernos a sus espaldas?

–Nena, no sé a qué viene todo este ataque. Yo no me meto en lo que tú haces cuando yo no estoy y tú no te tienes que meter en mi vida.

–Si me acuesto contigo formaré parte de tu vida, quieras o no.

–Oye, Nena, no te pases, tú sabías perfectamente desde el principio en lo que te estabas metiendo y de lo que iba a esto.

Pensé en hablarle de sus mensajes encendidos e incluso en sacar el teléfono y enseñárselos, pero se me ocurrió un argumento más contundente.

–Es decir, cariño, me estás diciendo que yo estoy desesperada por follar, que necesito un polvo como loca, y que me voy contigo solo por sexo puro y duro, porque estás tan bueno que lo que inspiras es eso, puro sexo y nada más, y que nada más verte me pongo húmeda y solo pienso en eso, porque estoy salidísima, que no lo hago porque busque afecto, cariño, querer y que me quieran, intimidad....

–Yo no sé qué te pasa...

El hombre había culpado de sus infidelidades a su mujer, y me hacía responsable subsidiaria a mí del tema, decía que yo "le atacaba" cuando me había limitado a hacer una simple pregunta, convertía una semana de llamadas diarias en un "sabías a lo que ibas" y de pronto afirmaba querer a una señora a la que durante los pasados quince días había asegurado no querer.

En fin, una es tonta...

Pero tanto no.

Me levanté y me fui a casa. El pagó la cuenta. No me siguió. Nunca más me volvió a llamar.

A veces pienso en cómo será ella o si alguna vez imaginó algo.

Pero su mujer nunca leerá esto.

Según él, su mujer no leía nunca.

La cobardía fue su único don. Y es muy posible que él viva su cobardía con una dulzura que a mí se me antoja despreciable. Prefiero borrar el recuerdo de sus manos, de su boca, de su lengua, de todo su contacto.

Porque me da vergüenza.

Esa misma vergüenza tóxica de siempre.

Sí, mi psicóloga hablaba mucho de eso. Esa vergüenza que se internaliza, a raíz de las experiencias crónicas o intensas de vergüenza de la infancia. Esa vergüenza que los padres nos transfieren sin darse cuenta.

They fucked you up, your Mum and Dad –escribía Philip Larkin–. *They dindn´t mean to, but they did.*

Esta impronta de la vergüenza que se me quedó en la cabeza cada vez que mi madre decía que una se había quedado para vestir santos porque no había quien la aguantara o que aquella había tenido varios novios porque era una ligera de cascos.

Y por eso cuando a mí me iban dejando los novios, o yo a ellos, sentía tanta vergüenza. Me daba cuenta de que había cosas que yo creía que no eran ciertas, que las había aprendido de mi madre. Y como mi madre siempre se expresaba con sentencias absolutas, yo no aprendí a pensar con matices.

Y esas afirmaciones de mi madre, tan falsamente ejemplificadas y repetidas, han perdurado en mi cabeza en toda la vida asociadas a muchas situaciones. Pensar en todos los hombres que me han despreciado, a los que tuve que dejar.

La vergüenza la deberían sentir ellos, pero la siento yo.

Hace tiempo, a instancias de mi psicóloga, escribí un cuento. Se lo di a leer a una chica. No es una amiga íntima. No quería que los muy íntimos la leyeran. Me dijo que era una historia necesaria y que se había sentido muy identificada.

Se la di a leer a otro chico. En este caso a un chico muy joven. Y me llamó llorando. Yo no entendía por qué le podía haber afectado tanto.

En el cuento narraba, entre muchas cosas, una historia de abuso sexual que yo viví siendo niña. No es el tema central de la historia, ni mucho menos. Yo hablaba de sentimientos: Lo que sentía al no poder contar a mis amigos que mi marido me había abofeteado. Lo que sentí durante años callándome que de niña me habían violado.

El tema central de la historia no era aquel episodio de mi infancia. El tema central de la historia era el secreto.

Pero durante años todos los psicólogos que me trataban insistían mucho en ese aquel episodio, como si fuera la piedra fundacional de todos mis problemas. Llegué a creer que sí, que por eso estaba tan mal. Pero no era por eso.

El problema no era exclusivamente que aquello hubiera sucedido. El problema era la vergüenza tóxica. Es decir, que fuera yo la avergonzada de contar aquello. Cuando quien habría debido cargar con la vergüenza hubiera debido ser quien me agredió. El problema era vivir en una sociedad que estigma a la víctima. Qué pasa a considerarla loca, enferma, o material de desecho o de segunda mano. El problema es vivir en una sociedad que te hace pensar que fue tu culpa. El problema es que no lo cuentas porque crees que nadie te va a creer, tan poca confianza tienes en ti misma.

Este chico había vivido una historia muy similar. El agresor había sido un amigo de su padre.

Reconoció lo que yo contaba, punto por punto.

La vergüenza tóxica es la que sienten todas las víctimas cuando el victimario les hace sentir que la culpa es de ellas. La que sienten los supervivientes de abuso sexual infantil cuando les hicieron creer que lo buscaban. La que siente la chica gorda cuando le han hecho creer que solo las mujeres delgadas pueden ser amadas y consideradas. La que sienten las mujeres violadas por su pareja porque les han hecho creer, a ellas también, que cuando una mujer dice no quiere decir sí. La que sienten las mujeres maltratadas que no se atreven a contar que su marido las grita y la insulta porque piensan que ellas les provocan. La que sienten tantas violadas que no lo cuentan porque creen que les dirán que fue por salir de noche o llevar minifalda. La que siente el chico que adora dibujar cuando suspende una asignatura que detesta porque le han hecho creer que si no aprueba todas las asignaturas no será lo suficientemente bueno para sus padres, cuando no se plantea que quizá es el profesor el que enseña mal la asignatura, o que quizá él tiene un perfil demasiado creativo para según qué métodos de enseñanza. La que siente el chico gay cuando sus amigos (que no saben de su orientación sexual) se burlan de un tercero llamándole maricón.

Sé que tú que me lees quizás te reconozcas en la historia. Y que tu familia, tus conocidos, tus amigos, tus colegas de trabajo, no saben nada de eso.

Porque te comió la vergüenza tóxica y has intentado enterrar el recuerdo en la fosa profunda de lo que no se dice.

Mi Muy Querido Martin,

No sé por qué te preocupó tanto mi carta. Tú eres el que tuvo un ataque al corazón. Tú eres el verdadero enfermo, al menos oficialmente. Yo estoy enferma sí, pero no tanto. Las enfermedades del alma no se perciben, en general, como temas graves.

Me alegro de que te estés recuperando tan bien y de que sea precisamente tu hija mayor la que te está cuidando. Me pregunto si no será demasiada responsabilidad para una chica de su edad. Pero si a su madre y a ti os parece bien, evidentemente yo no soy quien para opinar.

Yo estoy tomando pastillas y duermo, duermo mucho. La ansiedad ha desaparecido, eso sí. Pero se me seca la boca, y además he engordado, aunque apenas como. (Comía por ansiedad, creo que eso lo recuerdas). Y a veces me tiemblan las manos.

Duermo mejor, pero el medicamento tiene un riesgo muy alto de adicción.

Tecleé el nombre del medicamento en internet y encontré esta noticia en el periódico local de Galicia:

"La Policía Nacional mantiene abierta una investigación para localizar al autor de un atraco registrado a mediodía de este lunes en la parroquia pontevedresa de Estribela, en el que el ladrón se llevó, según ha trascendido, una caja del medicamento Trankimazin.

Los hechos ocurrieron sobre las 13.30 horas en la farmacia situada en la avenida Montero Ríos de Estribela. Un hombre entró en el establecimiento portando un arma blanca y amenazó a la persona que estaba en ese momento en el interior para llevarse la caja de Trankimazin, tranquilizante con el principio activo del Alprazolam.

A continuación, según las fuentes consultadas, el atracador se dio a la fuga".

Y entonces me imaginé dentro de unos años atracando farmacias y me pregunté si de verdad me merece la pena seguir tomando estas pastillas.

Te envío un beso muy grande.

Siempre tuya.

Fulanita la *influencer*

Hubo un encuentro que ni siquiera se concretó en sexo, pero que recuerdo aun porque tuvo gracia, y porque encendió en mí la pequeña llama de difuso deseo que luego se hizo incendio en Adriana.

Estaba yo en un concierto cuando se me acerca una mujer espectacular y me pregunta si puede hacerse una foto conmigo. Yo le digo que sí. Pienso que una mujer tan guapa –labios purpurinos, rostro rutilante, ojos estelares– solo puede ser actriz o modelo. Así que se lo pregunto: "¿Eres actriz?".

Codazo de mi acompañante, el Hombre Taciturno. Susurro al oído. "¿No te has dado cuenta? Es Fulanita X".

Yo no tengo ni idea de quién es Fulanita X.

El Hombre Taciturno me informa de que Fulanita X es una famosa actriz y modelo que aparece a veces en un conocido programa de La Cadena Innombrable en la que yo trabajaba cuando estaba casada. Una *it girl.* Ah. Pues vale.

Fulanita X va acompañada por Un Chico Mono. Depilado, musculado, metrosexual.

O sea, el tipo de hombre que no me gusta.

A mí el tipo de hombre que me gusta es exactamente el contrario. Y desde luego, no puedo soportar a los hombres depilados.

Acaba el concierto. La modelo y yo, flanqueadas cada cual por nuestros respectivos acompañantes, volvemos a coincidir a la salida. Mi acompañante coge la moto para volver a casa. Yo voy a coger un taxi. Fulanita X me pregunta dónde vivo. Se lo digo.

"Te acercamos", me dice.

Subimos los tres a su coche. Llegamos a mi barrio. Todavía es pronto y esa noche mi hija duerme en casa de su padre. Paramos en el bar de la esquina a tomar una copa.

Fulanita X habla mucho. Pero mucho. Habla y habla y habla. Y bebe, bebe mucho. Una copa de Rueda. Otra. Otra. Otra.

Me encantan sus ojos. Ojos indefinibles. Azules como el cielo y hondos como el mar. Encendidos, de místicas ojeras.

Y de improviso, me lo pregunta:

–¿Tú eres lesbiana?

–Yo tengo una vida sexual abierta –respondo–. Bueno, más bien tenía. Ahora no tengo mucha.

–¿Te puedes creer que yo nunca me he acostado con una mujer? Pero me encantaría. He pensado mucho en hacerlo.

–Ya, bueno, sí... Es normal. Creo que todas las mujeres, por muy heteros que sean, fantasean alguna vez con eso...

Y entonces ella me pregunta, en un susurro, el mojado susurro de la tentación:

–¿Querrías hacer un trío con nosotros dos?

¿Qué pienso yo? Ella me gusta. Él no. Él no me gusta nada. Pero no me parece bien decirlo delante de él. Además, él es bajito. Debe de medir más o menos metro setenta y algo. A ella le calculo un metro ochenta como poco. Y yo no soy precisamente una mujer liviana. No creo que ese tipo pudiera acostarse con dos mujeres de nuestra talla.

–Me parece una oferta muy halagadora, sinceramente, pero es que ahora tengo pareja –miento.

No la tengo, claro, pero se trata de una excusa agradecida.

–¿Hombre o mujer?

–Mujer –le digo, para ponerle celosa.

–Qué suerte tiene esa mujer.

Y después de decir eso anuncia que tiene que ir al cuarto de baño.

Cuando se levanta me doy cuenta de lo borracha que está. Desaparece hacia el baño haciendo eses. La marejada rubia de su melena agitándose en torbellino de oro, estela de estrella en permanente fuga.

Nos quedamos solos su novio y yo. Él, un tipo muy elegante y discreto, no menciona la conversación. Hablamos de su trabajo en una agencia de publicidad. Trabaja como *community manager* para varias marcas.

Me da la impresión de que las lleva encima todas. Perfume incluido. Escaparate andante, no creo que este hombre conozca la experiencia de pagar por lo que llevas puesto.

Me pregunta si yo tengo perfil de Instagram Le digo que sí, que tengo, pero que no lo cuido mucho. Entonces me habla sobre cómo debo rentabilizar mi "marca personal" y me asegura que, si yo me dejo, él me puede convertir en una *influencer.*

Yo no tengo siquiera muy claro lo que es una *influencer.*

Me cuenta que lo está organizando todo para convertir a Fulanita en una *influencer* importante. Que ya ha conseguido que varias marcas le paguen por promocionar productos en Instagram. Que su número de seguidores está subiendo como la espuma. Y habla, y habla, y habla. Y han pasado diez minutos.

Y me sorprende que ella aun no haya regresado del baño.

Entonces pienso que probablemente está esperando a que baje yo, y que soy tan idiota que no me he dado cuenta de la insinuación.

Voy al baño.

Allí está ella. Desmayada. Sobre el suelo.

Intento moverla, pero ella es muy alta y no hay forma de sacarla de allí. Aviso al novio. Bajamos con dos camareros. Entre todos, la subimos de nuevo al bar. La reanimamos con hielo en las sienes y, más tarde, con café.

–Le pasa a menudo –explica el novio.

–Perdona que te lo pregunte –digo yo–, pero… ¿ha comido hoy?

–No lo sé, desde luego yo no la he visto comer. Sí, a veces no come en días.

Cuando parece que ella recupera un poco la conciencia, aunque sigue borrachísima, pagamos la cuenta. Gracias a Dios el coche está aparcado en la misma calle, porque no sé si ella hubiera sido capaz de andar un trecho más largo. Se aleja tambaleándose sobre sus tacones, borracha de curiosidad, de alcohol y de hambre.

Cuando le cuento esta historia a mi amigo El Hombre Taciturno y le explico que me he sentido muy halagada por la oferta, mi amigo pone cara de pasmo:

–Nena, tú siempre tan ingenua, está claro que estos dos querían un montaje.

Quizá es que El Hombre Taciturno no me ve lo suficientemente atractiva como para que una modelo quiera tener sexo conmigo.

Mi Muy Querido Martin,

Cuando le he dicho a Elo que estábamos escribiéndonos de forma tan constante se ha quedado muy sorprendida. Me ha repetido de nuevo lo de tu fama de *coeur de artichaud* y me ha insistido en que de ninguna manera debo enamorarme de ti. Martin, con amigas así, ¿quién necesita enemigas?

Cuando le he pedido que me explique por qué te considera tan peligroso se ha echado atrás. Y me ha dicho que quizá está siendo sobreprotectora. Martin, yo no podía imaginar que tuvieras tan mala fama.

No tengo gran cosa que contarte, porque últimamente no hago gran cosa. Escribo mucho. Y poco más.

Me gustaría contarte algo más animado que simplemente decirte que me paso el día en casa. Me gustaría contarte cosas más bonitas, Martin. Puedo contarte que he seguido escribiendo y que no sé muy bien dónde voy a llegar. Es una especie de novela, quizá. Me busco a través de las letras. Escribir me resulta mucho más relajante que el Trankimazín.

Sí, sigo tomando esas pastillas, sí. No sé ni cómo ni cuándo voy a dejarlas.

Se lo pregunto por las mañanas a la mujer que veo en el espejo. ¿Cuándo vas a dejar las pastillas? El espejo del cuarto de baño conoce mis secretos íntimos y mi verdad oculta: la ansiedad y la angustia de los fracasos diarios, de todos los dolores cotidianos, repetidos, sin solución aparente. La mujer del espejo me mira preocupada desde la sombra sorda, desde la eterna nada que florece en el silencio. Esa mujer del espejo no sonríe. Y yo no le presto excesiva atención.

Porque esa mujer me deprime.

Siempre tuya.

El hombre que iba a salvar a Cataluña

El hombre que iba a salvar a Cataluña es un político muy famoso en España que cada año figura en la lista de políticos mejor valorados. O figuraba, antes del proceso de independencia. A mí siempre me había parecido un hombre interesante.

Un día, empecé a seguirle en Twitter. Y poco después recibí un mensaje invitándome a cenar.

Y cenamos. Cenamos en un restaurante francés, por cierto. Y hablamos de política, sobre todo. Yo me sentía muy segura porque él era, y es, feo. No horriblemente feo, no. No un Michel Houllebecq, para entendernos. Pero no es un hombre guapo. Es un hombre normal, con un rostro corriente. Delgado, excesivamente delgado en realidad. Se está quedando calvo. Los ojos, eso sí, los tiene muy bonitos. Muy verdes. Ojos incisivos, penetrantes.

Fui tan tonta que pensé que una mujer como yo, una mujer de bandera, iba a ser un regalo para él.

No calculé el factor "erótica del poder", claro, porque soy así de ingenua.

En fin, que iniciamos una relación. O algo parecido a una relación. El residía y reside en Barcelona, pero es el portavoz de su grupo parlamentario en Madrid. De forma que cada jueves debía estar en mi ciudad para asistir al debate. Y cada jueves cenábamos juntos y hacíamos el amor.

Todo estaba acotado y cerrado. Dormíamos juntos, sí, una vez por semana, pero a la mañana siguiente él saltaba de la cama como impulsado por un resorte porque tenía que ir al Congreso. Apenas compartíamos espacio, ni intimidad. Para mí era fácil, no tenía que implicarme mucho.

"Hacer el amor" es un decir. En fin, manteníamos relaciones sexuales. Nada especial.

Él tenía entonces cuarenta y pico años y enormes dificultades para mantener una erección. Además, no es precisamente un hombre deportista y se cansaba en seguida. Así que, para resumir y no cansarles a ustedes, diré que nos masturbábamos mutuamente. En fin, un aburrimiento.

Cada vez que yo iba a Barcelona le llamaba a ver si encontrábamos la oportunidad de vernos allí. Pero aquello era una misión imposible. Cuando yo estaba en Barcelona, él no podía quedar conmigo porque tenía que ver a sus hijos, porque tenía una reunión importante de partido, porque tenía que redactar un borrador de propuesta parlamentaria... Porque tenía cualquier cosa que hacer mucho más importante que tomar un miserable café conmigo.

Hasta que al final borré su número de mi agenda y bloqueé cualquier acceso.

Y un tiempo después me enteré de que mientras estuvo conmigo aún estaba casado con otra señora de la que se divorció poco después, y que además se divorció precisamente porque ella descubrió que era infiel. Que era infiel. Pero no conmigo. Sino con una mujer de la alta burguesía catalana, la esposa de otro político muy conocido, que no era precisamente compañero de partido. Todo eso lo supe a través de una colega periodista que cubría información parlamentaria.

No es una historia particularmente interesante. Ha vendido a sus votantes tantas falsas promesas como en su día me vendió a mí.

El hombre que miente a sus amantes miente a sus votantes.

Bien, pero volvamos a este hombre. Al El Hombre Que Iba A Salvar a Cataluña. Hombre Frío, controlado. No decía piropos. No te tocaba en público. No iniciaba nunca el sexo. No te miraba a los ojos. No enviaba grandes declaraciones de amor por *WhatsApp*. De hecho, que yo recuerde, no enviaba mensajes por *WhatsApp*. Acostumbrada como yo estaba a mi corte de narcisistas y a sus sistemas de cortejo, El Hombre Que Iba A Salvar a Cataluña resultaba extremadamente desconcertante. Yo parecía gustarle. Al menos, le gustaba en la cama, y se reía con mis chistes, y respondía a mis mensajes cuando se los enviaba. Y nada más.

Cuando le comenté que me parecía muy frío me dijo que ya se lo habían dicho muchas veces.

El Hombre Que Iba A Salvar a Cataluña nunca conocerá el sentimiento de éxtasis que yo he experimentado en un concierto. No es multiorgásmico. No se emborracha nunca. Bebe, sí, pero no se emborracha. No prueba las drogas. Le interesa su trabajo.

Y es ahora cuando me preguntan ¿pero hay hombres multiorgásmicos? Sí. Mi ex marido lo era, por ejemplo. Tanto como lo soy yo. Sabía cómo hacer durar su orgasmo, como montarse en la ola y seguir. El truco es fácil. Una parte es respiración y la otra es concentración. Hay que contraer el diafragma. Notar cómo las costillas se abren hacia afuera y los pulmones se expanden. Después, espirar y profundamente porque de este modo se suministra más oxígeno a la sangre, relajando el cuerpo y la mente. Después, coger aire por la nariz y soltarlo rápidamente, aumentando el ritmo de manera progresiva. Luego, cambiar a una respiración complicada y rápida. Después, aguantar la respiración durante unos segundos y soltar el aire de golpe…

Cuando lo escribo parece complicado, pero en la práctica uno aprende a hacerlo de forma automática, de la misma manera en que los corredores entrenados controlan su respiración de forma intuitiva. Y mientras esto se hace, uno se tiene que concentrar absolutamente en su placer. En mi caso, visualizo una especie de túnel por el cual me voy a deslizar. Mi marido decía que él veía una especie de caleidoscopio lleno de luces.

En cualquier caso, los hombres multiorgásmicos que he conocido eran parecidos a mí. De los que buscaban aliviar su dolor interior en sexo, drogas, música, cine, teatro, actividad, actividad, y actividad. De los que no controlaban su emotividad. De los intensos. De los creativos. Algunos de ellos, sospecho, también eran cebras.

Pero los hombres controlados, los acorazados, no pueden ser multiorgásmicos. Porque para serlo se requiere bajar las barreras.

El Hombre Que Iba A Salvar a Cataluña se parecía a mi padre físicamente. Por eso se parecía también a mi ex marido. Mi marido era muchísimo más guapo, y más alto, pero los tres tenían una nariz parecida, el mismo tipo de mentón cuadrado, e incluso gestos similares. Los tres usaban gafas y se las quitaban cuando iban a decir algo importante. Los tres tenían canas. Mi marido, de hecho, tuvo canas desde los treinta años.

La diferencia es que mi padre no era muy alto, y ellos dos sí. Pero claro, cuando yo era pequeña la diferencia de altura entre mi padre y yo podría ser la diferencia de altura que ahora existe entre ellos y yo. He conocido a mi padre siempre canoso, yo nací cuando él ya tenía cuarenta y un años. Tenía poco pelo, como ellos dos, y durante años llevó barba, como ellos dos. En el caso del Hombre Que Iba A Salvar a Cataluña, el parecido se acentúa: mi padre estuvo muy metido en política, y estuvo en listas de varios partidos. Cuando yo era pequeña me llevaba a mítines y a reuniones en casa de Areilza o de Ruiz Giménez. Me presentó a Tierno Galván, detalle que yo no recuerdo pero que él sí recordaba (al parecer a Tierno Galván le hice reír mucho). Mi padre era nacionalista vasco. El Hombre Que Iba A Salvar a Cataluña, nacionalista catalán.

Y por otra parte mi padre era muy frío, exageradamente frío. Recuerdo que a los diecisiete años intenté por primera vez cogerle la mano (estoy segura de que alguna vez se la habría cogido de pequeña, pero no guardo recuerdo consciente de eso, como no lo guardo de Tierno Galván), solo por hacer un experimento. Mi novio de entonces me cogía la mano a menudo, y a partir de ese gesto yo fui por primera vez consciente de que mi padre no lo hacía (hasta entonces no le había dado la menor importancia).

Así que me senté junto a mi padre que estaba viendo la televisión e intenté cogerle la mano.

Me la apartó.

De modo que tenemos a alguien que se parece físicamente a mi padre, que comparte intereses con mi padre y que es frío como mi padre. Y recuerdo que mi padre y el Hombre Que Iba A Salvar a Cataluña, hablaban exactamente igual, sentando cátedra, con el mismo tono doctoral.

Y como no pude obtener el amor de mi padre, intento obtener el suyo, a ver si puedo repetir el mismo escenario de la obra, pero cambiando el final. Y como tampoco, esta segunda vez, consigo nada, revivo otra vez el mismo dolor en una espiral autorreferente.

En cualquier caso, me lo tengo que decir una y otra vez. Él no es mi padre. Y si coloco a Hombre Que Iba A Salvar a Cataluña en el lugar de mi padre, le objetualizo, niego la persona que verdaderamente es. Él es él, Tú eres tú. ¿Cómo era esa famosa oración de la Gestalt? "Yo soy. Yo Tú eres Tú. Falto de amor a Mí mismo cuando en el intento de complacerte me traiciono. Falto de amor a Ti Cuando intento que seas como yo quiero. En vez de aceptarte como realmente eres”.

Así que intento buscar diferencias. Mi padre era católico (pero eso es un parecido, porque el Hombre Que Iba A Salvar a Cataluña cree con Fe en la justicia social, lo que viene a ser lo mismo). Mi padre no tenía oído musical. (Me temo que el Hombre Que Iba A Salvar a Cataluña, tampoco).

La diferencia evidente es: Yo no follé nunca con mi padre, gracias a Dios. Pero lo he buscado desesperadamente en todos esos hombres que, como él, no han podido o no han sabido quererme.

Mi Muy Querido Martin,

Es curioso que ahora que ya no hablamos de amor nos hayamos atrevido por fin a hablar de lo que verdaderamente nos importa. En nuestras primeras cartas nos mentíamos. Tú no me contabas lo triste que estabas, yo a ti tampoco.

Entiendo que después del ataque al corazón estés haciendo revisión de tu vida. Entiendo también lo que dices de que no debías haberte divorciado de tu primera mujer. Pero ¿qué sentido tiene mirar atrás? Creo que idealizas todo ahora, pero que si hubieras seguido con ella te habrías aburrido enormemente. No, no la dejaste, como tú crees, porque eras demasiado joven e inmaduro. La dejaste porque no era para ti. El hecho de que ahora mismo te visite no la convierte automáticamente en la mujer perfecta. Solo la convierte en la única de tus ex que sigue soltera, la única a la que le sobra tiempo para dedicártelo a ti. Sí, llámame cínica.

La verdad es que yo también he mirado atrás muchas veces. Pero he decidido que la metáfora bíblica tiene razón. Cuando la mujer de Lot mira hacia atrás, se convierte en estatua de sal. Mirar hacia atrás te petrifica, no te permite avanzar.

Tenemos que creer en un futuro absoluto, en un futuro expansivo. A la velocidad del instinto. La vida, como el arte, se sitúa en el límite infinito del presente. Al mirar el horizonte lo porvenir se intuye con una fuerza extraña que no se conocía. El tiempo se proyecta, ahora nos pertenece. Y ese tiempo distinto que intuimos guarda un lugar para creer en lo posible.

Llegado un momento yo me cansé de mirar hacia atrás, me cansé de analizar y sobre analizar. Recuerdo que cuando iba a la consulta de mi psicóloga, me cansaba tener que recordad tanto.

Escribir es distinto. Escribes sobre lo que tú quieres recordar, no sobre lo que te obligan a recodar. En una consulta de psicólogo, a veces recuperas recuerdos que en realidad estaban muy bien donde estaban, enterrados. Yo, en aquella consulta, experimentaba una confusión de vértigo, me sentía sumergida bajo un montón de recuerdos informes y ondulantes, y me obligaban a decirlo, a tomar nota, a procurar explicarlo.

No sé, creo que a veces es mejor olvidar.

Me ha dado un vuelco al corazón cuando he leído en el correo que me has escrito que ahora estabas releyendo a Cioran. Cioran, precisamente, explica en su libro "En las cimas de la desesperación" cómo estuvo a punto de suicidarse, y que el hecho de abrirse al mundo, escribiendo, fue lo que evitó que llegara a hacerlo. Tengo páginas subrayadas de ese libro.

"*Es evidente que, de no haberme puesto a escribir este libro a los veintiún años, me hubiese suicidado*", dice él. (Lo he consultado: lo había subrayado). Es evidente que de no haberme puesto a escribir, yo me habría suicidado ya.

Y más adelante da la explicación: "*¿Por qué no podemos permanecer encerrados en nosotros mismos? ¿Por qué buscamos la expresión y la forma intentando vaciarnos de todo contenido, aspirando a organizar un proceso caótico y rebelde? (...) Siempre es peligroso refrenar una energía explosiva, pues puede llegar el momento en que deje de poseerse la fuerza necesaria para dominarla (...) Existen estados y obsesiones con los que no se puede vivir. La salvación ¿no podría consistir en confesarlos?*".

Por eso, creo yo, a veces estoy tan desesperada por escribir, por contar.

Pero, ¿sabes?, antes de conocerte, poco después de divorciarme, yo mantuve una historia brevísima con un hombre. Nunca tuve sexo con él, solo le besé Y ese hombre (que era profesor de literatura) me solía decir, cuando estábamos juntos, que yo no debía citar a Cioran, que citar a otros era como decir que yo no sabía pensar por mí misma.

Y sin embargo fue él quien me regaló las Obras Completas de Cioran en francés. El mismo que me decía que no citase nunca, que pensase por mí misma. Yo ya casi no le recuerdo, a aquel profesor. Le he quitado el nombre. En serio, ya no recuerdo ni cómo se llamaba.

Fui completamente estúpida al repetir, una vez más, la vieja historia del triángulo, de intentar robarle la atención de un hombre a otra mujer, de repetir la historia de mi infancia: el padre que no me hace caso, la madre con la que compito.

Enamorarse de nuevo de un hombre casado. Buscar al padre. Ahora ya sé cuál es el mecanismo. He pagado con dolor y lágrimas para alcanzar a comprenderlo.

Mi complejo de Electra es mi motor y el corazón de todas mis neurosis. Creo que eso precisamente me lo dijiste tú. Que me había acercado a ti guiada por un complejo de Electra. Pero no, Martin, no fue por eso. Me acerqué a ti porque eras elegante, guapo y culto. Y aunque me escribas que después del ataque al corazón estás desmejoradísimo, seguro que sigues siendo muy guapo.

Me alegra mucho leer tus correos. Y siempre te deseo lo mejor.

Siempre tuya.

El Hombre Bien Vestido

Cuando ya estaba decepcionada por tantas historias que salían mal, cuando llevaba ya meses y meses sintiéndome más sola que un bebé en un bosque, apareció El Hombre Bien Vestido en una fiesta. Era guapo hasta decir basta. Olía a perfume caro. Uno de esos hombres que te hacían sentir que ya habías perdido antes de intentarlo.

He comprobado, por cierto, que los gilipollas suelen usar vestir bien y usar perfumes caros y penetrantes. El perfume impone su presencia. Los percibes en la habitación antes de haberlos visto. Te das la vuelta para ver de dónde viene ese aroma y entonces te fijas en el tipo que lleva la camisa azul a juego con las zapatillas. Y entonces estás perdida.

Por supuesto ese tipo tiene una voz preciosa y muy trabajada, una sonrisa de espuma que es una bomba de tiempo, y te mira a los ojos y dice tu nombre silabeándolo despacio como si lo saboreara y te toca ligeramente el brazo. (Porque lo ha aprendido en un curso de PNL, o peor aún, porque sabe por intuición que el método funciona). Y tú te derrites.

Pues ya te digo yo que ese tipo, el que lleva el perfume carísimo, es un ligón profesional que te va echar un polvo eficiente pero un poco sórdido y que, después, si te he visto no me acuerdo.

Pues bien, al Hombre Bien Vestido le conocí en una fiesta. Unos premios de publicidad. Mi sobrina era una de las premiadas.

Él era divino, publicista, tan irreal como un anuncio de aquellos que él creaba. Y sí, olía bien, vestía mejor, paladeaba mi nombre, me sonreía... Blablabla. Salimos, nos fuimos a otro bar, compartimos unos gin tonics, hablamos de cine, de cine y de cine. Quedó claro que yo sabía de cine muchísimo más que él. Quedó claro también que le molestaba un poquito mi evidente superioridad en el tema. Hizo algún comentario aparentemente gracioso y sin importancia, pero con una carga de profundidad, sobre mi "encantadora pedantería". Nos besamos en la barra. Salimos del bar abrazados. Nos fuimos a mi casa. Echamos un polvo típicamente español.

¿Y qué es un polvo típicamente español? Creo que lo he contado ya.

Esto es un polvo típicamente español:

Besarse. Besarse apasionadamente. Arrancarse la ropa. Llegar al dormitorio abrazados. Él se pone encima. Unos cinco minutos en la postura del misionero. A ritmo rápido y compenetrado. Uno, dos, uno, dos. Cambio de postura. Él te pone encima. Uno, dos, uno, dos. Cinco minutos más. Cambio de postura. Perrito. Tres minutos y notas que él se a correr. Y entonces te corres tú con él. En cuanto notas que él está a punto de acabar, y como ya sospechas que es un tipo egoísta que después no va a esforzarse gran cosa porque te corras tú, aprovechas que en esta postura puedes tocarte el clítoris y te masturbas. Y llegas al orgasmo con él. Oh, qué bonito. Ya.

Pero no, no se trata del milagro del orgasmo simultáneo por compenetración, sino del orgasmo por ansiedad y desesperación.

Es el tipo de polvo que probablemente a él le haya encantado, pero que a mí me deja con una sensación agridulce. De que podía haber sido más. Más.

Más intenso, más compenetrado, más profundo, más significativo.

Nos quedamos dormidos inmediatamente. Después, me despierta la luz que entra por la ventana, retirando una a una las vendas de la sombra. Y el ruido que él hace. Porque se ha despertado y se está vistiendo. Abro los ojos, todavía estoy viva, todavía me siento en el centro de un torbellino. Cuando le digo adiós, tengo que acercarme a besarle. Parece que a él ni siquiera se le había ocurrido darme un beso de despedida. Todo es tan frío que da miedo.

Una ilusión anulada, una felicidad esquiva y distante. En el pasillo resuena, como en un mundo hueco, el ruido de sus pasos presurosos, cobardes.

Esa noche, a las dos de la mañana, me llega un mensaje: "¿Qué, volvemos a follar?". Me lo imagino borracho y puesto de coca. Le doy a la opción "bloquear". Ya no podrá enviarme más mensajes. Una segunda opción que me ofrece mi compañía telefónica impide incluso que pueda llamarme.

Pasada una semana, le escribo un mensaje explicándole por qué le bloqueé. Le explico que me sentí mal, utilizada, que no me gustó la frialdad de aquella mañana, y que el mensajito de las dos de la mañana fue la gota que colmó el vaso.

Me dice que se sintió incómodo, que no podía dormir, que aquella no era su casa, ni su cama, que le cuesta dormir en casas ajenas. No da explicaciones respecto al mensaje de marras. Todo es espantosamente frío y aséptico.

Como un frío de sepulcro, como un frío de quirófano, como un frío de nada.

Pero poco después él me vuelve a escribir y me encuentra triste, deprimida, y sola. Y volvemos a acostarnos juntos. Y él, de repente, se obsesiona conmigo. ¿Por qué? La cocaína, supongo, yo qué sé. No entiendo cómo ha podido ser tan frío al principio y cómo de pronto cambia de semejante manera. Me envía cada día unos diez versos por *WhatsApp*. Y no exagero. Cursi, muy cursi. Tras digamos... ¿un mes? de mensajes constantes, desaparece de mi vida y de mi pantalla de móvil por diez días. Diez días en los que no coge el teléfono ni responde a mensaje alguno. Díez días en los que vuelve el frío aséptico. Tras esos días reaparece en forma de mail, diciendo que "se ha tomado un tiempo para reflexionar" pero que "no hay ninguna otra mujer".

Excusatio non petita, acusatio manifesta.

Yo le respondo que en esos diez días a mí también me ha dado tiempo de pensar, que tengo un resto de dignidad y que prefiero no seguir avanzando por el camino que estábamos a punto de recorrer juntos. Yo, como veis, también puedo ser muy cursi.

A día catorce se presenta en una fiesta en mi casa, a la que por cierto no había sido invitado, e intenta convencerme de que me vaya a la cama con él. Le digo que no. A día dieciséis en su perfil de Facebook empieza a mantener conversaciones muy cariñosas con otra mujer. Por lo que se dicen, deduzco que estuvo con ella en esos diez días en los que desapareció.

Esa mujer se llama Nuria. Al poco, empieza a colgar fotos de los dos juntos. Ella es morena, de pelo largo, busto generoso, ojos muy negros y brillantes. Se parece a mí. Durante más o menos un año le dedica a ella desde su perfil los mismos versos, con variaciones, que me dedicaba a mí.

Pero al tiempo la cosa se enfría. Y el empieza a colgar estados del tipo: "Ella dice que mi amor era leña mojada, que no daba calor. Debe ser porque su corazón es tan gélido que no hay quien lo caliente". Y por fin: "La antigua complicidad que nos tuvimos se ha disuelto en la tinta en la que me escribiste la última carta".

Y más tarde versos y versos sobre el amor perdido.

Al cabo de un mes del estado que aludía a la complicidad disuelta en tinta cuelga una foto de ambos juntos, sonrientes, en un restaurante, las manos enlazadas, con el siguiente estado: "Cuando te susurro un te quiero temblón al oído siento vibrar dentro de mí cuerdas adolescentes".

Y a los pocos días, este estado.

"Ya he puesto el cava a enfriar y ya he abierto el grifo del baño. Ahora solo queda esperar a que llegue Alicia a iluminar mi vida con sus lindas proporciones canela".

¿Alicia? ¿Quién es Alicia?

Y entonces me fijo en la foto del restaurante. Ella es morena, de pelo largo, busto generoso, ojos muy negros y brillantes. Y sí, es la mujer del restaurante y las manos enlazadas. Pero no es Nuria. Es Alicia.

La misma Alicia que responde al estado con un comentario: "Ahora llego, cariño".

Como buen publicista, nos trata como a un móvil. Tiene una marca favorita, pero va cambiando a un modelo nuevo en cuanto surge una propuesta con mejores prestaciones. Probablemente, cuando le conocí, cuando se fue por primera vez de mi cama, salía con otra mujer, muy parecida a mí, a nosotras. Por eso era tan frío. Y el frío cambió a calor cuando ella desapareció y decidió perseguirme a mí.

Mi marido hizo exactamente lo mismo. Me sustituyó en un abrir y cerrar de ojos. De hecho, para cuando yo le dejé, ya me estaba sustituyendo por quien iba a ser mi remplazo. Así, sin duelo, sin transición. Esa persona estaba en la recámara desde los coletazos de nuestra relación. Ya os he dicho, al hablar de Chester Bennington, que los adictos no saben estar solos. Y mi marido era un adicto. Adicto a la cocaína, a las relaciones, a su móvil, al trabajo, a la aprobación ajena, a las pastillas para dormir, a las compras compulsivas... Cada vez que salíamos a pasear acababa comprando algo que veía en un escaparate. Cada año teníamos que deshacernos de un montón de camisas porque ya no cabían en su armario. Algunas se las había puesto solo una vez.

Si hablamos de adictos inmediatamente se nos viene a la cabeza un yonki demacrado, en los huesos y sin dientes. No un periodista de prestigio con un cuerpo ancho y musculoso torneado en el gimnasio. No pensaríais en adicción al ver a mi marido. Pero vivimos en una sociedad adictiva y mi marido era uno de tantos consumistas obsesivos que se entregan recurrentemente a actividades compulsivas para apagar una sed, una necesidad insaciable que va desde el mundo exterior al interior, un descontento con la propia piel.

Igual que la felicidad no está fuera, sino dentro de uno, y no se te la va a proporcionar ni el dinero, ni la pareja, ni el atractivo físico ni el prestigio si tú no eres feliz, la adicción también está dentro de uno. No la crea la sustancia.

Podría aportar infinitos ejemplos para ilustrar el origen de las adicciones. Por ejemplo, durante la guerra del Vietnam. Un porcentaje significativo de los soldados americanos que volvieron eran adictos a algún tipo de droga dura, porque el propio Gobierno americano permitía su consumo para que los soldados pudieran sobrellevar los acontecimientos sumamente estresantes que les tocaba vivir. Sin embargo, en los diez años siguientes, el 95% de esos adictos superaron la adicción, prueba de que la causa de la adicción no era la sustancia en sí, sino la situación ambiental. Quiero decir, por lo tanto, que determinadas circunstancias favorecen la aparición de adicciones.

Y ahora es cuando voy a daros otros datos de *Neurociencia para millenials*. Un ambiente estresante (y los ambientes sumamente competitivos lo son), puede reducir por mil el número de sinapsis por axón neuronal. El axón, por cierto, es la extensión de una neurona que le permite conectarse con muchas otras. Y así, un ambiente estresante y competitivo puede eliminar no solo miles de millones, sino billones, de sinapsis del cerebro. Y para colmo se crean conexiones anormales. De forma que estos déficits resultan en conductas adictivos y también en comportamientos inapropiados, violentos o destructivos. Y en alteraciones severas en todos los aspectos del funcionamiento social, emocional, expresivo y de percepción.

Resumiendo: mi marido no nació adicto ni violento. Se convirtió en uno.

No, mi marido no era un bicho raro ni una excepción de la sociedad del bienestar. Todo lo contrario, era un individuo perfectamente adaptado a una sociedad que nos exige ser guapos, inteligentes, delgados, deportivos, exitosos. Y un etcétera interminable de querer estar siempre por encima de lo que somos. Porque nos hacen creer que estamos por debajo de lo que se espera de nosotros, por debajo de lo que otros consiguen y nosotros no.

Y así él nunca, jamás, estaba inactivo. Trabajaba, iba al gimnasio, salía, compraba, se enganchaba al móvil o a la consola. Mientras escribo intento recordar si en algún momento lo vi simplemente tumbado y mirando al techo o dedicándose a disfrutar de mirar, no sé, la puesta de sol, o el mar. Y no. En la playa consultaba su móvil o nadaba frenéticamente. Pero nunca estaba quieto.

Mi Muy Querido Martin,

Elo me cuenta que tu retiro de convalecencia en el campo es de todo menos tranquilo. Que fue a visitarte y se encontró allí con tres mujeres distintas. Tu ex mujer y otras dos mujeres a las que ella no conocía. Elo me dice que tenía la impresión de que ellas se habían quedado sorprendidas al darse cuenta de que no eran tus únicas visitantes. Que tenías la casa llena de ramos de flores.

Yo intento no darle importancia y le digo que me halaga el hecho de que teniendo tan poco tiempo como debes tener, siempre rodeado de féminas dispuestas a cuidarte, encuentres tiempo para escribirme.

Hay un verso del Romancero español que creo que describe perfectamente bien tu situación.

Nunca fuera caballero
de damas tan bien servido
como fuera Lanzarote
cuando de Bretaña vino,
que dueñas cuidaban de él,
doncellas, de su rocino.
Esa dueña Quintañona,
ésa le escanciaba el vino.
La linda reina Ginebra
se lo acostaba consigo.

Me pregunto quién será tu reina Ginebra. Aunque tú me has dicho y repetido que no puedes mantener relaciones sexuales, que en tu estado es inconcebible.

Yo también he perdido el deseo, pero en mi caso no se debe a una enfermedad, sino a las pastillas. Estas pastillas matan la libido. Escribo todas las mañanas, un rato, y me siento muy feliz.

He vuelto a trabajar como guionista para un programa de televisión. No me pagan muy bien, pero al menos me dejan trabajar desde casa. Me paso el día frente al ordenador. Sigo trabajando como *free lance* para varios medios diferentes. Cuando recibo tus correos, me animo mucho.

Cuéntame sobre tus damas.

Siempre tuya.

El Hombre que estrenaba su vida

Me resulta mucho más fácil escribir que hablar. Soy patológicamente tímida. Aunque con el tiempo y ayuda he aprendido a desarrollar habilidades sociales y me desenvuelvo bien en público. Pero igual que el ex gordo que ha adelgazado veinte kilos sigue sintiéndose gordo en su interior, yo sé que por mucho que yo pueda ser el alma de una fiesta si me lo propongo, dentro de mí sigue habitando una tímida. Me gusta escribir porque la escritura es como un emisario entre quien escribe y quien lee. No hay contacto directo. Si el receptor lo desea, responde; y si no, no responde. La escritura no es invasiva. Es acogedora, invita. Si ahora tú me lees, ha sido porque tú me has elegido. Yo no te lo he impuesto. Por eso los tímidos solemos leer mucho y escribir bien.

Por eso estaba tan borracha aquella noche, a las cuatro de la mañana, en un garito del barrio madrileño *hispter* por excelencia, Malasaña, bailando, en la pista, rodeada de cuerpos que no reconocía. Porque soy tímida. Porque no quiero salir y hablar con la gente. Solo quiero beber y diluirme en música y alcohol.

Mi hija estaba con su padre y habíamos salido varios amigos a cenar, El Hombre Taciturno entre ellos. Después, se suponía que dábamos la noche por terminada. Pero yo no quería volver a casa. La noche me llamaba con sus promisorios cantos de sirena.

Y acabamos en un antro oscuro, en el que era complicado diferenciar a una persona de otra.

Para cuando le vi, yo ya llevaba tanta ginebra en el cuerpo como para que si me hubieses acercado una cerilla yo hubiese ardido en llamas. Él se puso a bailar a mi lado. Era guapísimo y muy, muy joven.

Estuvimos bailando mucho rato. Y luego nos besamos. Y seguimos besándonos horas. Y al final yo propuse que fuéramos a mi casa. Y cogimos un taxi. Y nos seguimos besando en el taxi. Y nos seguimos besando en mi cama. Y echamos un polvo muy tranquilo, en la postura del misionero sin dejar de besarnos, piel contra piel, y nos corrimos a la vez, y nos dormimos.

El alcohol desinhibe. Y elimina cualquier barrera racional. Pero lo que quiero explicar es que hacía años que yo no me llevaba a nadie a mi casa si no le conocía, si no había amigos comunes, si no sabía dónde trabajaba, quién era, con nombres y apellidos y número de teléfono.

Me asustó un poco al día siguiente lo que había hecho. Tengo por regla no llevar desconocidos a casa. Ya les ha sucedido a varios amigos gays a los que les han robado la casa, o les han agredido. La compañera de piso de mi sobrina se llevó a casa a un chico con el que había ligado en una discoteca y cuando se despertó descubrió que su conquista se había llevado el móvil, el ordenador y alguna cosa más. Así que, por principio, en mi casa solo entra gente que yo conozca muy bien.

Obvia decir que me cargué el principio.

En fin, que a la mañana siguiente me sentía un poco estúpida, pero me tranquilizó mucho comprobar que había tenido suerte y que no solo el chico no se había llevado mi ordenador ni mi móvil, sino que además eras un hombre excepcionalmente culto. La verdad es que me impresionó mucho. Se supone que me muevo entre gente culta y sin embargo él tenía una conversación mil veces más interesante que la mayoría de la gente que conozco.

Pero, por supuesto, al haber habido sexo entre nosotros (o conato de) no conocía muy bien el protocolo a seguir. Él se iba de Madrid y era casi veinte años más joven que yo, así que me parecía bastante evidente que la posibilidad de una relación amorosa ni se planteaba.

De todas formas, nos dimos nuestros teléfonos y quedamos en que tomaríamos un café. Pero yo estaba ocupada con el cuidado de mi hija y con la maraña de trabajos *free lance* que son los que pagan la hipoteca, la comida, las facturas y el colegio de la niña. Y él estaba liado con su mudanza, sus despedidas, sus cosas.

Intercambiamos muchísimos mensajes. Me envío retazos de cosas que escribía, proyectos de novela, poesías. Realmente tenía gusto, estilo, sentido del humor. Me encantó. Podría perfectamente haberme enamorado de él, pero él no se habría enamorado de mí. Al menos, eso sí, me había visto como una persona, y no como una muñeca hinchable.

Todo se quedó en lo que pudo ser y no fue. En lo que hubiera sido si me hubiera olvidado de ser quién soy.

Solo quedo un recuerdo breve y puro, el anhelo de las cosas que no pudieron realizarse. Así que me acorazo con la armadura de la voluntad, para apreciar y agradecer lo que hubo y no desear más.

Pero caminamos por estaciones paralelas, en un tiempo que nunca asumió la luz, habitado de palabras, las que escribo ahora, las que recrean la historia... Habitado de palabras y de ausencia.

De nuevo, me di cuenta de los desgarradoramente sola que me sentía. Cada cuerpo que pasaba por mi lado estaba destinado a no quedarse, y cada conato de relación ya llevaba impreso la fecha de caducidad. Yo sabía que ese lazo se rompería incluso antes de anudarlo. Pero cuando el lazo se deshacía me creaba una enorme sensación de vacío.

Como si la libertad por la que tanto había luchado me resultara dolorosa.

Mi Muy Querido Martin,

Me dices que todas las mujeres que te visitan son amigas y me preguntas cómo es que yo no lo entiendo, si la mayoría de mis amigos son, precisamente, hombres.

Tengo amigas, Martin, sí, de verdad. Tengo amigas. Pero solo una de ellas sabe cómo soy en realidad. Y esa es precisamente Elo. La pena es que ella vive en París, apenas la veo. Pero sabes que hablamos por teléfono al menos una vez cada quince días, y que nos escribimos a menudo.

No sé si Elo te ha contado alguna vez cómo nos conocimos. Elo te ha dicho siempre que somos primas. Lo somos, pero en segundo grado. Mi abuela, como sabes, era francesa. Elo es la nieta del hermano de mi abuela. Eso la convierte en ... mi prima en segundo grado, me parece.

Cuando yo tenía quince años y empecé a estudiar francés mi familia buscó una estudiante con la que pudiera hacer un intercambio. Como mi madre mantenía relaciones, bien que muy superficiales, con su familia en Francia, alguien sugirió el nombre de mi medio prima, que era –y sigue siendo– dos años mayor que yo.

Yo pasé un verano con la familia de Elo en París, ella vino un verano aquí.

Elo era diferente a todas las chicas que yo conocía. En primer lugar, llevaba el pelo corto. Ninguna de mis amigas lo lucía así. Ella era completamente diferente. Mientras que mis amigas solo sabían hablar de chicos, de ropa y de peluquerías, Elo tenía una variedad de intereses amplísima: música, literatura, cine, política, economía. Como cebra, reconocí a otra cebra, y de repente mi mundo se redujo y a la vez se amplió.

Mi mundo se redujo porque yo solo quería estar con Elo, porque estando a solas con Elo me sentía mucho más acompañada que cuando salía con el que hasta entonces había sido mi grupo de amigas. Me refugié en una burbuja junto a Elo, y en su interior me sentía a salvo. Y mi mundo se amplió porque con Elo atisbé un mundo mucho más grande del que yo conocía hasta entonces, con más intereses, con más proyectos, incluso con más vida.

Elo, rubia de ojos azules, era una chica mona en Francia, pero en Madrid, donde la mayoría de las mujeres son morenas, se la consideraba una auténtica belleza. Cuando íbamos juntas por la calle recibíamos constantemente silbidos admirativos. La rubia de pelo lacio y la morena de pelo rizado. Yo la admiraba y estaba orgullosísima de ella y también, a veces, sentía celos. Me incomodaba una opresión en el pecho cuando un hombre la miraba. Y entonces era muy joven para saber si se trababa de envidia porque él la miraba a ella y no a mí, o si se trataba de miedo porque me la quitara. Supongo ahora que se trataba de una mezcla de ambas cosas.

Cuando, después de dos meses de estar juntas todos los días, a todas horas, el verano se acabó, después de que yo pasar un mes en París y ella uno en Madrid, cuando supe que a partir de entonces me iba a ser muy complicado verla, después de dejarla en el aeropuerto de Barajas, me pasé dos días llorando. La echaba enormemente de menos. Pero también, sorprendentemente, una parte de mí se sentía aliviada. Yo sabía que nuestra relación era demasiado intensa, y no concebía cómo gestionarla. No sabía si me había enamorado de ella, y no quería pensar en ello.

Hablamos de un tiempo en el que no había vuelos *low cost*, ni *WhatsApp*. Ni Skype, ni Internet, ni redes sociales. Un tiempo en el que era complicado mantener relaciones a distancia, fuera amorosas, familiares o de amistad. Aun así, ambas conseguimos mantener esa amistad a través del paso de los años. Yo viajo al menos dos veces al año a París, y ella me devuelve las visitas en Madrid. Pero si ella hubiera vivido en Madrid, ¿ habríamos sabido sobrevivir a la intensidad de nuestra relación? ¿Habríamos acabado siendo amantes? ¿Habríamos acabado por matarnos? No sé decirte.

Lo que sí sé decirte es que ese tipo de amistades tan intensas, tan compenetradas, tan basadas en intereses comunes, solo se dan una vez en la vida, y solo se pueden forjar en la adolescencia, cuando una tiene todo el tiempo del mundo para poder dedicárselo a otra persona. Yo no he vuelto a sentir esa conexión tan íntima con ninguna otra amiga. Y es posible que si lo piense descubra que no lo deseo.

Este tipo de amistades intensas, mutuamente dependientes, existen y, a veces, se imponen. Cuando uno piensa en un amigo, en una amiga, piensa sobre todo en la confianza, el apoyo y el respaldo del otro. Sin embargo, una amistad intensa, prolongada en el tiempo, es un vínculo con una fuerte carga emocional donde se pueden presentar divergencias, celos, envidias, competencias, rencor y rabia, malos entendidos y discusiones. Y sin la posibilidad de resolver los conflictos a través del sexo.

¿Estuve yo enamorada de Elo? Quizá sí, quizá no. Pero amor es una palabra polisémica, y no significa lo mismo para cada cual. Y el amor posee su propio espacio en el que no siempre está incluido el deseo.

Las peleas ocasionales entre los amigos que no responden a un problema grave o a una forma habitual de relacionarse son normales. Es más, forman parte de la dinámica de esta relación. Muchas de las dificultades que tienen los amigos se dan cuando hay discrepancia entre lo que cree cada uno que debe ser la amistad y como realmente se vive. Es decir, entre las expectativas y el cumplimiento de las mismas. También se dan por la no aceptación de la diferencia del otro, por querer acapararlo y no permitir que tenga una vida distinta a la nuestra. O porque nos queda difícil aceptar que comparta con otras personas. Exactamente los mismos errores que cometemos en el amor.

Como en cualquier otra relación, en la amistad aparece el malestar y el desgaste. Criticar y acusar permanentemente, atribuir culpas, hablar con ironía y sarcasmo, desvalorizar o burlarse del otro, competir, mantenerse a la defensiva, asumir o tergiversar lo que el otro dice, querer imponer nuestro pensamiento… Todo esto mezclado con una admiración profunda y una necesidad del otro que puede ser fortísima, aunque no haya sexo.

Una pelea con un amigo o amiga duele tanto como una pelea con un amante, pues en esta relación depositamos nuestra confianza y de ella esperamos apoyo, guía, reflexión, ternura, solidaridad y afecto. Es un espacio de identificación con el otro, de complicidad, que cuando se rompe o se afecta genera un impacto profundo en nuestras vidas.

En realidad, no llamamos amor a ciertas relaciones que pueden contener mucho más amor que las que tienen sexo.

Aquí, en Madrid, la mayoría de mis amigas son relaciones superficiales. Yo puedo ser amable, generosa, divertida. Sé ser simpática en las cenas y en las fiestas, sé interesarme por la gente, hacerles preguntas que les hagan sentirse importantes, hacerles sentir cómodos. Sé escuchar. Y la gente me toma por una buena amiga.

Pero no lo soy tanto. No doy tanta información como recibo. Yo no cuento la verdad sobre mí. No cuento que cada mañana, desde hace años, me levantó con una especie de plomo en el cuerpo que me arrastra hasta el fondo de la cama, con el deseo fortísimo de desaparecer. Que me levanto porque estoy obligada a hacerlo, porque soy responsable de una hija y de dos perras, pero que no siento el menor interés por el día que me espera, por si será lluvioso o soleado, porque hace años que todos los días me parecen iguales. Esto es, difíciles y amenazadores. Tú esto lo entiendes perfectamente porque me has escrito cosas parecidas. Y ya lo habías escrito antes de contármelo a mí. Creo que cuando leí tu novela me vi reconocida.

Cada noche quiero perderme en el fondo del sueño, en las aguas oscuras que me lavan del día, en esas puras aguas que me conceden la nada. Pero de alguna manera cuando regreso de allí subo con miedo, algo que no se nombra, un jirón que me he traído del fondo. Y su imagen detestada perdura en mi cabeza.

Cómo les voy a contar a esas amigas, tan delgadas todas, tan eficientemente domésticas, que odio mi cuerpo (lo encuentro feo), mi casa (soy un desastre doméstico y absolutamente nula en decoración, mi casa es amplia y luminosa, pero no es bonita ni acogedora), mi barrio (gris, sucio, agresivo y decadente, y aun así lo conozco tan bien que me siento extrañamente segura aquí y no sé si sabría vivir en otra parte). Cómo les voy a hablar de mi soledad, si todas esas amigas, colegas de trabajo, antiguas compañeras de universidad o de instituto, están casadas. Cómo me atrevo a decirles que yo pensaba que a mi edad tendría un compañero de vida, una casa acogedora y un proyecto de vida formado, y que jamás había imaginado que me iba a encontrar sola y con problemas de dinero (no son tan serios, vale, no me estoy muriendo de hambre, pero no dejo de preguntarme de qué coño viviré cuando tenga setenta años o cómo diablos pagaré la universidad de mi hija, si es que ella quiere ir a la Universidad).Cómo decirles a ellas, que parecen todas tan felices y estables, que yo no imaginaba que me iba a sentir tan arrolladoramente sola y tan asustada.

Porque, así como en el fondo de la música hay siempre una nota de fondo que es la que marca todo el ritmo, así brota del fondo del silencio un silencio mayor. Un silencio de vacío, que mientras sube, hace caer sueños, propósitos y esperanzas. Un silencio que destroza las pequeñas mentiras y las grandes. Dejando la verdad en su crudeza. No se puede hablar de eso, en la garganta se desvanece cualquier intento de explicarlo. Es un silencio en el que todos los silencios enmudecen, un silencio que cruza los espacios.

En el papel, escribiéndote a ti, me explico mucho mejor.

Yo vivo siempre al borde del abismo de mí misma. Miro hacia lo profundo de mí misma y no aparece ninguna revelación, nada que se parezca al brusco despertar de la conciencia. Nada sino otra yo implacable que me devuelve mi mirada al descubierto. Narcisa ensimismada, me contemplo el alma en el fondo de un pozo En el fondo se revuelven deseos y recuerdos que nunca podrían salir a la superficie, confusos y ondulantes en su nido de serpientes. A veces desvío los ojos por vértigo, pero siempre acabo por volver a mirar a la sima. Tengo a veces miedo de despeñarme, pero no me permito caer nunca.

Porque tengo una hija y dos perras y un sentido muy cristiano de la responsabilidad.

Yo sé que me entiendes, Martin, perfectamente. En todos tus correos dices que me entiendes y que te reconoces en lo que te escribo. Y que por eso te atraigo tanto pero a la vez te doy tanto miedo.

Y no me extraña.

Siempre tuya.

El Hombre Tremendamente Ordenado

La que quizá fuera mi historia más tórrida la protagonizó un hombre que se llamaba y se llama Asier Fontmassana. El Hombre Tremendamente Ordenado. Le he cambiado el nombre y el apellido, pero el caso es que tenía y tiene un nombre vasco y un apellido catalán. Semejante combinación sonaba y suena muy eufónica, muy exótica, muy explosiva.

Era y es restaurador de arte. Lo conocí en la *vernissage* de la exposición de una amiga pintora, en Barcelona. Como ya no manejo tanto dinero como cuando estaba casada y era una periodista famosa y bien pagada, ahora solo salgo a eventos en los que pueda beber sin pagar. Él era y es más bajo que yo y sin embargo tenía un atractivo increíble. Casi nunca me fijo en hombres que no sean altos, pero en éste era imposible no fijarse. En primer lugar, porque tenía una voz espectacular. Grave, profunda, modulada. En segundo lugar, porque aquel día llevaba una camiseta de manga corta, ceñida, y el cuerpo musculado se le adivinaba debajo. Pero no un cuerpo musculado de gimnasio. Era el resultado de trabajar en un andamio, porque El Hombre Tremendamente Ordenado restaura iglesias, conventos, edificios antiguos, patrimonio cultural.

El flechazo fue instantáneo.

Cuando él me dejó su tarjeta con la excusa de que me quería enseñar sus ilustraciones en vista a una posible futura colaboración, yo ya sabía de sobra que no eran precisamente sus ilustraciones lo que me quería enseñar. Y yo no tenía ninguna intención de colaborar en un libro ilustrado, pero acepté la tarjeta. Yo marchaba a Madrid al día siguiente.

Tardé casi un mes en llamarle, porque hasta entonces estaba en Madrid. Le llamé cuando llegué a la ciudad. Quedamos en que al día siguiente me pasaría a recoger. Yo estaba alojada en casa de mi amigo

Bernat. Siempre me alojo allí. Tenemos un acuerdo bastante particular. Si yo voy a Barcelona, me quedo en su habitación de invitados. Si él viene a Madrid, se queda en la mía.

Bernat es tranquilo, circunspecto, ordenado, estable. Todo lo contrario del esteretotipo de locaza frívola que asociamos a un gay. Su calma chica, su contención severa, su temple de acero, su silencio de mar tranquilo interrumpido a veces por la brisa o por una observación certera, hacen de él mi complementario perfecto, mi confidente a veces, mi amigo siempre.

Para cuando El Hombre Tremendamente Ordenado vino, yo estaba hecha unos zorros. La noche anterior la había pasado de marcha y casi no había dormido. Me sentía incapaz no ya de salir a cenar con alguien, sino de simplemente salir a la calle. Pero estoy educada en un colegio de monjas, no sé decir no, sé ser complaciente y amable, de forma que no tuve valor para anular la cita. Me puse lo primero que encontré (una camiseta y unos vaqueros negros para variar), y no iba maquillada, ni peinada. Lucía unas ojeras de oso panda. Di por hecho que con semejante actitud no existía absolutamente ninguna posibilidad de que aquella cita desembocara en un encuentro sexual.

Nos fuimos a cenar a una terraza de Poble Nou. Yo bebía copa tras copa de vino en un intento de emborracharme de nuevo para acabar con la resaca que me estaba taladrando la cabeza. No escuchaba mucho de lo que me contaba, pero me iba embobando con su tono de voz. Cuando acabamos de cenar, él propuso ir a tomar una copa. Yo le dije la verdad: estaba muerta de cansancio y me apetecía ir a casa a dormir. Insistió, insistió e insistió. Le dije que sí por no oírle.

Acabamos en un bar muy pequeño, muy bonito, con una camarera preciosa. Apenas éramos cinco personas. Nosotros dos, la camarera y otra pareja. Algo raro para un viernes por la noche en una ciudad como Barcelona. Sin duda, El Hombre Tremendamente Ordenado sabía escoger los sitios. Yo ya iba borracha, me había bebido una botella de vino yo solita en la cena. Y para colmo, me bebí dos gin tonics más. Entonces, él, que sabía que yo estaba borracha, me agarró de la barbilla, me cogió del pelo y me besó.

Me estremecí, pero no porque estuviera borracha, sino porque él besaba espectacularmente bien. Con mucha suavidad y a la vez con firmeza. Seguimos besándonos durante mucho rato. Quizá una hora. Desde que era adolescente, nunca me había besado durante tanto tiempo con un hombre.

El no parecía tener mucha prisa por abandonar el local. Yo tampoco. Finalmente, la camarera nos anunció que el bar cerraba y que debíamos irnos.

Salimos cogidos de la mano y nos dirigimos a su moto. Cuando le abracé para no caerme (ya he dicho que yo iba muy borracha) caí en la cuenta de lo increíblemente duro que era su cuerpo, como si lo hubieran esculpido en piedra. Era un hombre guapísimo, con un cuerpo precioso, pero en tamaño bolsillo.

Yo no recuerdo cómo llegamos a su casa ni cómo llegamos a su habitación. Todo lo demás lo recuerdo perfectamente.

Me tenía inmovilizada, los dos brazos por encima de la cabeza, sujetos por uno de sus brazos. Con la mano libre, maniobró para separarme las piernas, y cuando lo hubo conseguido, colocó una de sus piernas sobre la mía para mantenerlas así y empezó a masturbarme. Se notaba que tenía mucha experiencia y que sabía de sobra dónde estaba el punto G. Logró que yo me corriera en escasos minuto. No paró ahí. Siguió para hacer que me corriera y una otra vez. Después sacó el dedo, metió el pulgar en la vagina y el índice en el ano, y siguió masturbándome con los dos orificios cubiertos. Lo dicho, se notaba que tenía mucha experiencia.

Yo estaba encadenando un orgasmo tras otro, hasta que finalmente "esquirté", es decir, solté "la fuente del amor" o eyaculé. Y pensé que me iba a desmayar. Aquello debió satisfacer su vanidad masculina, porque paró. Entonces, con mucha suavidad, me colocó boca abajo, y empezó a acariciarme la espalda, muy despacio, con las yemas de los dedos, siguiendo el curso de mi columna vertebral. Yo me estremecía de placer, como un gatito. Después, empezó a soplarme en la espalda, y consiguió que gimiera y ronroneara. Luego comenzó a besármela.

A esas alturas yo estaba completamente a su merced, dopada por toda la dopamina, oxitocina y serotonina que hubiese segregado durante el orgasmo, amén del alcohol. Él lo sabía, y por eso entonces, solo entonces, se atrevió a hacer lo que hizo.

Me puso las manos sobre la cabeza, me inmovilizó con un brazo, y con la mano que le quedaba libre, me azotó las nalgas.

Lo más increíble de todo es que no me resistí.

Más increíble aún. Me gustó.

Más increíble aún: Me corrí.

En mi defensa, y para que no me llamen masoquista de papel cuché, les aportaré otro dato de *Neurociencia para Millenials*. Les diré que es bien sabido que a partir de cierto nivel de excitación el sistema nervioso ya no discrimina entre placer y dolor, e interpreta cualquier estímulo como placer. Todo por obra y gracia de las hormonas ya citadas. Y que las nalgas concentran una gran cantidad de terminaciones nerviosas porque la naturaleza es sabia y ha previsto que para que la penetración se realice con facilidad y de forma muy profunda cada participante debe agarrar las nalgas del otro para atraerlo hacia sí, de forma que nos ha diseñado como para que el simple hecho de que nos toquen las nalgas nos excite sexualmente. Les diré que el dolor puede producir placer, porque al sentir dolor el cuerpo segrega endorfinas para reducirlo, que un dolor prolongado produce una gran cantidad de sustancias placenteras, y que pueden estimular el sistema nervioso simpático. Bueno, también me pueden llamar masoquista si quieren.

Después seguimos así toda la noche. No hubo penetración en ningún momento. Pensé que quizá él no tenía condones o quizá sencillamente no le apetecía hacerlo. No se lo pregunté.

Lo que sí me preguntaba a mí misma era por qué le excitaba a él pegarme, porque estaba tan obsesionado con el control.

Debí dormir a ratos a lo largo de la noche, pero seguimos hasta las nueve de la mañana, hora en la que sonó mi despertador. Yo tenía una cita a las once.

Me costó levantarme de la cama, me dolía muchísimo entre las piernas y casi no podía andar, pero se trataba de un dolor agradable, como las agujetas que una siente después de hacer ejercicio y que se valoran porque constituyen un recordatorio de que se ha esforzado mucho.

Él estaba exageradamente amable. Me dio toallas y jabón, me preparó la ducha a la temperatura correcta, me preguntó cómo me gustaba el café. Cuando salí de la ducha me encontré la mesa puesta. Café, tostadas, zumo de naranja, tomates, jamón, aceite. El llevaba puestos unos pantalones de lino, luciendo el impecable torso desnudo, porque sabía que me gustaba.

–No sé si me va a dar tiempo a desayunar –le dije– porque ya llego tarde...

–¿Tienes una cita? –me preguntó.

–Sí.

–¿Un sábado por la mañana?

–Pues sí... Había quedado a ir a la playa con un amigo...

–¿No te quedas?

–No puedo.

–Vale, pues antes de que te vayas quiero dejarte clara una cosa. Yo no voy a entrar en tu vida ni quiero que tú entres en la mía. Lo que ha pasado se queda aquí.

Me bebí de golpe el zumo de naranja para preparar la respuesta. Tenía la cabeza hecha puré, llevaba dos noches sin dormir, y aun así, encontré las palabras.

–Oye, ¿tú sabes lo que es un contrafóbico?

–No

–Vaya, es triste que no lo sepas, porque yo creo que si entras en Google y tecleas "contrafóbico" lo primero que debe de salir va a ser tu foto.

Recogí mis cosas a toda prisa y me largué. Di por hecho que no tenía ni idea de lo que yo le estaba hablando.

Quedamos casi un mes después, en una plaza de Barcelona, a la luz del día. Yo lo había organizado todo de forma que fuera imposible que se repitiera la historia de nuestro anterior encuentro. Había quedado con él a las doce, y a las dos me recogería mi amigo Bernat. No había pues oportunidad ninguna para alargar la cita, acabar emborrachándonos y de nuevo en su cama. Yo lo había decidido así porque soy una persona exageradamente orgullosa.

Me contó la historia que ya me había contado la noche que cenamos. Se había separado hacía un año, después de una relación de cuatro años en la que se había sentido muy despreciado. Él estaba enamorado de ella, ella no tanto de él. Durante el último año prácticamente no había habido sexo entre ellos. Yo me decía a mí misma que esa mujer debía de ser frígida o lesbiana, no podía concebir la idea de vivir con un hombre así y no aprovecharlo.

Cuando por fin decidió dejarla, empezó a buscar mujeres como loco. Las encontraba en cualquier parte. En cenas, en fiestas, en sitios de contactos de internet, en aplicaciones de teléfono. Aceptaba todas las ofertas que se le presentaban. Estaba decidido a follar mucho.

En aquel momento vivía enredado en una constelación de relaciones. Una de sus amantes estaba casada. Otra, al igual que él, mantenía varias relaciones a la vez. Otra vivía en Madrid, como yo, y se veían cada tres semanas. Estas, por así, decirlo, eran las fijas, Después, tenía otras. Es decir, cada semana follaba con sus amantes estables. Al menos una vez por semana con cada una de ellas. Y si podía, añadía alguna más. Había habido semanas en las que había tenido sexo con siete mujeres diferentes, cada día una distinta. A veces, dos mujeres en el mismo día.

Vivía dedicado a su trabajo y al sexo, como antes había vivido dedicado a su trabajo y a su novia.

Otro adicto.

Pensé que quizá no tenía amigos, o hobbies, o no amaba la lectura, o no le gustaba sencillamente, como a mí, quedarse en casa sin más. Me pregunté cuando recogería su casa. Luego pensé que probablemente tendría una asistenta. Pensé que no debía quererse nada a sí mismo, si se dedicaba tan poco tiempo. Pensé que su vacío interior debía ser aún más profundo que el mío, si estaba tan desesperado por llenarlo. Pensé que sentía pena por él y, he de confesarlo, también un poco de asco. Intentaba controlar esa ligera repulsión, intentaba no juzgar, pero no podía evitarlo. La educación católica deja un poso muy fuerte.

En aquel momento llegó mi amigo Bernat y se sentó a nuestra mesa.

Les presenté.

–Bernat, éste es Asier; Asier, éste es Bernat.

–Yo ya me iba –anunció Asier a la par que estrechaba la mano a Bernat.

Se alzó y se acercó para besarme. Yo le acerqué la mejilla. El me agarró del mentón y me besó la boca. Me cogió de improviso, yo no me lo esperaba. Me molestó porque me pareció una marca territorial, como un perro que hace pis. Evidentemente, no se había dado cuenta de que Bernat es gay.

Yo no tenía pensado verle más, después de todo lo que me había contado, pero la casualidad vino a jugar a su favor.

Dos meses después regresé a Barcelona. Viajo a menudo a la ciudad porque el padre de mi hija vive allí. Eran las vacaciones de Pascua.

Viajé con mi ella, dejé a la hija con su padre, y me disponía a pasar siete días en casa de Bernat hasta que volviera a recoger a mi hija para regresar a Madrid. Desde aquel día en la terraza, El Hombre Tremendamente Ordenado me enviaba mensajes a menudo y yo se los respondía educada pero lacónicamente. Pero aquella vez yo estaba en Barcelona, me encontraba sola y no tenía nada mejor que hacer. Decidí volver a verle. Y nos vimos varias veces, creo que fueron cuatro, no lo recuerdo bien.

Una copa o un café en cualquier bar, y luego El Hombre Tremendamente Ordenado me arrastraba hacia el vórtice escondido, turbio y risueño, de un ciclón sensual sito en tierra incógnita. E incógnita era realmente porque acabábamos siempre enredados en portales oscuros o en esquinas poco iluminadas de callejuelas recónditas en las que yo nunca antes había puesto los pies.

Nunca nos tocábamos en público, las apariencias quedaron a salvo. Pero el deseo estaba siempre revoloteando entre nosotros, agudizando los sentidos, malicioso y tenaz. Después, acabábamos en su casa.

Las cosas solían repetir el esquema de la primera vez. Él nunca me penetró. Ni yo se lo pedí. Entendía que él quería que las cosas fueran así, y yo no necesitaba más. Conseguía que me corriera durante mucho rato. Yo no lo cronometraba, pero calculo que podía estar encadenando orgasmos de forma que a veces un orgasmo (que en realidad eran varios sucesivos) podía durar media hora. Él jugaba conmigo, hacía que me corriera, luego me azotaba, yo me volvía a correr y finalmente él se masturbaba. Una o dos veces me ató. Le gustaba tenerme bajo control, pero no solo durante el sexo.

Por ejemplo, le gustaba bañarme, como si fuera una niña pequeña. Después me secaba con una toalla y me ponía crema. A mí me parecía que todo era un juego perverso, pero yo me dejaba hacer.

Siempre me dejó claro que yo no era la única ni iba a ser la única. Estaban sus otras amantes, y siempre estarían. La única razón por la que aquella semana no había quedado con ellas era porque ellas estaban de vacaciones fuera de Barcelona. Su amante de Madrid estaba en Cerdeña. Él se había tenido que quedar en Barcelona por una cuestión de trabajo.

Una mañana él se marchó a trabajar y me quedé sola en su casa. Se había dejado el ordenador encendido. Cuando toqué una tecla, su página de Facebook apareció ante mis ojos. Miré los mensajes. Había mensajes de sus mujeres. La curiosidad me pudo y leí todo.

La que más le interesaba, estaba claro, era la de Madrid. Se trataba de una chica joven, muy guapa. Con ella intercambiaba mensajes muy cariñosos, más propios de novio y novia que de amantes sin más compromiso. Parecía que entre ellos había una relación muy sólida. Me sentí muy mal, primero porque había invadido la intimidad de otra persona, y segundo porque resultaba evidente que aquellos dos estaban enamorados, o casi.

No entendía por qué el, teniendo una mujer así, necesitaba acostarse con más. Supuse que porque ella no podía vivir en Barcelona (trabajaba en Madrid) ni él en Madrid (trabajaba en Barcelona) y como él no sabía estar solo, llenaba su vacío con cualquier mujer.

Si ella hubiera vivido en Barcelona probablemente habrían vivido juntos y él habría reproducido con ella el esquema que había vivido con su novia anterior: vivir para trabajo y para ella.

Sospechaba que ella no sabía nada de sus otras mujeres.

En el mundo del Hombre Tremendamente Ordenado no había tiempo para dedicárselo al Hombre Tremendamente Ordenado. El Hombre Tremendamente Ordenado no sabía, y no podía, estar a solas con El Hombre Tremendamente Ordenado.

No le hablé a él sobre ello porque a los dos días yo regresaba a Madrid, pero después de haber visto los mensajes, no quise volver a verle. No puedo explicar exactamente por qué, pero sentía asco de la situación y asco de mí misma. Me sentía utilizada. Quizá porque había advertido la notable diferencia entre los mensajes que él dedicaba a aquella mujer y los que me dedicaba a mí. Yo no era más que la droga que él usaba para llenar su vacío. Habría podido ser yo o cualquier otra.

Y evidentemente, yo también le usaba para llenar mi vacío.

Ambos probablemente compartíamos la creencia fija de que nuestra alma y su envoltura no eran más que un pozo. Un pozo que se queda vacío, que se está secando sin que sepamos por qué. Un pozo con légamo de hastío, cada día más seco, cada día más muerto. Un pozo de agua corrompida que nadie quiere ya beber, mucho menos nosotros mismos.

No podríamos lanzarnos al silencio, a nadar en lo oscuro, a encender una llama aunque ahoguen las dudas. No podíamos eludir el camino fácil de apoyarnos en otros. No nos atrevíamos a lanzarnos adelante sin bastones ni mochilas. No existiría el vacío si de verdad quisiéramos colmarlo. Pero no queremos. O no sabemos.

Era el asco hacia alguien parecido a mí mismo y, como yo, perdido sin remedio. Era el susto de haberse visto en un espejo. De haberse encontrado con mi semejante aborrecible. Mi hermano y parigual en la desgracia. Pero el asco también me modifica y cuando quiero darme cuenta soy otra que casi no recuerda a aquel desconocido cuyo nombre era el suyo, vasco, y que llevaba su apellido catalán. Yo solo conocí de él una parte, la que estaba destinada a mí. Había otras partes destinadas a otras.

Y en el fondo, muy en el fondo, debajo de todas aquellas capas de cebolla, probablemente existía un Hombre Tremendamente Ordenado que él mismo ni conocía, El Hombre Tremendamente Ordenado del que él renegaba, con el que él no quería estar.

¿Dónde estará aquel Hombre Tremendamente Ordenado, ese Asier primero? Adherido a la ausencia, mezclado a la ceniza, al horror, al miedo, a los recuerdos a los que él no desea enfrentarse. Ese Hombre Tremendamente Ordenado no vive con sus besos, no se mueve con sus gestos, más allá de sus mujeres, más allá de la cama en la que no quiere dormir solo.

En el fondo del sueño, del eco, del olvido.

Asier no podía vivir consigo mismo, no podía aguantarse a sí mismo. Reconocí la pauta de mi ex marido de forma tan clara como para detectar el origen de ese ligero asco que me inspiraba. Había algo de Asier que Asier no podía soportar. Igual que mi marido vivía con una carga que no podía soportar y de la que trataba de huir desesperadamente.

No sé qué odiaba Asier de sí mismo. Pero sí sé lo que odiaba mi marido. Mi marido odiaba algo que llevaba dentro y que no soportaba. No soportaba que le gustaran los hombres.

Mi Muy Querido Martin,

Hoy he vuelto a visitar al psiquiatra. Me ha preguntado si las pastillas me iban bien. Le he dicho que sí, que por lo menos duermo, pero que noto que estoy engordando mucho y que he descubierto, navegando por internet, que las pastillas conllevan tantísimos efectos secundarios que la verdad es que me ha dado miedo. Me ha dicho que no las puedo dejar de tomar así, de golpe, que tendremos que ir reduciendo dosis poco a poco.

Luego me ha preguntado sobre mi pasado y hemos hablado mucho, casi una hora. Esto me ha sorprendido porque este señor es psiquiatra, no psicólogo. Se supone que está para pautarme medicación, no para escucharme. Le he contado por encima toda la historia de mis depresiones y mis visitas a psicólogos durante mi juventud.

Ya te he explicado alguna vez que mucho tiempo el ejército de psicoterapeutas, psiquiatras y psicólogos que me trató creyó haber encontrado una razón para mis depresiones. Una etiqueta que pegarme, un nombre que darme. Abuso sexual, abuso sexual, abuso sexual...

Después de todo, yo daba el patrón perfecto: dolores de estómago y de cabeza sin motivo aparente, trastornos en el sueño, sentimientos de culpa, vergüenza, ira , desaparición del ciclo menstrual, pobre autoestima, odio al propio cuerpo, depresión, fobias, ansiedad, tentativas de suicidio, pesadillas, escenas intrusivas de recuerdo, tendencia a mantener relaciones insanas, problemas con la comida, alternancia de fases de anorexia con otras de bulimia autoagresiones y episodios de automutilación... Blablabla. Me cortaba con cuchillas cuando era adolescente, en el muslo, para que los cortes no fueran visibles. Aún tengo cicatrices.

Vamos, que, si uno buscaba en Google "síntomas de estrés pos traumático como consecuencia de abuso sexual", solo faltaba que saliera mi foto.

Yo misma me acogía a la etiqueta. Me gustaba pensar: Esto no es genético, no es una enfermedad de nacimiento, es la respuesta a algo, es un síndrome que se cura y, como una etiqueta, se puede pegar o despegar. Y aceptaba las explicaciones que me daban. Porque me gustaba tener una explicación para algo que yo misma no entendía.

Pero no. Las cosas no son tan simples.

No es tan simple como pegar o despegar una etiqueta. No es tan simple como decir: Hubo un episodio traumático en un momento puntual y una vez que borremos ese recuerdo y sus consecuencias, todo se arreglará.

No es tan simple; Martin, ¿quién lo va a saber mejor que tú? Para cuando llegas a ver a un psicólogo ya arrastras mucho, ya cargas una mochila muy pesada que contiene mucho más que aquella historia, ya has acumulado más historias de abuso y maltrato, ya te has bebido alcohol suficiente como para llenar el lago Bourget, ya te conoces de memoria todas las malas calles de la ciudad y se saben tu nombre en los peores garitos, ya has ido acumulando más golpes.

No, no es tan simple.

"Sí me llama la calle, a la calle iré. La calle me llama y a la calle iré... Yo tengo una pena de tan mal jaez que ni tu ni nadie puede comprender, y en medio de la calle ¡me siento tan bien! ¿Qué cuál es mi pena? ¡Ni yo sé cuál es! Pero ella me obliga a irme, a correr, hasta de cansancio rendido caer... La calle me llama y obedeceré...".

Este tema porteño (el autor es un tal Baldomero Moreno) define perfectamente mi vida. Nadie entendía lo que me pasaba, yo misma no sabía lo que me pesaba, pero tenía que salir, olvidar, caer rendida de cansancio.

Ni tampoco se resume todo a aquel episodio. Para llegar hasta esa encrucijada, has tenido que recorrer un camino previo, un camino abrupto y pedregoso. Tú lo sabes mejor que yo porque, como en un espejo, creo que has ido recorriendo un camino similar al mío. La historia de tu padrastro, tus problemas con el alcohol y la cocaína, con tus mujeres. No sé si te verás reconocido, pero cuando me has contado, aunque fuera tan sucintamente, episodios de tu pasado, creí entender que eras un alma gemela. Me da miedo escribirte esto porque quizá estoy tocando un tema que no tengo que tocar. No sé si es algo de lo que te gusta hablar o no.

¿De verdad planeas dejar París por un año e instalarte en Fougères? Me parece heroico. No me cabe duda de que es el mejor sitio para escribir y para recuperarse de un ataque, pero... está tan aislado. Al principio creí que cuando decías Fougères te referías al castillo, y pensé ¿no se va a morir de frío en invierno, en la Bretaña? Luego vi que hablabas del Languedoc. No sabía que había otro Fougères en Languedoc, lo tuve que buscar en el mapa, y no puedo negar que es precioso. Elo me dice que tu casa es realmente espectacular. En fin, espero que, para cuando llegue el verano, me invites.

Siempre tuya.

La Mujer Suave

Adriana, como ya dije, venía precedida por aquel deseo que Fulanita la *Influencer*, la modelo que no comía, la chica que acabó desmayada en el cuarto de baño de un bar, me demostró que yo podía sentir.

A Adriana la conocí en un fin de semana lluvioso y gris.

Debes entender que todas mis aventuras o desventuras sucedían siempre en fines de semana en los que la niña no estaba conmigo. Aquel fin de semana particular en el que conocí a Adriana yo me fui a Vigo, a visitar a una antigua amiga cuyo contacto mantengo desde tiempos de la universidad.

Ella es lesbiana y acabamos en un bar gay. Un bar gay de provincias es de por sí un sitio pintoresco. Un bar gay de provincias español es muy pintoresco. Un bar gay en Galicia es una experiencia inenarrable.

La música me taladraba los oídos. Si es que a eso se le podía llamar música, Era más bien una especie de ruido mecánico y chirriante. Un ruido ronco que perforaba los tímpanos como un perno de dentista. Las chicas eran todas del mismo tipo. Pelo corto, camiseta ceñida, cuerpo musculado. Se ve que el prototipo de lesbiana *femme* no estaba muy de moda en aquel garito.

Creo que ya he dicho que soy más o menos conocida. No soy famosísima pero sí lo suficiente como para que en un pequeño bar de provincias se arme un revuelo cuando se sepa que he llegado allí. En un antro como ése lo último que las parroquianas pueden esperar es que se presente allí una mujer que sale en televisión.

En diez minutos me vi rodeada de chicas, todas ellas muy parecidas entre sí. Ya he dicho antes que soy una persona tímida así que la atención excesiva me pone muy nerviosa. Para calmar el nerviosísimo me puse a beber un gin tonic a tragos ansiosos.

Entonces la vi.

Era rubia, y la melena lisa le caí casi hasta la cintura. Llevaba una camisa blanca y unos vaqueros. Vestida de blanco y tan rubia en aquella oscuridad, era como un faro luminoso, como un sueño dorado. Tenía un cuerpo imponente, con un pecho espectacular. Iba acompañada de un chico. No se parecía en nada al resto de las chicas. Pensé en seguida que ella era hetero y que acompañaba a su amigo gay a buscar una aventura, que habría caído allí por casualidad.

La involuntariedad de la voluntad: existimos por casualidad como supervivientes, y nuestra voluntad de vivir existe por casualidad. Y Adriana, definitivamente, no estaba allí por casualidad.

Armada del valor postizo que me confería el gin tonic que me había bebido en tres tragos, me acerqué a ella. Pero mi corte no me iba a dejar marchar así como así. Me siguieron en revuelo todas las jóvenes airadas que no querían dejarme, y se pusieron a hablar con ella, atraídas como las polillas a la luz. Así nos enteramos de que se llamaba Adriana y era portuguesa. Y de que no tenía la más remota idea de quién era yo.

A la mañana siguiente desperté en mi hotel con un dolor que me taladraba la cabeza. Cuando encendí el teléfono me encontré con un mensaje. "Hola, me lo pasé muy bien anoche. A ver si volvemos a vernos. Adri".

¿Adri? ¿Quién era Adri?

Me costó mucho relacionar el nombre con la chica rubia de la noche anterior. En mi cabeza los recuerdos se confundían en una amalgama y no tomaban forma. Recordaba muchas risas, algún que otro baile, y que al final yo misma decidí marcharme al hotel porque estaba tan borracha que apenas coordinaba. Adriana era un recuerdo borroso más, mezclado con tantos otros.

Cuando llegué a Madrid estuve hablando con ella por teléfono. Me dijo que se había reído mucho conmigo y que le había encantado conocerme. Tenía que viajar a Madrid, por trabajo, en el próximo mes. Quería aprovechar para verme.

La primera vez que la vi en Madrid yo tenía una cena en casa. La invité. Ella no hablaba mucho, parecía exageradamente tímida. Era bellísima. Iba acompañada de su amigo, me dijo que era su socio en un negocio de transporte de pescado.

Regresó a Madrid una segunda vez, y en este caso coincidió con la fiesta de cumpleaños de El Hombre Taciturno. Le dije que viniera conmigo. Ella se había puesto un traje negro, corto y muy ceñido, el tipo de *petite robe noir* que solo las mujeres esculturales pueden lucir. Todos los hombres de la fiesta intentaban hablar con ella, pero ella solo parecía tener ojos para mí. No pensé que hablara tanto conmigo porque quisiera algo de mí. Pensé que era tímida y que se dirigía a la persona que más conocía.

Cuando la fiesta acabó, así como a las dos de la mañana, bajamos a uno de los bares del barrio. Ya he dicho mil veces que mi barrio es un barrio popular, y que no es precisamente allí donde alguien puede encontrar locales de mucho glamour. Adriana llamaba la atención como una mariposa en un vertedero. Todos los hombres del local, y muchas mujeres, la miraban. Ella parecía no darse ni cuenta del efecto, como si estuviera más que acostumbrada.

Al cabo de un rato me dijo que estaba cansada y que quería irse. Me pidió que la acompañara a su hotel. Yo entendí que quería que la acompañara a un taxi. En ese barrio, a esas horas, y vestida así, Adriana no hubiera durado mucho. Tuvimos una suerte increíble. Nos encontramos con un taxi nada más salir. Esto es mi barrio, es bastante raro encontrar uno libre de noche, especialmente a aquellas horas, pasadas las doce. Fue como un mensaje divino.

Cuando Adriana entró en el vehículo me dijo. "¿Vienes?". Al principio no entendí lo que quería. No me había dado ni cuenta hasta entonces de que estaba interesada en mí.

Aquella primera noche ella lo hizo todo. Yo estaba borracha, como siempre, y demasiado sorprendida. Ella fue exageradamente dulce, pero también muy hábil.

El sexo con ella era como sumergirse en una bañera de agua caliente. Todo era tranquilo, relajante, pausado, de una dulzura casi empalagosa pero aun así carnal. Adriana besaba muy bien y estuvo toda la noche acariciándome. Todo era muy distinto a lo que yo había vivido, como impregnado de na tibia languidez. Trazado por un infinito de besos contra la soledad, por la estela invisible de las yemas de sus dedos.

Su olor era increíble, a perfume caro. El cabello en particular despedía una fragancia mareante a vainilla que yo absorbí como un veneno. Y su piel era un prodigio de suavidad, un lento resbalar de terciopelos, un remanso de seda. El sabor de todos mis gin tonics vibraba en su boca palpitante. ¿Dónde, de que fondo, destilaba tanta ternura de indómita pureza? Reconocía sus manos como si ya me hubieran tocado, como si ya antes hubieran recorrido mi pecho, mi cintura y mi entrepierna, avanzando sobre mí con larga eficiencia. Me tenía embobada con su suavidad secreta. De hecho, era casi demasiado dulce, estando como yo estaba acostumbrada a encuentros mucho más tempestuosos.

Sé que resulta cursi e incluso tópico describirlo así. Pero es que Adriana era así. Dulce, tranquila, reposada, tanto en la cama como fuera de ella. Adriana era la quintaesencia de la suavidad y la delicadeza. Su forma de hacer el amor (porque ella hacía el amor, no follaba) era casi narcótica, con arrulladoras ondas turbias, monótonas, lentas. Cuando yo estaba con ella me subía una dulce pereza en el cuerpo ingobernable, me quedaba desnombrada y sometida al desorden amnésico de Adriana, me convertía en una antena prestada a sus mensajes, dócil a las evoluciones de sus dedos, de sus labios y su lengua.

Su pasión nada tenía de lasciva. La mía, mucho menos.

Cuando me desperté no podía creer lo que había pasado. Era como si me hubiera tocado el premio gordo en una tómbola. Pero como siempre, tenía una resaca horrible y no me sentía capaz de procesar muy claramente lo que había sucedido.

Bajamos a desayunar a la cafetería del hotel. Y solo entonces me di cuenta de que hasta aquel momento nosotras dos nunca habíamos hablado a solas. La noche anterior habíamos hecho de todo menos hablar. Adriana hablaba muy poco. Lo atribuí a su timidez. Intenté hacerle preguntas sobre su vida, pero solo me contestaba con monosílabos. Conseguí averiguar que trabajaba como actriz y modelo, que de joven se había presentado al concurso "Miss Queen Portugal" y lo había ganado, que la empresa de transporte de pescado pertenecía en realidad a su padre y que no había viajado a Madrid por cuestiones de trabajo, sino solo para verme a mí. Yo me encontraba muy incómoda porque estoy acostumbrada a que mis amigos hablen como cotorras de cualquier tema, incluso de aquellos sobre los que no tienen ni idea, sobre todo de aquellos sobre los que no tienen ni idea. No acertaba a definir si Adriana era tímida o tonta.

Resumiendo, la historia de Adriana se mantuvo durante casi un año, y se solapaba con otras historias, porque apenas nos veíamos cada mes o cada dos meses. En el fondo, nosotras dos teníamos muy poco en común, Adriana no leía nada, absolutamente nada, excepto quizá los estados de Facebook de sus amistades y los mensajes de *WhatsApp*. No le interesaba la política, la cultura o el arte o la música. Y le interesaban cosas sobre las que yo no tenía la menor idea. Moda, maquillaje, poco más. Bien pensado, yo respondía mucho más que ella al estereotipo de lesbiana, lo que prueba, una vez más, que los estereotipos suelen equivocarse.

Con el tiempo descubrí que su familia era muy rica y que la habían educado para casarla con un buen partido. Adriana ni siquiera había ido a la universidad. La sociedad portuguesa es extremadamente conservadora, a niveles inconcebibles, creo, para cualquiera y desde luego a niveles también inconcebibles para una mujer como yo, criada y socializada en el vórtice mismo del Madrid más cosmopolita. El caso es que Adri había tenido un novio en el pasado, más que nada para complacer a su familia, y había roto el compromiso matrimonial después de hacer unas cuantas escapadas a los bares de ambiente de Galicia. Pero su familia no sabía nada de su vida, y seguían esperando a que Adri se casara algún día.

Entretanto, Adri no hacía gran cosa. Si hubiera querido tener una carrera de actriz o de modelo un poco seria, habría tenido que dejar Portugal. Portugal no tiene una gran industria de la moda, tampoco una gran producción cinematográfica o teatral. Pero es que Adri no quería ser actriz. Nunca había tomado clases de interpretación y, como ya he dicho, no leía, ni tampoco iba al cine, mucho menos al teatro.

Con el tiempo supe que Adriana había recibido al cumplir los dieciocho años una herencia de su abuelo, que estaba gestionada por sus padres. En el futuro, recibiría también, cuando sus padres fallecieran, todavía más dinero. Los padres estaban preparando a su hermano para gestionar aquel emporio (empresas de transporte de pescado, de hostelería y algunas perfumerías), pero en el entorno machista en el que se movían, nadie había pensado que Adriana debiera hacer algo más que ser guapa y elegante. Mucho menos había pensado nadie que Adri pudiera ser lesbiana.

Como dije, nos veíamos muy poco, una vez cada mes o mes y medio, y cuando no nos veíamos apenas nos escribíamos o llamábamos. No solo es que a Adri no le gustara escribir, es que no sabía. Eso se apreciaba incluso en sus mensajes de WhatsApp, plagados de faltas ortográficas. Bien es cierto que escribía mal el español porque era portuguesa, pero los dos idiomas no se diferencian tanto como para justificar según qué faltas. Por no hablar de que a Adri le costaba encadenar frases, no digamos ya subordinarlas.

De forma que al mantener tan poco contacto cuando no nos veíamos, en mi cabeza Adri no tenía gran importancia. Era una amiga especial, con la que de vez en cuando me acostaba. Nada más. Yo le tenía, eso sí, mucho afecto.

Porque Adriana era de una dulzura conmovedora. Siempre estaba tranquila y de buen humor, siempre calmada, siempre en su sitio. Y era una buena persona. Nunca la escuché criticar a nadie ni quejarse de nada. Ella era perfectamente consciente de que era una privilegiada. Su propio bienestar le impedía desear el mal a nadie o envidiar lo ajeno, y tenía por principio no emitir juicios de valor. Jamás juzgaba a nadie. Su capacidad para empatizar era elevadísima. Yo admiraba esa tranquilidad suya, esa calma, pero había demasiadas cosas que no podíamos compartir.

Todo este abismo que nos separaba quedó evidente cuando dejé de beber. Como presupongo que mis lectores son inteligentes supongo que a estas alturas ya habrán deducido que yo bebía mucho. Pero he de aclarar que yo jamás, nunca, bebía en casa. Y que desde luego mi hija no me ha visto beber casi nunca. Bebía cuando salía, para combatir la timidez y la ansiedad. Bebía para poder desinhibirme. Pero bebía mucho. Y llegó un momento en que las resacas fueron tan agudas que decidí dejarlo.

Hasta entonces siempre que había visto a Adriana habíamos bebido. Salíamos a cualquier sitio, bebíamos unos gin tonics, nos besábamos, acabábamos haciendo el amor (Adriana, ya lo he dicho, hacía el amor, no follaba), y todo estaba envuelto en una densa neblina alcohólica que suavizaba los contornos de las cosas.

Pero cuando dejé de beber se hicieron evidentes las aristas afiladas, las esquinas puntiagudas.

Recuerdo perfectamente una noche en la que Adriana me invitó a cenar a un restaurante carísimo. Todo fue de mal en peor.

En primer lugar, a dos mesas más allá habían sentado a La Típica Familia Española. Esto es: abuelos, cuatro, padres, dos, niños; dos o tres, y en algún caso se puede incluir a hermano y cuñada, o hermana y cuñado, más sus hijos respectivos. E incluso puede que haya otra pareja de hermanos y cuñados. La mesa puede reunir entre diez o veinte personas. En casos como los de mi familia, que es numerosa, incluso más. Como en cualquier familia española que se precie, todos gritaban y se interrumpían unos a otros.

Aparte de la mesa familiar en la que debía de haber al menos quince comensales, cerca de nosotras estaban sentadas dos parejas. Ellos discutían a gritos sobre fútbol. Ellas no decían absolutamente nada. Y un poco más allá había un grupo de chicas. Una contaba a gritos sus episodios de su vida sexual. Las otras, borrachas pérdidas, celebraban las historias con un coro de risas. Cada una de estas mesas no parecía tener en cuenta para nada el escándalo que montaba la otra.

Por cierto, estábamos en un restaurante muy caro, de los de camareros de uniforme y salón que ha sido reseñado en revistas de interiorismo. Todo ese *charme* se perdía entre semejante griterío, más digno de un gallinero que de un local pijo. Es costumbre española gritar a pleno pulmón en los restaurantes, sin que importe lo caros o elegantes que puedan ser. Es una costumbre que, a mí, personalmente, educada en la *politesse* francesa, me saca de quicio. Como buena cebra, soy hipersensible al ruido y me iba poniendo cada vez de peor humor.

Pero para colmo yo no bebía nada, apenas un vaso de vino, y tenía ante mí a una comensal con la que debía hablar. Una comensal que sabía el nombre de los presidentes de mi país y del suyo, pero que no hubiera podido citar a uno solo de los ministros. Que sabía quién era Picasso, pero no Degas o Rothko. Que no había ido a un concierto de música clásica en su vida, o de jazz. Que, como ya he dicho, no leía nunca. Así que los temas de conversación para elegir eran pocos. Mi hija –diez años en aquel momento– era bastante más culta que Adriana, y no exagero. Mi hija está acostumbrada a ir a conciertos y a museos desde que era pequeña.

Pero además yo creo que Adriana, consciente de la diferencia, se retraía. Yo le preguntaba por su familia, por sus padres, por sus hermanos, pero como siempre no me daba más que respuestas lacónicas.

Nuestro silencio contrastaba dolorosamente con el bullicio de las mesas vecinas. Me encontré deseando con todas mis fuerzas que el tiempo pasara y que acabase aquella situación insoportable. Y así era imposible disfrutar de una cena a cincuenta euros el cubierto. En aquel momento me di cuenta muy claramente de que aquella situación no tenía ni pies ni cabeza.

Cuando salimos del restaurante, subimos calle arriba cogidas de la mano. Todos los transeúntes nos miraban. Más bien, primero miraban a Adriana y después a mí. Me daba la impresión de qué se preguntaban qué diablos hacía una belleza como aquella con un vejestorio como aquel. Y entonces tuve muy claro que Adriana se había acercado a mí buscando aquello que sabía que le faltaba, esto es, mundo y cultura, y yo me había acercado a ella buscando lo que ya había perdido: belleza. Pero es imposible que una relación se construya sobre las carencias de cada una de sus integrantes.

Aquella noche fue la última que estuvimos juntas. Y aquella vez follamos, no hicimos el amor. Fui yo la que, por una vez, tomó la parte activa. Fue como mi despedida. La coloqué boca abajo y la follé con los dedos hasta que se corrió. Tenía una espalda y unas nalgas preciosas, como de fotografía de Man Ray. Por supuesto, el nombre de Man Ray le debía sonar a Adriana a marca de cigarrillos.

Dejamos de escribirnos, cada vez fuimos espaciando más los mensajes y después, en el muro de Facebook de Adriana, empezó a colgar fotos con una joven morena verdaderamente espectacular. Le pregunté si era su novia y me respondió que sí, y que estaba muy enamorada. Le deseé la mayor felicidad, y yo lo hacía de corazón.

Qué generosos podemos llegar a ser con las personas a las que no amamos. Porque aceptamos con alivio, y no con rabia, que amen a otros. Porque entendemos lo que la pasión no entiende, aceptamos lo que la pasión no aceptaría, y perdonamos lo que la pasión no perdonaría. Nos podemos mostrar elegantes y casi condescendientes. Pero en ese punto de magnánima nobleza hay un poso muy grande de hipocresía: No nos alegramos por ellos, sino por nosotros, que nos hemos quitado una responsabilidad de encima.

El paso de Adriana por mi vida fue tan real como un sueño, pero la huella de un sueño no es menos real que una pisada.

Porque me enseñó que se puede amar sin dependencia, sin posesión, ni intrusión ni chantaje, dando a cambio de nada y aceptando con gozo lo que se recibe, sin exigir más.

Adriana fue como esos montañeros que suben una montaña con tanto cuidado, sin dejar basura ni hacer hogueras, como para que nadie que llegue tras ellos pueda intuir que han coronado una cumbre.

Mi Muy Querido Martin,

Acabó de descubrir que el psiquiatra tan amable me había recetado, en realidad, una dosis de caballo. Yo, por supuesto, me había fiado de él. He estado tomando cuatro miligramos de alpralozam al día, dos por la mañana y dos por la noche. Me encontraba tan dormida a todas horas que se lo comenté a mi mejor amigo, El Hombre Taciturno, y él me dijo que debería consultar el médico de cabecera.

Así pues, fui al médico de cabecera, y por lo visto de ninguna manera una persona joven como yo debe tomar esa dosis. La hemos rebajado a un miligramo al día. Pero el segundo médico se equivocó en la receta, y en vez de escribir "Trankimazín retard", que era el que me había recetado el primer médico, me dio el Trankimazín normal. Yo no creí que hubiera ninguna diferencia. Pero la hay.

Si al hecho de bajar la dosis le sumamos que no es *retard* (que no se libera lentamente), los resultados están siendo catastróficos. Duermo mal, me duele la espalda, las mandíbulas (sí, las mandíbulas), me rechinan los dientes, siento nauseas de forma constante, me mareo. Creo que estoy mucho peor de cómo estaba antes de tomar las pastillas.

De verdad, me parece que ha sido peor el remedio que la enfermedad porque creo que mi nerviosismo no se debe a ninguna patología del sistema nervioso, sino que no es más que una característica, como cualquier otra. Yo soy una cebra, no soy un león. Y como buena cebra, soy hipersensible. Y por lo tanto tiendo a la ansiedad.

Me cuesta incluso escribir porque me tiemblan las manos sobre el teclado. Estoy impresionada con las fotos que me envías de tu casa de campo. No me extraña que hayas pensado retirarte allí. No sabes lo que me gustaría retirarme allí contigo.

Reunirme allí contigo y dormir, dormir, dormir.

Me dices que en Fougères te sientes a veces solo. Me extraña eso porque Elo me asegura que estás muy bien acompañado. Yo me siento sola, sí, muy sola. Sola en una ciudad de cuatro millones de habitantes.

El inglés tiene dos palabras para la soledad. *Solitude* es una soledad contemplativa, calma, creativa, feliz. *Loneliness* es la soledad angustiosa. El español solo tiene una palabra, y creo que la asociamos más bien al segundo significado. El francés, que yo sepa, tampoco diferencia entre los dos tipos. Yo conozco las dos.

Yo te escribo desde la primera, por supuesto. Pero la segunda me acompaña siempre, me come por dentro como el famoso gusano del que hablaba Shelley, el que estaba devorando a la rosa aparentemente tan bella. Yo me siento así, como la rosa. Porque la gran mayoría de la gente que me conoce no sabe que vivo con un gusano dentro, que me está destruyendo la vida. En los últimos tres años me iba acostando con gente intentando sentirme acompañada. Pero el sexo para mí no es más que un traficante de ilusiones. Por un rato, te hace pensar que es el insecticida que matará al gusano.

Tú y yo sabemos que la Felicidad con mayúscula que nos venden en los anuncios de coche y de refrescos no existe. Pero si existiera con minúscula creo que pasaría por aceptar la soledad, por amarla y abrazarla, por perderle el miedo. Por pensar que la soledad es un estado en el que te sientes sin asideros, sin excusas, sin pretextos, sin obligaciones, sin apegos ni odios, sin sentimientos que unen ni separan. Por pensar que ese estado de gracia y serenidad es el mejor estado posible.

Pero cuando te pasa como a mí, cuando la soledad te crea angustia, cuando tienes miedo de verte en un espejo y no gustarte, entonces es imposible que seas feliz. Por eso estoy intentando quererme a mí misma, pero no es tan fácil.

Me preguntas por las pastillas. Sigo con un miligramo al día. No creo que me sirvan para nada. Es como fumar. La primera vez que fumas, no te gusta. Luego te enganchas y crees que el cigarrillo te calma. No te calma. Solo sucede que has creado una adicción. La calma que te da el cigarrillo no es otra cosa que la satisfacción del síndrome de abstinencia que te crea no fumar. Con las pastillas sucede lo mismo. No me quitan la ansiedad de fondo. Solo me quitan la ansiedad que me crea dejar de tomar pastillas. Maldigo el momento en el que le hice caso a aquel doctor. Pero cuando me escribes sobre todas las pastillas que tomas tú, reconozco que mi situación es mejor. Aun así, desearía estar en Fougères, contigo.

Siempre tuya.

Una yonki del afecto

Todos los amantes de los que he hablado en el capítulo de mis historias vulgares eran más jóvenes que yo. A veces cinco años menores, a veces diez, a veces más. Aquí debo contar una anécdota graciosa. El Hombre Taciturno conocía de sobra a Adriana y era probablemente el único amigo que sabía de la verdadera naturaleza de nuestra relación. A él no le gustaba mucho Adriana, ni sus bolsos de Carolina Herrera ni sus pañuelos de Gucci ni su melena hasta la cintura. La encontraba demasiado estridente, demasiado obvia.

La verdad es que El Hombre Taciturno le gusta a muy poca gente porque no tiende a ser amable con mis amistades, excepto cuando está borracho, y cuando está borracho se pone realmente muy pesado, enredándose con lengua de trapo en historias sin pies ni cabeza que se empeña en contar a quien no está interesado en escucharlas.

Recuerdo que un día le comenté a El Hombre Taciturno que me acostaba con El Hombre Que Iba A Salvar a Cataluña. Él me dijo: "¿Estás loca? Pero si parece tu abuelo". El Hombre Que Iba A Salvar a Cataluña no es ni diez años mayor que yo, Adriana es casi quince años menor. Y sin embargo entre las múltiples pegas que El Hombre Taciturno le encontraba a Adriana, nunca mencionó su edad, nunca dijo que Adriana podría ser mi hija. Y jamás dijo nada parecido respecto a los demás, nunca dijo que eran demasiado jóvenes para mí.

Mucha gente piensa que el padre de mi hija es mayor que yo. Es casi cinco años menor.

Lo cierto es que si uno me examina desapasionadamente probablemente sí que se daría cuenta de mi edad. Tengo arrugas, celulitis, incluso un principio de artrosis. Pero por alguna razón la forma en la que visto, en la que hablo, en la que me muevo, los temas que me interesan, los conciertos a los que voy… me hacen parecer mucho más joven. Y no lo digo con orgullo, porque a veces me temo que esa cualidad infantil no es otra cosa que mi inseguridad reflejada en mi persona. No sé si el hecho de que me acueste siempre con gente más joven que yo es un rasgo de inmadurez. Lo he sospechado siempre. Lo que sé es que es un hecho.

Cuando me encontré con Martin Lavigne y me fasciné con él, construí, de una manera infantil, una historia en mi cabeza que no tenía demasiado correlato con la realidad. Y la mantuve a base de cartas y mensajes.

Pero como Martin no venía nunca a Madrid, un tercer personaje se cruzó en esa historia imaginaria entre Martin y yo. Y digo imaginaria porque yo la imaginaba más que la vivía. Ese tercer personaje era, de nuevo, diez años menor que yo. Ese tercer personaje es El Hombre de La Voz Profunda, que se merece, a partir de ahora, unas cuantas páginas más que cualquiera de mis historias vulgares.

Porque el Hombre de La Voz Profunda me dio, por primera vez en tres años, sexo de verdad. O, al menos, lo que yo considero sexo. Y por eso me hizo ponerme en contacto con lo más profundo de mí misma, con esa parte de mí misma que solo saco en la intimidad, y me hizo reflexionar sobre muchas cosas. Sobre mi necesidad voraz de cariño, de pertenencia, de apoyo. Sobre mi inseguridad y mi manía de comprar compañía y afecto con sexo.

Mi Muy Querido Martin,

Siempre me sorprende leer en tus cartas tus elogios a mi belleza, sobre todo porque Elo me dijo que tus ex mujeres eran bellísimas, y yo me tengo por tal. Todavía me creo una mujer guapa, pero ya no vistosa, aunque resulta indudable para cualquiera que me haya conocido desde hace tiempo (como tú), y que aprecie mi aplomo y mi seguridad, que para cierta gente de gustos muy artísticos, (de nuevo como tú), es posible que casi resulte hoy más hermosa, al tratarme a fondo, que la niña sin aplomo cuyas ruinas la mujer poderosa cree habitar.

Tú has conocido a muchas mujeres, lo sé, Elo me ha contaba como habías ido encadenando unas relaciones con otras. Creo que en eso también nos parecemos. Sí, ya te habrá dicho Elo que yo, antes de casarme, coleccionaba conquistas como quien colecciona sellos, con la única diferencia de que no contaba con poder vender un día la colección. Me comportaba exactamente como la sombra de los hombres: si corrían tras de mí, huía; pero si ellos huían era yo la que perseguía.

Había algo de animal en mi conducta, pero yo misma me daba cuenta que incluso los animales feroces no matan por placer.

Quizá coincida contigo cuando dices que en tu retiro de Fougères te has dado cuenta de que sospechas que no eran, en el fondo, las mujeres las que le interesaban, sino el reto, la aventura. Puede que yo me comportara así con los hombres, quién sabe.

Pero el hecho de haber identificado el mecanismo que regía mis elecciones no sirvió para desactivarlo.

No soy en absoluto la frívola que crees que soy. Mis sentimientos son muy profundos, créeme. Durante más de tres años he intentado, inútilmente, evitar echar de menos al que fue mi marido. Pero la nostalgia de él puede aparecer en el momento más inesperado, al escuchar una canción que lo recordara, al rememorar un gesto que había adoptado o una palabra que había pronunciado y que reaparecía en un libro, una película o una obra de teatro. Revivo todos los momentos que habíamos pasado juntos, las palabras o gestos que me habían encantado, la forma en que me trastornaba el suave roce de las yemas de sus dedos en la espalda. Y cada vez que evoco las mismas imágenes intrusivas y recurrentes, siento que me domina una idéntica turbación que detesto profundamente, en una espiral que se cierra en sí misma. Cuando intento alejarlas, solo consigo convocar otras más, sumidas en lo más profundo de la memoria. Y todo parece de pronto incongruente y vacío.

Hasta ahora, yo llevaba a gala lo de tener mucho amor propio, pero el amor propio es un rebelde y un manipulador, porque, aunque me impulsa a olvidarlo también me hiere cuando me dice: "No eres capaz de olvidarle, eres tonta, querida, eres tonta".

Él, convertido en la Némesis que a todos nos espera agazapada en cualquier recodo de la vida –aunque yo nunca creía que la mía fuera a aparecer– me dejó vencida mediante el recurso simple de no dejarse vencer.

Esta historia, desde Don Juan, se ha escrito muchas veces en masculino: el seductor experto que se creía inconmovible al que un día alguien destruye con sus propias armas. Como yo nunca leí la historia de la seductora traicionada, no contaba con que a mí también me sobrevendría lo inevitable.

Se trata, simple y llanamente, de una cuestión de orgullo herido. Quizá, Martin, yo no sepa lo que es el amor, y tienda, como muchos, a confundir ambos conceptos.

Me dices que no te aburren nada estas largas reflexiones que te envío y que, todo lo contrario, que estás ansioso de leer más, porque allí en Fougères apenas haces más que leer, pasear e intentar dormir nueve horas diarias. ¿Cuánto tiempo vas a mantener esa cura de reposo? Me sorprende todo lo que me cuentas, no tiene nada que ver con el Martin efervescente que yo conocí, el alma de las fiestas. También es cierto que quizá a tu edad y con tu condición, en algún momento hay que parar la rumba.

No, no te llamo viejo, solo eres diez años mayor que yo. Estoy diciendo que en algún momento tenías que madurar.

Siempre tuya.

Laura, Fulanita y todo lo que no pudo ser

Regresé a Barcelona porque tenía una reunión importante con el director de un periódico que me ofrecía una colaboración semanal. Hice coincidir la reunión en viernes para que la niña pasara el fin de semana con su padre y aproveché para quedarme allí de viernes tarde a domingo noche. Llamé a Laura y le propuse que comiéramos juntas.

Laura eligió un restaurante carísimo. Baste decir que nos cobraron por una comida exactamente la mitad de lo que mi hija recibe por un mes entero en concepto de pensión de alimentos (también es cierto que mi hija recibe la pensión mínima estipulada, o al menos la que está en el tramo más bajo). Como ya he dicho alguna vez a lo largo de este libro, mi economía no estaba precisamente boyante, pero fui tan idiota que no tuve valor para decir simplemente algo tan sencillo como "Laura, no estoy en condiciones de pagar eso". Y no me atreví porque Laura me intimida.

También hay que tener en cuenta que Laura tiene que elegir sitios así. Porque si va a un sitio menos lujoso, un sitio en el que la clientela no esté de alguna manera separada del resto de los mortales (separada por esa línea divisoria que aísla a los pocos que se pueden gastar en España cincuento cincuenta euros en una comida para dos de los muchos que no), a Laura le agobian a peticiones de "me puedo sacar una foto contigo" y todas las miradas se abaten sobre ella. Por eso Laura eligió un restaurante clarísimo y exclusivo.

Tan carísimo y exclusivo como su vestuario. A ojo de buen cubero, calculo que Laura lleva encima unas cuatro veces el importe de lo que recibe mi hija en concepto de pensión de alimentos, quizá más. Gafas de Gucci, pantalones de Gucci también, chaqueta de Custo, camisa de no sé quién porque no lleva la marca bien visible. El reloj tiene aspecto de costar lo mismo que el alquiler anual de un piso en mi barrio. Para colmo Laura mide un metro ochenta, pesa cincuenta y dos kilos y tiene los ojos azules más intensos que yo haya visto en una mujer. Aunque supongo que el maquillaje ayuda.

Lo dicho, Laura me intimida, y me pregunto si es una buena idea que le haya propuesto lo de comer juntas.

Durante la comida Laura habla de política. A mí el tema me aburre. En su día me interesaba.

Cuando trabajaba en televisión en mi programa se trataban temas de economía y política y en su día me ofrecieron entrar en listas electorales de al menos tres partidos en España. Y precisamente al entrar dentro de estos partidos me di cuenta de una cosa. Nadie allí entraba llevado por el bien común. La impresión es que todo el que entraba allí lo hacía porque quería llevarse algún dinero en forma de sueldo, contrato, subcontrata comisión o prebenda de cualquier tipo. Llegado un momento, el asunto me asqueó y me marché.

Recuerdo que hace unos años tuve que ir a un programa de televisión francesa en la que se hablaba de la economía española. Elo había insistido en que acudiera, porque el productor del programa, íntimo amigo de mi prima, no encontraba a ninguna figura fotogénica que pudiera hablar de la situación española con conocimiento de causa y yo, casualmente, estaba pasando una semana en París. Dos presuntos expertos en economía profetizaban un futuro color de rosa para España. Supongo que estarían en el programa, igual que yo, gracias a su telegenia, porque por su saber no debían estar. Para ilustrar lo bien que íbamos en materia de inversión en energías renovables, enseñaron la foto de un mega panel solar en Barcelona. Casi me muero de la risa.

Ese panel solar representa, para cualquiera que haya vivido en la ciudad, uno de los ejemplos más claros de corrupción. Los paneles de captación solar ocupan una superficie similar a la de un campo de fútbol y generan suficiente energía para abastecer a unas ciento cuarenta familias, y ahorrar la emisión de trescientas cuarenta toneladas de dióxido de carbono. En teoría.

En la práctica, la famosa Pérgola Fotovoltaica abastece a un montón de edificios que se crearon expresamente para el Fórum de Barcelona y que en su mayoría están… vacíos. A día de hoy en El Tribunal de Cuentas todavía sigue investigando al Ayuntamiento de Barcelona para esclarecer algunas inversiones que se produjeron con motivo del Fórum.

Por ejemplo, la contratación de obras a dedo, la compra de equipos que no se justifican, las auditorías que no aparecen. Trescientos millones de euros costó el Fórum de Barcelona, o quizá más, y nadie sabe exactamente dónde fueron. Tampoco se sabe lo que costó la creación de la pérgola fotovoltaica. Y hay que decir que los dos presuntos expertos en economía de aquel programa de televisión no fueron capaces de predecir el descalabro económico que iba a llegar a España en dos años. O sea, que tan expertos no serían.

Por eso cuando Laura habla no sé si ingenua o cínica. No sé si realmente se cree lo que dice (en cuyo caso es idiota) o quiere que yo crea que ella lo cree (en cuyo caso también sería idiota). En su conversación va salpicando nombres de políticos famosos con los que come, de información relevante a la que tiene acceso, de cotilleos jugosos que corren por la redacción de su programa o por su bufete. Yo cada vez me siento por un lado más asqueada y por otro lado más pequeña. Parece que mañana mismo Laura podría estar comiendo con el propio Presidente del Gobierno si se lo propusiera. No entiendo muy bien qué hace conmigo.

Yo había escuchado mil veces esa frase de que "intimida a los hombres" referida a mí y nunca había entendido muy bien lo que significaba. Ahora la entiendo. Los hombres a los que tanto asusto se deben sentir tal y como me siento yo comiendo con Laura.

En ese momento nos fijamos en una mesa cercana en la que una chica muy guapa de televisión está comiendo con un hombre apuesto, mucho mayor que ella. Entonces me doy cuenta de quién es. Es Fulanita de Tal, la modelo e *influencer* que una vez me propuso un trío. No entiendo muy bien por qué viene a un restaurante tan caro una chica que no come. Le cuento la historia del trío que no tuvo lugar a Laura, que se ríe a carcajadas.

–No me extraña nada lo que me cuentas –dice Laura–. Ella es famosa por no tener, como te diría...prejuicios sexuales. Se acuesta con todo el mundo. Mira el viejo ése con el que está –en ese momento el señor le está cogiendo las manos a Fulanita por encima de la mesa–. Qué asco, liarse con un vejestorio así. Eso sí, debe estar forrado. Lo dicho, ésa se acuesta con cualquiera.

Me siento mal, porque tal y como Laura plantea las cosas, parece que el hecho de que Fulanita se quisiera acostar conmigo hace que yo sea menos deseable. Laura parece dar a entender que Fulanita es poco selectiva pero que ella, Laura, solo se va con lo mejor de lo mejor. El tono con el que habla Laura me hace pensar que me parezco al vejestorio Me parece un poco absurdo que una mujer critique a otra por cómo usa o deja de usar su coño. Tampoco me gustan las mujeres que critican a otras mujeres. Laura pierde puntos a mis ojos.

Laura insiste en pagar la cuenta. Yo le dejo, me viene bien que lo haga, pero a la vez me siento mal, inferior ante ella, arruinada, poca cosa, cicatera.

Fulanita X se está levantando de su mesa y en ese momento me ve. Se acerca hacia nosotras. Noto que los ojos se le van detrás de Laura, se le encienden de repente como brasas. Laura sonríe con los labios, pero no con los ojos. Yo sonrío a mi vez, educadamente. Mantenemos una conversación de circunstancias. La chica nos habla de sus proyectos. Proyectos, proyectos y proyectos. Yo sé que habrá una foto de comida en su perfil de Instagram, y una referencia al restaurante. No sé si le habrán pagado por la foto o solo le han invitado a comer. La voz de Fulanita me saca de mis reflexiones.

–Huy, casi se me olvida. Os presento a mi padre.

Su padre es el hombre que comía con ella.

Cuando salimos del restaurante se nos ha hecho tarde. Yo tengo que ir a la radio. Laura brilla. Tan alta, tan digna, tan estatuaria. El sol sube a la torre de su pelo e intenta en vano competir con su brillo y, en la onda rubia de la luz ligera y mediterránea de Barcelona, su cabellera va dorando mi camino, y yo voy envuelta en un torbellino de oro. No pregunto el secreto de su esplendor radiante. No me sorprendo, Laura es una aparición divina.

Quizá no se trate propiamente de una aparición, quizá la siento así dentro de mí. Pero la realidad de su presencia es absoluta, imponente, superior a toda convicción. Su belleza me conmueve, pero yo nada tengo que ver con su ella. Cuando me muestra tan divina, me revela también su ajenidad. Me encanta, pero no veo ningún punto en común.

Las dos somos tramos del viaje universal, diferentes, contrarios, aunque las mismas olas nos arrastran.

Cuando paro un taxi, Laura se inclina sobre mí y me deposita un beso suave –un beso cálido, de mariposa– en los labios. Los suyos son densos, carnosos. Es un beso muy corto, dura como un relámpago o un milagro. El tiempo se suspende. El tiempo empieza y acaba en ese corto beso. Pero el beso dura más que la luz. Es un beso blanco, frontera de una promesa, que precipita mi boca y mi mente en el silencio. Yo estoy besando más lejos. Laura se aparta de mí y el beso escapa, huye.

Después se aleja sonriendo, como había venido.

Y luego, en el taxi, me quedo sola con mis labios, como narcotizada. Renovada más allá del límite de un beso que no sé lo que ha significado. Soy demasiado tímida como para enviar un mensaje a Laura. Cojo el móvil y tecleo su nombre en el buscador de internet.

Así me entero de que a Laura se la relaciona con una famosa actriz. Yo la conozco. De hecho, trabajamos juntas hace años, en un programa de televisión. Era delgada y nerviosa, muy tímida. Y entonces recuerdo que sí, que alguna vez he escuchado rumores de que tenían algo. Imagino que Laura juega a varias barajas. Y la verdad, no me atrevo a meterme en su juego. Las diosas deben quedarse donde les corresponde, en su pedestal. Con su altar, sus flores y su pebetero.

Es curioso que las diosas con minúscula existan, pero afirmen en alto que Dios no existe. Esa crujiente existencia de Dios la niega la palabra de Laura, pero el cabello de Laura la afirma. Ella dice que no cree en Dios y sin embargo se necesita una existencia divina para crear mujeres como ella. Y entre tanto, yo en el taxi, me alejo de Laura. Avanzo hacia un pozo de olvido en el que quiero ahogar su cabello, pero la mejor parte de Laura, la parte más constante de Laura, queda para siempre en mí, en mi corazón inerte, en la misma promesa de que estoy sola. Y no importa que la ausencia de Laura quepa y se resuma en una sola palabra: miedo. Miedo inútil, vergüenza pasada de moda.

Miedo a Laura. Porque Laura es un arma de seducción masiva. Una destructora de autoestima.

Porque yo no sé perseguir a diosas rubias insoportablemente seguras de sí mismas.

El taxista lleva puesta la radio. La voz que habla en catalán me resulta familiar. Entonces le reconozco. Mi antiguo amante, El Hombre Que Iba A Salvar A Cataluña. El discurso se llena de palabras altisonantes. Libertad. Independencia. Solidaridad. Democracia. Futuro. Sus mentiras se visten de gala, llevan cola de emperatriz.

En ese momento suena el característico pitido de un mensaje. Es El Hombre De La Moto Naranja. “He leído en tu perfil de Facebook, que estás aquí, en Barcelona. ¿Te apetece tomar mañana por la tarde?”.

¿No es curioso que todo se junte de pronto? La casualidad, siempre tan alta y oportuna.

Tecleo un sí, lacónico.

“En la terraza de siempre”, añado. “A las siete”.

Mi Muy Querido Martin,

Te escribo desde Barcelona. Te agradezco mucho que te preocupe tanto mi salud. Así que te cuento lo que hice, dado que te has interesado por saberlo.

Después de escribirte rebajé la dosis. Ahora tomo media pastilla al día. Ahora estoy mejor pero aún tengo mareos y me a veces no puedo contener los temblores de las manos. Ahora mismo, mientras te escribo, me tiemblan como pajaritos asustados.

Me preguntas sobre cómo conseguí sobrevivir a mi infancia. Me dices que tú a veces crees que no puedes sobrevivir a la tuya. Sí, sé cómo fue la tuya. O lo imagino. No solo por lo que me contaste tú. Por lo que me contó Elo, también. Ella vivió, al menos, una parte de lo que me cuentas.

¿Que cómo sobreviví yo?

Pues prohibiéndome, supongo, la confusión entre lo que soy con lo con lo que era y había sido. Yo soy la que soy. No la persona que fui, y no soy lo que me pasó.

Porque era como viajar por líneas que a cada instante se quebraban, como rondar por círculos sin centro, como chocar sin contacto, como caer sin escuadra. Para creer en la ley de lo casual y en la norma de lo imposible. Porque me venían al recuerdo constantemente escenas que, en teoría, ya había dejado atrás. Y al final todo era demasiado complicado, todo se traducía en dolor y lo más fácil para zanjarlo todo de un plumazo era beber, drogarse, bailar y escuchar música.

Huir, en definitiva.

Yo no quería culpar a mis padres ni a mis hermanos ni a nadie. La psicóloga me repetía siempre lo mismo. "Aquí no juzgamos. No hay culpas, solo causas". Pero me sentía desleal y aquello incrementaba mi dolor. Y luego me sentía aún más culpable cuando pensaba: "ahí fuera hay tragedias de verdad, hay guerras, hay hambre, explotación, niños forzados a trabajar, y tú te hundes por una pequeña tragedia narcisista y pequeño burguesa". Pero esto no me animaba. Saber que allí fuera había tragedias de verdad, guerras, hambre, explotación, niños forzados a trabajar, me hacía ver el mundo como un lugar peligroso, hostil, oscuro, y a mí como algo insignificante. Tanto daba que yo estuviera o no estuviera, si yo no era más que un insecto en una selva llena de animales feroces.

No todo era negro siempre, por supuesto. Había días felices. Días de amor, de juergas, de música. Pero no había días tranquilos. La calma y la tranquilidad me daban miedo. Porque en silencio se podía escuchar la musiquita de fondo, la depresión que llevaba dentro. Por eso me pasé años en constante movimiento. Por eso me casé con alguien que se parecía tanto a mí, alguien que también buscaba escapar de mí mismo, alguien que iba de película en película, de concierto en concierto, de copa en copa, de raya en raya, de juerga en juerga, de cuerpo en cuerpo y de dolor en dolor.

Últimamente escribo casi todos los días. Tengo la impresión de que lo que saco entonces es la esencia, la persona pura que no está contaminada por todos esos baños de barniz: resentimiento, culpa, rabia, autocompasión, tristeza, lealtad… Capas de sentimientos que se superponen unos a otros.

Mi ser fluye cuando escribo. Lo más esencial de mí, que se había dormido en el tiempo. La persona que ya no se rinde.

La armonía es también la armonía de mi cuerpo. Yo soy yo, Martin. No soy lo que me pasó, no soy lo que los demás creen de mí, ni lo que esperan de mí, no soy más que yo, La esencia, pura, aparece –a veces– cuando escribo. Y en ese momento sé quién soy y me siento feliz.

Somos seres pulsátiles en constante movimiento, Martin, no somos etiquetas, no somos nuestra historia, no somos nuestro pasado.

Tu pasado no tiene que definir quién eres hoy. Ni el mío define lo que soy ahora, en presente. En ocasiones, es difícil diferenciar lo que nos ha ocurrido de quién somos hoy. He conocido muchas personas en mi vida que han perdido su identidad. La identidad que creen y viven es la del dolor del ayer.

Pero lo que fue ayer no tiene que controlar la persona que potencialmente llegues a ser hoy ni tampoco la que serás mañana. Porque llegó el momento de soltar lastre.

Hay demasiadas opciones frente a ti como para que sigas perdiendo tu tiempo en lo que ya pasó. Si cerramos esa puerta podríamos al fin disfrutar del presente. Mirar al futuro con esperanza.

Martin, ni tú ni yo tenemos que vivir enganchados a lo que pasó. Nos merecemos olvidarlo y pasar página.

Creo que tú, precisamente, que visto la muerte muy de cerca, deberías entenderlo mejor que nadie.

Siempre tuya.

El Hombre de la Voz Profunda

El Hombre de la Moto Naranja y yo quedamos en la misma terraza de siempre. La terraza en la solía desayunar con mi marido y que se ha convertido con los años en la terraza en la que me encuentro con El Hombre De La Moto Naranja. Durante tres años, nunca me he cruzado con mi marido por aquí, aunque siempre lo haya deseado.

Él se presenta radiante, más guapo que nunca. Se sienta frente a mí: los ojos brillantes, el pelo despeinado, el casco de la moto en la mano.

–¿Sabes que he encontrado novia?" –me dice. Jarro de agua fría sobre mis esperanzas.

De pronto le deseo. Como deseo siempre lo que sé que no puedo tener. Porque solo aspiro a ingresar en clubs que no me admitan como socia.

–¿Y cómo es ella? ¿Reúne todas las cualidades de tu lista?

–No. Ninguna –se ríe–. Es bajita, vive con sus padres, nunca lleva faldas, toma medicación para controlar la ansiedad…Ah, y para colmo es marroquí. Muy, muy, muy morena. Le gusta el sexo, eso sí, y creo que quiere tener hijos. No me he atrevido a preguntárselo, de momento. Y tú, ¿cómo estás? ¿Estás con alguien?

–No, con nadie

–Pues entonces igual te apetece conocer a un amigo.

–Depende… ¿es rico? ¿Es guapo? ¿Es muy ingenioso? ¿Tiene algo especial por lo que debería conocerle?

–No es rico, pobre tampoco. Es editor de libros para niños. No sé si es guapo. Te puedo enseñar una foto.

Saca su móvil y busca. Me enseña una foto de grupo de varios amigos. El que se supone que me quiere vender es un hombre del montón.

Pero del montón bueno. Me gusta el hecho de que sea editor, al menos tendríamos algo de qué hablar

–Querido... este tipo, según tú, ¿está bien de la cabeza?

–Bien de la cabeza no estamos ninguno, pero yo creo que muy mal no está. Lo que te puedo asegurar es que te ríes con él, tiene mucho sentido del humor.

–Está bien, entonces dale mi teléfono.

A la mañana siguiente recibo un mensaje. Es el amigo de El Hombre De La Moto Naranja. Se ofrece a invitarme a comer. Pregunto dónde. Menciona el nombre de uno de los restaurantes más bonitos de Barcelona, uno de esos restaurantes que yo, en mi situación actual, ya no me permito frecuentar. Así que acepto. Dice que vendrá a recogerme en moto. Le espero frente al portal de la casa de Bernat, a las dos.

Cuando bajo, él ya está esperándome. Vale, no es mi tipo (alto, rubio, acento extranjero y blablablabla) pero tiene morbo. Un morbo raro, mezcla del hecho de que es extraordinariamente simpático con el de que exuda feromonas por todas partes. Es muy masculino. Cuadrado, sólido, con barba, y nariz rota de boxeador que sin duda no se ha roto boxeando, que probablemente ni siquiera se haya roto nunca, que muy probablemente es marca de fábrica.

Durante la comida hablamos mucho. Bueno, más bien hablo yo. Me pongo nerviosa, bebo, hablo sin parar. Bebo tanto durante la comida que cuando salimos del restaurante no puedo resistirme a besarle. Y qué narices, el tipo por lo menos besa bien. Inmediatamente paro un taxi y me subo al vehículo. Estoy demasiado borracha, lo sé, y no tiene sentido estar así de borracha a las cuatro de la tarde. No me siento bien conmigo misma.

Al día siguiente vuelvo a quedar con él. Aparezco en las peores circunstancias posibles. La noche anterior he salido con Bernat y he amanecido en Badalona tras haber acabado tomando mojitos en la playa y sin haber dormido apenas. Voy vestida con un desaliño exagerado. Los vaqueros negros de siempre, una camiseta arrugada. No me he peinado, no llevo absolutamente nada de maquillaje, ni siquiera brillo de labios. Pero huelo a perfume. Nunca salgo de casa sin perfume. En este caso, un perfume de ámbar que compré en Marruecos.

El chico me acompaña a ver un concierto. Un gin tonic, otro gin tonic, otro gin tonic que por supuesto paga él. Dice muy poco de mí que me deje pagar copas, me desprecio a mí misma por ello, y añado una capa más de autodesprecio al barniz de odio que oculta la superficie de mi verdadero yo.

Él propone que nos vayamos a su casa y yo, borracha perdida, repitiendo que no y que no y que no. Y al final acabo diciendo que sí por no oírle y porque estoy tan cansada y tan borracha que doy por hecho que según me tumbe en su cama me voy a quedar absolutamente dormida, Así que, a no ser que le interese la necrofilia y quiera tirarse a un cadáver, no hay posibilidad alguna, creo yo, de que me haya sexo.

De forma que nos subimos a la moto y atravesamos el barrio en el que yo vivía con mi señor ex marido y voy viendo cada esquina, cada rincón, cada sitio en el que voy recordando: aquí me gritó, aquí compramos los cojines de la cama, aquí paseábamos, aquí hacíamos esto, aquí hacíamos lo otro, y me parece tristérrimo que años después aún eche de menos a un tipo que desde hace tres años vive con otro hombre. Hombre.

En fin, subimos, subimos, subimos, subimos montaña arriba y llegamos al apartamento del tipo, que es blanco y aséptico. Limpísimo, como si nadie hubiera vivido allí. Porque nadie ha vivido allí. El todavía no vive allí. Aún no se ha mudado. Mío es el orgullo de ser la primera mujer que se va a meter en su cama. En su cama de sábanas blancas, limpísimas y recién planchadas, como de hotel. Tengo el honor de ser la mujer que va a estrenarlas.

La habitación es blanca, la mesilla es blanca, el armario es blanco, las sábanas son blancas... En fin, que todo invita más bien al sueño que al sexo. Y cuando me desnudo y siento sobre la piel la caricia de las sábanas pienso que me voy a quedar dormida de inmediato. Y en ese momento él se desnuda y se queda en calzoncillos. Calvin Klein, Negros. Bajo los que se adivina una erección. Y a partir del tamaño del bulto, una adivina de paso que debe tener un miembro enorme. Lo cual, evidentemente, crea cierta curiosidad.

Él se mete en la cama, con los calzoncillos puestos, atención, y se acerca a mí e intenta besarme. Primer fallo: no besa nada mal, pero prácticamente se tumba sobre mí y me aplasta. Y estoy a punto de pegarle una patada pero es que... huele bien. Huele muy bien. No es un hombre particularmente guapo, no hay nada especial, pero... huele bien. Y tiene pelo en el pecho, que es algo que me vuelve loca porque detesto a los hombres depilados. Y me recuerda a mi ex marido.

En fin, a lo que íbamos. Que tengo sueño, que estoy cansada, que me he jurado a mí misma que no pienso tener sexo a ningún hombre que me invite a comer o a cenar sin casi conocerme, que tengo al lado a un tipo de pelo en el pecho que está bien dotado y que huele bien... Y le respondo al beso, y acto seguido le cojo la mano y me la llevo a la entrepierna. Y empiezo a masturbarme con la mano libre así que el chico, que tonto no es, me mete un dedo en la vagina. Segundo error. No tiene ni idea, pero ni idea, de cómo se masturba a una mujer. No es ya que no me dé placer, es que me está haciendo daño. Y de repente me veo en la difícil tesitura de explicarle a un tipo de cuarenta años dónde exactamente está el punto G y qué hay que hacer para estimularlo. Me imagino lo peor. Esto es: me imagino uno de esos horrorosos polvos de circunstancias de los que han abundado a lo largo de los tres últimos años de esos de, bueno, te corres porque hay que correrse y tampoco está tan mal, pero acabas pensado en que fuiste imbécil por divorciarte y que jamás vas a volver a vivir lo que viviste. Y entonces el tipo vuelve a introducir el dedo y... ¡oh sorpresa! lo ha entendido a la primera.

Hay que explicar aquí que hay gente que técnicamente sabe masturbar y que se conoce la teoría de memoria y que sin embargo no se manejan bien en la práctica. Hombres muy hábiles que te masturbaban simplemente porque tocaba hacerlo, No era algo que les diera el menor placer. Te tocaban, hacían que te corrieras, no se excitaban haciéndolo, y en cuanto acababas sacaban la mano como si aquello quemara. O quizá, con asco, como si les diera asco que aquello estuviera tan viscoso y tan húmedo. Y sí, te corrías, vale. Pero el orgasmo no lo es todo y no hay nada más triste que un polvo triste.

Pero este chico se excita. Se excita mucho. Yo noto su sexo enorme contra mi pierna, a punto de estallar, y su respiración entrecortada que se acompasa a la mía, y cuando llego no solo no saca la mano, sino que la deja ahí y sigue. Y entonces llego por segunda vez, y por tercera y por cuarta. O quizá es como un solo orgasmo dividido en segmentos. Es como montar una ola: subes, bajas, vuelves a subir. Yo pierdo por completo el sentido del espacio y del tiempo. Y cuando regreso, caigo en la cuenta de dónde estoy. En una cama de sábanas blancas, en un apartamento al lado del Parque Güell con un tipo que me mira con cara de pasmo como si no hubiera visto algo así en su vida.

Efectivamente, me lo confirma: "No he visto algo así en mi vida".

Mi respuesta no es precisamente amable: "No es mi problema si solo has salido con frígidas".

El pobre hombre tiene una erección calibre 22 e imagino que le debe doler, me compadezco de él y le abrazo hasta que se da cuenta de lo que quiero. Seamos sinceros, en realidad quizá no lo quiero, pero no me parece justo que yo sienta placer y él no. Quizá sea mi educación católica la que cree que hay que devolver lo que te dan. Y bueno, al principio no siento nada, pero una vez está dentro de nuevo su excitación contagia a la mía. Y sí, habrán ustedes remarcado en que no hemos usado condones.

Bueno, pues en lo que recuerdo, se pone encima de mí, me aplasta, nueva clase de educación sexual en la que le tengo que explicar que no me aplaste, se apoya sobre los brazos como si fuera a hacer flexiones, se mueve, me gusta, llega, y como para cuando llega yo vuelvo a estar excitadísima, me vuelve a masturbar... y bueno, para ahorrar tiempo y espacio, el resumen escrito en plan novela porno barata sería: me folla el coño con los dedos, me folla el culo con los dedos, varias veces, me corro tantas veces que ni lo recuerdo, le chupo la polla (por cierto, sabe increíblemente bien), le masturbo con la polla entre mis tetas, follamos conmigo encima de él, en la postura del misionero, a cuatro patas... y en fin, lo hacemos todo excepto practicar el sexo anal, y eso porque tiene la polla enorme, no tenemos lubricante y es la primera vez, no porque yo no quiera, que me hubiera encantado. Y en lo que yo recuerdo él se corre tres veces, tres. Fin del inciso porno.

Y bueno, debimos dormir entre una cosa y otra, en la cama enorme de sábanas blancas. Y la cama es cómoda, y él no ronca, y es suave como un oso de peluche. Y vale, no es Martin Lavigne y no habla francés, y no lo tengo idealizado desde hace once años, y la verdad es que no le conozco de nada, pero, sintiéndolo mucho por Martin Lavigne, lo esencial es invisible a los ojos. Y lo esencial no es la belleza, es saber cómo usarla. Y Martin Lavigne es infinitamente más guapo y más culto y más lo que queramos, pero Martin Lavigne no sabe hacerlo así. Y si sabe (que todo es posible) lo habrá hecho con otras y a mí no me lo ha demostrado.

Así que llega un momento en el que dejamos el sexo y decide, él, que salgamos a desayunar. Lo cual me parece bien porque tengo problemas con la intimidad y me cuesta mucho compartir espacio, más allá de una cama, con personas que no conozco e incluso con las que conozco. Nos duchamos, me visto en dos minutos, salimos a la calle, conozco la zona. Mi ex (siempre mi ex en la cabeza) y yo solíamos ir a veces al Parque Guell, y también me llevaba algunas veces a cenar a una terraza que está por aquí y desde la que se ve toda Barcelona. Muy probablemente no haya un rincón de Barcelona que no esté asociado a él. Y eso que he hecho muchas cosas en Barcelona sin él, y que es probable que yo tenga más amigos en Barcelona de los que él tiene.

Él me dice me dice que me va a desayunar a un sitio muy bonito. No tengo nada que objetar. Nos subimos a su moto. Recuerdo que cuando me agarro a él para no caerme me doy cuenta de que es muy sólido, tiene los hombros muy anchos. Eso me gusta. Se trata del típico hombre-muy-hombre: pelo en el pecho, calvicie incipiente, voz profunda, nariz rota. Todo así como muy masculino, muy testosterona. Polla grande, también, Sí, existe cierto parecido con mi ex. Mi ex, por cierto, no es rubio. Lo era cuando le conocí, pero después encaneció. Y tiene los ojos negros.

Me pregunta qué nota le pondría a lo que hemos hecho. No recuerdo a santo de qué me hace la pregunta. Del uno al diez. Un diez, le digo. En parte, lo hago por amabilidad y protocolo. En parte, porque puede que sea verdad. Sí, habrá habido momentos en mi vida en los que haya tenido mejor sexo. Porque estaba muy enamorada. O porque tomé drogas (de joven lo hacía), o porque lo hicimos en el agua, o en una playa, o en un ascensor. Sí, seguro que ha habido momentos en mi vida en los que he tenido polvos mejores. Pero no por la ejecución en sí, sino por las circunstancias. La ejecución de este chico, impecable. Y si esto fuera una crítica de música, diría que la interpretación también. Quizá faltó un poco de coreografía y un buen escenógrafo. Y ensayos, claro. Así que cuando él me pregunta muy sorprendido si de verdad ha sido un diez, me reafirmo en que ha sido un diez. No es El Mejor Polvo de Mi Vida, por supuesto, pero no va a engrosar la lista de Polvos Nefastos Y Frustrantes. Que, desde luego, es muy nutrida.

Llegamos al bar, aparca, y… caigo en la cuenta. Este era uno de los bares favoritos de mi ex marido. En realidad, es más bien un café, de esos de mesas hechas de veladores de mármol. Nunca lo había visto de día. Siempre íbamos por la tarde. Y siempre nos sentábamos en el mismo sitio. Ahora que lo escribo, me sorprende que siempre que fuimos a ese bar, el sitio estaba libre, como si lo reservasen para nosotros. Ahora el sitio lo ocupa una mujer escandalosamente guapa, con el rostro semi oculto por unas enormes gafas de sol. El chico me pregunta si me gusta el local. Digo que sí, omito decir que ya lo conocía y espero que el camarero no me reconozca.

Afortunadamente Barcelona no es Madrid. En Madrid un buen bar tiene camareros fijos, que conocen a los clientes y los saludan por su nombre cuando les ven llegar. En Barcelona los camareros rotan. Son estudiantes, o actores, o gente de paso. Este camarero desde luego no me conoce, pero la chica de la esquina, sí. Se quita las gafas de sol y se me queda mirando como si fuera la misma Virgen de Fátima la que ha entrado en el café. Mi acompañante se sienta en una mesa cerca de la ventana. Le da la espalda a la joven.

No recuerdo la conversación que mantenemos, sé que es tonta, que nos reímos a lo tonto porque casi no hemos dormido y estamos cansados y medio drogados de las endorfinas o las oxitocina o cualesquiera que sean las drogas naturales que el cerebro segregue cuando te llegas al orgasmo (*Neurociencia para millenials* tendría mucho que decir al respecto[1]). Imagino que debo tener tal cara de "vengo de follar toda la noche" por no hablar de que ni siquiera me he peinado, como para que la chica no deje de mirarme.

Y entonces, cuando se quita las gafas de sol, caigo en la cuenta. Es ella, Fuanita, la modelo, la *influencer*. ¿Cómo es que no la he reconocido? Si la acabo de ver el otro día, en el restaurante, con Laura. Fulanita está distinta. Ahora el pelo le llega por debajo de la cintura, y es de otro color. Extensiones, tinte, una peluca quizá. Los ojos también son de otro color. Azul como eran, pero de un color distinto, turquesa brillante. Lentillas, deduzco. Pestañas postizas, maquillaje. Va tan maquillada que

1. Las células del cerebro producen dopamina, activando los centros del hipotálamo que estimulan la liberación de oxitocina e incitan a las glándulas suprarrenales a producir adrenalina. Y se produce un decapéptido, la GRH (Hormona liberadora de gonadotropinas), que actúa sobre la hipófisis anterior controlando la secreción de LH (hormona luteinizante) y FSH (hormona estimuladora de los folículos) que estimulan la secreción de las hormonas esteroideas gonadales (testosterona, estrógenos y progesterona). El hipotálamo (células nerviosas en el núcleo para-ventricular) estimulado por las hormonas esteroideas libera más oxitocina (retroalimentación positiva). De nada.

realmente cuesta trabajo asociar a esta mujer con la que se desmayó en el cuarto de baño de un bar. Aquella era muchísimo más bella. Pero esta es muchísimo más estándar. Más normativa. Más adaptada al tipo de belleza que vemos en las revistas femeninas. Irreal, ilusoria. Parece una muñeca de ojos enormes.

–Me alegra taaanto verte... –me dice ella con fingida afectación.

Su voz está perfectamente modulada, como si hubiera tomado clases de dicción. ¿Por qué el otro día no hablaba así, y no iba tan exageradamente maquillada? Porque estaba con su padre, supongo. Porque la mujer que ahora tengo frente a mí no es una persona sino un personaje. El personaje que ha compuesto para su perfil de Instagram porque, según me explica, tiene una sesión de fotos precisamente en este local, y está esperando al fotógrafo.

Llamo a Bernat, con la que he quedado a comer, para que me recoja en este bar. Cuando Bernat se presenta, el hombre que exuda testosterona se disculpa educadamente. Sé que quiere ir a su casa porque se cae de sueño. Bernat se queda en la mesa y yo le acompaño a la calle, donde ha aparcado la moto. Me gustaría plantarle un beso de tornillo al más puro estilo película americana, pero sé que medio bar me ha reconocido, y no quiero dar un espectáculo gratuito. Así que me limito a abrazarle. Huele a jabón de coco.

En aquel momento soy incapaz siquiera de imaginar en el lío en el que me estoy metiendo.

Llega el fotógrafo y Fulanita se acoda en la mesa, copa de vino en mano, mirando a través del ventanal el bullicio de Barcelona. Más tarde, buscaré su perfil para ver la foto. Sospecho que sus doscientos y pico mil seguidores creen que es una foto tomada con móvil, y no imaginan ni de lejos las horas que le ha tomado a esa chica transformarse para convertirse en la mujer de la imagen. No imaginan tampoco lo que el local ha pagado porque cuelgue la foto. No imaginan cuánto esfuerzo y trabajo de horas ha costado conseguir una simple foto de una mujer con expresión melancólica que, copa de vino en mano, sentada frente a un velador de mármol, mira a Barcelona a través de un cristal.

Todo es esta ciudad parece a veces tan falso.

Mi Muy Querido Martin,

En todas las cartas de alguna forma velada me preguntabas si había conocido a alguien. Yo siempre te decía la verdad, que estaba sola. Tú me decías que en Fougères estabas solo, pero yo sabía que no era así. Elo me decía que amén de todo el rosario de ex mujeres y ex novias que pasaban a visitarte, había una mujer, una mujer especial que te cuidaba. Supongo que no me querías hablar de ella porque pensabas que me iba a herir, o quizá porque me querías guardar en la recámara, como quien dice, por si las cosas iban mal. Querías que pensase que estabas solo por si algún día me necesitabas de nuevo. Pero hace tiempo que tú y yo nos conocemos. Dimos el paso de amigos a amantes y retrocedimos de amantes a amigos. No tienes por qué ocultarme cosas.

Yo he empezado algo con alguien en Barcelona. Siento no poder ser más concreta, pero de momento no le puedo poner nombre a lo que siento. Yo estoy ilusionada, no sé si él lo está.

¿Sabes? Después de divorciarme, antes de acostarme contigo en París, tuve una historia de una noche con un chico muy joven. Casi veinte años más joven que yo.

Solo me había acostado con él una vez, y después habíamos intercambiado mensajes y él me había enseñado cosas que había escrito. Escribe impresionantemente bien. Pero desde que nos acostamos no nos habíamos vuelto a ver así, cara a cara.

Ayer me envió un mensaje, y volví a verle.

Cuando le vi no di crédito. No recordaba que fuera tan guapo. Me acosté a las cinco de la mañana y se fue de mi casa a la una del mediodía porque yo había quedado a comer con mi familia. Tenía un vago recuerdo de él. Lo recordaba como a un muchacho guapo, poco más. En Madrid hay una expresión: "le vi y se me cayeron las bragas". Evidentemente, se trata de una metáfora. Pero vamos, que se me cayeron las bragas. ¿Sabes? Me recordaba a ti, cuando nos conocimos hace tantos años. Los mismos ojos enormes (del mismo color, en su caso), la mandíbula cuadrada, los vaqueros y la camisa blanca.

Nos sentamos en una terraza y hablamos mucho, mucho, mucho. Yo, sobre todo, escuchaba. Me estaba hablando de su padre, del divorcio de sus padres, de su infancia. De repente dijo "no sé ni por qué te cuento esto". Me di cuenta de que allí había mucho más que sexo. Pero él se va a Oporto la semana que viene, está liado con la mudanza, se acaba de separar de una novia, tiene veintiochos años. O sea: imposible, imposible, imposible, imposible.

A mí ya me vale con pensar que una mujer de mi edad ha podido tenerle. Mi vanidad está a salvo. Y sí, por supuesto me habría vuelto a acostar con él si él hubiera movido un dedo, supongo que sí. Pero él no lo iba a mover porque no todos los chicos guapísimos son idiotas y éste desde luego no lo es. Y el sexo engancha y engancharse a una cosa imposible es de gilipollas. Y creo que ya lo he dicho: no todos los chicos guapísimos son gilipollas.

Y justo te escribo después de hablar con este hombre de Barcelona, por teléfono. Tiene una voz cálida que derretiría a la Reina de las Nieves. Y en medio de la conversación, y no recuerdo a cuento de qué, me dice que tuvo un asunto con una chica o mujer o lo que sea y que la chica parece que quiere seguir y que él no sabe si seguir…

¿No nos comportamos como adolescentes, todos nosotros?

Me entran ganas de decirle a este hombre en el teléfono: No, no te acuestes con nadie más. Hagamos de lo personal algo político. Follemos en exclusiva para demostrar que el sexo puede ser algo más que un mero objeto de consumo. Pero no lo hago. Porque sé de sobra que nada se puede pedir. Que cada persona da lo que puede dar, y que pedirle a alguien que dé lo que no tiene es completamente absurdo. Eso, Martin, lo aprendí, entre otros, pero, sobre todo, contigo.

Sí, sé de sobra que le subiría mucho el ego si le pidiera que me fuera fiel, y que puede que incluso –de una manera consciente o inconsciente– me ha puesto a prueba. Pero precisamente lo dice LCD Soundsytem ahora: *Complicated people never do what they are told.*

Cuando hemos aprendido a desligar el sexo de la reproducción, del amor, de la seguridad, de la permanencia, e incluso, a veces, casi de la propia humanidad, el sexo se basta a sí mismo. Y sólo persiste en función de sus gratificaciones. Solo depende de lo que puedas obtener del sexo: orgasmos, ego, vanidad o incluso sensación de poder. Pero así resulta insoportablemente leve. Insoportablemente leve fue lo que tuve contigo, Martin, pero me siento orgullosa de que lo hayamos reconducido a otro terreno.

Pero te lo reconozco, me gusta este hombre, me gustaría pensar que él y yo podríamos llegar a más.

Porque en realidad, por mucho que juguemos a que somos desapegados y modernos y fríos, yo no lo soy. Si lo fuera yo no iría a verle a Barcelona mañana. Una vocecita dentro de mí me recuerda que yo he sido siempre una jugadora. Me encanta jugar, mano a mano. Y no retiro la postura.

Al contrario de lo que suele suceder, ésta es una partida en que el que el primero que se retire de la mesa se lleva la baza final. Yo no hago trampas. Pierdo mucho. No hago desquites. Mi parte está ya muy jugada, tuve mucho que apostar, pero apenas me quedan tres fichas, porque alguna vez me lo jugué todo a un solo número, y, aun así, no me canso ni me retiro. ¿Cómo no ser curiosa? ¿Cómo no hacer apuestas a favor o en contra hasta que alguien pronuncie él no va más?

Martin, yo jugué contigo y gané algo. No te gané en exclusiva, solo gané tu presencia constante al otro lado del teclado. Y me gusta tenerte ahí. Ahora me gustaría arriesgarme a una nueva mano. Y que eso no me impidiera seguir teniéndote al otro lado del teclado. Me encanta escribirte y me encanta leer tus cartas. Pero no quiero mentir. Creo que hace tiempo que deseché por completo la posibilidad de que ya yo mantuviéramos una relación romántica.

Pero te admiro como siempre, te quiero igual que siempre, y tú lo sabes de sobra.

Siempre tuya.

Loca, con intervalos de horrible cordura

Cuando conocí a mi marido, yo ya había estado en tratamiento por síndrome de estrés postraumático. El tratamiento no duró mucho. Me lo proporcionó la Comunidad de Madrid. Dentro de un programa de ayuda a víctimas de agresión sexual. Me negué a tomar medicación, así que lo único que hacía era hablar y hablar con una psicóloga. Llegaron los recortes y el tratamiento acabó. No creo que mi SEPT se curara. Pero aparentemente, solo aparentemente, yo estaba bien.

Mientras convivía con mi marido, empecé a desarrollar de nuevo todos los síntomas de un SEPT o, según mi psicóloga, la segunda que me trató, de una víctima de maltrato. Tenía problemas de sueño. Me despertaba a mitad de la noche con taquicardias y pesadillas. Lloraba a menudo, saltaba por cualquier cosa. Desarrollé fobias extrañas. Me daba miedo subir en el metro, me daba miedo entrar en el portal sola, me daban miedo los espacios con mucha gente y las aglomeraciones. Y hablamos de una melómana obsesiva que se había pasado media vida yendo a conciertos, y que de repente empezaba a hiperventilar en cuanto se encontraba en una sala con cien personas.

Poco antes de divorciarme, recuerdo que salía de la cadena de televisión en la que entonces trabajaba, y en el coche de producción que me llevaba a casa empecé a llorar y llorar sin poderme contener. Le pedí al taxista que parara y entré en una iglesia. No soy exactamente creyente, me he educado en la fe católica, pero para mí toda la religión no es más que una gran metáfora. Creo que hay un Todo más grande que nos integra y que nos envuelve y que hay quien ha decidido llamarle Dios. Pero en aquel momento estaba desesperada y no se me ocurrió cosa mejor que rezarle a la Virgen y pedirle que por favor acabara con aquello.

Las cosas empezaron a empeorar entre nosotros, él cada vez gritaba más y sus cambios de humor eran imprevisibles. No viene a cuento contar la historia entera de mi matrimonio. La psicóloga me definió como una mujer maltratada. Supongo que sí, que lo era, pero yo tampoco quería verme reducida a esa etiqueta.

Poco después sufrí un atraco. De los de navaja en mano, en el portal. El hombre no se contentó con llevarse mi bolso. También metió sus dedos en mi vagina. Hubiera llegado a más si no llega a ser porque un vecino bajaba, precisamente en aquel momento, en el ascensor. Resultado: De nuevo, al psiquiatra forense, nuevo diagnóstico de SEPT, y además una depresión. Seria. De las de no poder moverse de la cama, pasarse el día dormida, llorar sin parar, tener taquicardias, etc. Me pasaba horas bajo la ducha, el día en la cama, palpando el silencio, llorando, aturdida, inmovilizada, destrozada.

Después, empecé a mejorar, poco a poco.

Cuando el padre de mi hija me puso una demanda para reclamar la custodia de la niña, la cría tuvo que pasar un test. Se descubrió entonces que era cebra. Yo pasé el mismo test y, bingo, di una puntuación similar. Eso me colocaba en un grupo ínfimo al que solo pertenecemos el uno por ciento de la población, o quizá menos gente aún.

A raíz del descubrimiento, se explicaban muchos de mis síntomas. De repente, todos mis problemas se percibían mejor bajo el foco de una nueva luz. Cualquier mujer habría desarrollado un SEPT después de haber sufrido una infancia como la mía, violación y una relación de abuso, pero en mi caso el problema se agudizaba. Una persona como yo debería tener mucho cuidado y no exponerse a situaciones violentas. Esta última psicóloga, como las demás, consideró que no me hacía falta medicación. Y, como las demás, insistió en que, si necesitaba un ansiolítico, hiciera ejercicio. De paso me propuso una terapia, pero me la propuso cuando ya no tenía dinero para pagarla. Las terapias para cebras son muy caras.

No se puede resumir en un folio varios años de vida. Pero dejemos claro que en esos años toda mi vida estaba organizada de forma que no tenía que exponerme íntimamente a nadie, que no iba a vivir otra vez la relación que viví con mi marido, que nunca le iba a dar la oportunidad a nadie de estar en condiciones de hacerme daño. No era una decisión consciente, ni muy meditada, pero funcionaba así. Contaba con un grupo de amigos extenso, intereses, y esporádicamente, historias de una noche o dos. Siempre con hombres (y una mujer) que de alguna manera tenían una cláusula de seguridad. Vivían en otro país o eran exageradamente jóvenes. O como en el caso de Adriana, las dos cosas a la vez.

Es decir, podía permitirme enamorarme y sentirme querida, a nivel muy adolescente, en el sentido de idealizar, imaginar, construir literariamente, pero nunca tenía que llevar esa relación al terreno de lo real, de lo práctico, del día a día.

Mis historias vulgares, mis historias de una noche, me propiciaban sexo, pero nunca intimidad. Yo nunca deseé llegar a más. Me agobiaba, sentía ganas de llorar todo el rato, experimentaba un sentimiento de rechazo y angustia muy invasivo. No supe seguir. No estaba preparada.

Era como si alguien rozara una herida que no había cicatrizado.

Mi Muy Querido Martin,

Me ha encantado recibir tu e mail y sobre todo me ha encantado ver las fotos. De verdad, estás incluso más guapo que antes. Y estás ya eras guapo. Tan bronceado, tan...sano. Se nota que has engordado, en el mejor sentido de la palabra. Supongo que la chica que vive contigo te trata bien. Tú no me reconoces que vives solo, pero Elo me asegura que hay una chica allí. Si no quieres hablar de ella, lo respeto.

He dejado por completo las pastillas y realmente lo estoy pasando muy mal. La ansiedad ha vuelto, redoblada. Ayer mismo estaba en el metro y llegaba tarde a una entrevista que debía hacer a una actriz conocida. ¿Te he dicho ya que he vuelto a trabajar? Ahora estoy trabajando para un periódico en Barcelona. Entrevisto a gente que vive en Madrid. No te lo he contado, me pagan poco, en relación a lo que me pagaban antes, y no tengo contrato. Me pagan por trabajo presentado. No te voy a agobiar más con lo de mis problemas económicos porque los conoces de sobra.

Bueno, pues de repente el metro se detuvo. Desde el altavoz nos comunicaron que debido a problemas técnicos el servicio debía interrumpirse. Lo primero que pensé era que iba a llegar tarde a la entrevista. Intenté llamar a la actriz, pero el metro se había detenido entre dos paradas y no había cobertura. Después pensé que aquello podía ser un ataque terrorista.

El corazón se me aceleró. Latía tan rápido que dolía. Empecé a sentir una ola de calor y a sudar copiosamente, y me di cuenta de que las manos me temblaban. Y entonces toda la escena empezó a adquirir una extraña sensación de irrealidad. Daba la impresión de que todo aquello fuera una película y yo la estuviera viendo sentada en una sala oscura.

Me estaba mareando. Entonces la chica que estaba a mi lado me preguntó si me sentía bien. Por lo visto yo estaba blanca como una sábana y sudaba a mares. En un momento tenía a todos los pasajeros del vagón preocupados por mí. Una señora me abanicaba y otra me puso en la frente un pañuelo de papel empapado en colonia.

Tengo dos conocidas con ataques de ansiedad serios. A una creo que tú la conoces también. Es Marie France, una amiga de Elo, una que tiene unos ojos verdes enormes y que trabaja en una revista (Marie Claire, creo). Hace años vino a Madrid y, en atención a Elo, la saqué de fiesta con mis amigos. Acabó borracha perdida y contándome su vida, sentada en el bordillo de una acera, a las cuatro de la mañana, recién salidas ambas de un club. Pues resulta que Marie France tenía un miedo atroz a volar. De hecho, vino desde París en tren. La pobre Marie France había tenido serios problemas a causa de su fobia porque se había visto obligada a rechazar trabajos muy bien pagados en los que se le exigía que viajara.

Aquella noche habló conmigo largamente sobre el tema y me acabó contando historias muy íntimas. Era (es) hija de un alcohólico, (no sé si debería contarte esto porque la conoces, pero creo que ella no lo oculta). Su padre era el tipo de hombre que llegaba borracho a las tantas, organizaba una trifulca por cualquier tontería y acababa pegando a su mujer. Es decir, el tipo de hombre en el que mi marido se convirtió en los últimos momentos de nuestro matrimonio. El tipo de hombre en el que se convertía mi padre cuando bebía.

Yo, que apenas viví esa situación durante dos meses (me largué a la tercera escena de violencia seria), entendía de sobra el pánico que se vive en esa situación. Imaginaba lo que es vivirla cuando se es una niña. Yo lo viví con mi padre, pero mi padre en pocas ocasiones llegó a la violencia física, aunque la verbal ya aterraba suficiente.

Conociendo su historia, la de Marie France, su pánico a los aviones se entendía de sobra. Cuando ella era niña creció sabiendo que si su padre se ponía muy violento había que salir de casa como fuera, a la hora que fuera. Me contó historias que yo también he vivido, de su madre cogiendo a los niños en plena madrugada y saliendo con ellos a la calle. Yo también he vivido esa historia, exacta, aunque, que yo recuerde, solo una vez. En su caso, al parecer, aquello sucedía a menudo. Por lo tanto, ella había crecido sabiendo que cualquier espacio cerrado, sin puerta abierta donde salir, significaba peligro. Su supervivencia dependía de tener bien identificada y a mano la salida. Esto se le había quedado grabado a fuego en el subconsciente, de forma que cuando se encontraba en un espacio cerrado, sentía pánico, pero no era capaz de identificar conscientemente el por qué.

Marie France siguió mi consejo y acudió a una psicóloga experta en fobias. A día de hoy, viaja en avión. Se toma una pastilla antes, claro, pero puede viajar en avión.

Otra conocida es una DJ muy famosa (de hecho, la única DJ mujer más o menos famosa y respetada en España). Sufre de ataques de ansiedad, de pánico escénico, hasta tal punto que tiene que cancelar actuaciones. Ha crecido sola con una madre sobreprotectora, que prácticamente no le dejó hacer nada sola hasta lo veintiún años. Nunca tuvo que limpiar su cuarto, prepararse la comida o coger un autobús al colegio. Por lo tanto, creció pensando, de forma completamente subconsciente, que era una inútil incapaz de hacer nada por ella misma.

De ahí el pánico a verse sola frente a una multitud que espera su música. De ahí que no pueda pinchar sola. En la cabina tiene que estar su mánager y su novia de turno (va enamorándose serialmente del mismo tipo de mujer). Cuando el mánager tiene que bajar a la sala a arreglar problemas de última hora o la novia de turno le ha dejado, y se ve sola en la cabina hiperventila, se marea y vomita.

En mi caso la ansiedad aparece en muchas ocasiones. Espacios cerrados, ruido extremo (excepto que sea un concierto, porque eso no es ruido, es música), el metro, las calles oscuras, el portal sombrío, cualquier sitio donde yo perciba que puedo volver a ser presa potencial para un agresor. También el contacto físico de desconocidos (no soporto que nadie me toque si no hay una situación de extrema confianza, tactofobia se llama) y, sobre todo, la intimidad (compromisofobia, se llama). Creo que voy a vivir con ella toda la vida. ¿Tú has sentido algo parecido alguna vez?

Mañana voy a Barcelona a visitar a ese hombre con el que te digo que he iniciado algo. Algo, no sé qué.

Y tú sigues sin contarme quién vive contigo.

Siempre tuya.

Atada

Llegué a Barcelona y allí estaba en la estación, esperándome, El Hombre De La Voz Profunda. Lo primero que sentí fue una sensación de rechazo increíble. Pero yo sabía de sobra que se trataba de una respuesta fóbica, no de una realidad, así que hice todo lo posible por controlarla. Me hacía gracia que él dijera de mí que no moderaba mi intensidad cuando me paso la vida intentando gobernarla.

Al llegar a su casa a su casa, la respuesta fóbica era todavía más potente. El apartamento es muy pequeño y es todo diáfano, de forma que si alguien quisiera estar a solas la única solución posible sería encerrarse en un cuarto de baño. Experimenté una sensación de pánico angustiante. Y tuve que hacer el mismo ejercicio de autocontrol que me vi obligada a ejercitar durante un año cuando ni siquiera podía subirme al metro sin que me dieran ahogos: Dividir la cabeza en dos y obligar a una parte de mí a tomar control sobre la otra. Repetirme una y otra vez: Son solo cuarenta y ocho horas, o ni siquiera eso. No es tan terrible, no estás en peligro, puedes controlarlo. Puedes controlarlo. Debes controlarlo.

Lo más curioso de su apartamento es que no hay un sitio donde tumbarse, como no sea en la cama enorme. No hay siquiera un sofá. Hay dos butacas enormes. Y yo estaba agotada. Así que me tumbé en la cama, y el resto era de esperar. Estaba ansiosa y yo utilizo el sexo como ansiolítico.

No puedo recordar exactamente lo que hicimos, no podría describirlo. Solo recuerdo la sensación. Un orgasmo detrás de otro, de forma que era como si fuese un orgasmo continúo. Subir, bajar. Olas. Una montaña rusa. El control se pierde de tal manera que uno no recuerda muy bien donde está porque todo se concentra en un solo punto. Sé que mucha gente no puede entender esta sensación porque no la ha vivido, pero quien haya tomado drogas alguna vez la entenderá. Yo a veces experimento la misma sensación con la música. Hay quien me ha contado que ha llegado a vivirla con el deporte extremo.

Salimos de allí y fuimos a tomar una copa. La sensación de agobio era cada vez más grande, y yo tenía que repetirme una y otra vez que no era real, que se me pasaría, que se trataba de una simple reacción fóbica y que tenía que sobreponerme a ella. Entonces él propuso llevarme a cenar. Y cada vez me sentía peor. Porque no me dijo a dónde íbamos. Y yo sentía que no tenía ningún control sobre la situación. Que estaba en manos de otra persona y de la decisión de otra persona. Cuando aparcó la moto y estábamos a punto de entrar en un restaurante, vi que estaba lleno de gente. Y pensé que no podía soportarlo. Si al pánico que ya sentía se le unía el ruido, el exceso de gente, el exceso de luz, sabía de sobra que me exponía a un ataque. Y yo no había tenido un ataque serio en quizá dos años y no quería tenerlo. Pero tampoco estaba en situación de explicarle a él exactamente lo que me estaba sucediendo. Por fin cambiamos de sitio y encontramos un local pequeño en el que estar solos. Al rato el local empezó a llenarse, el ruido empezó a ser insoportable, yo me sentía mareada, nos fuimos.

Volvimos a su casa y de nuevo a llenar el tiempo y el espacio con sexo. Yo era más que consciente de que estaba usando el sexo como ansiolítico, pero por otra parte él también me gustaba. Me gusta, de hecho. Me sigue gustando mientras escribo esto. O me gusta el recuerdo que tengo de él. Pero me pregunto cómo sería hacer el amor con él sin ansiedad, desde la confianza.

Habíamos hablado antes de practicar el sexo anal. Odio que no haya una palabra menos técnica para definir esto. ¿Sodomía? Sodomía es una palabra bonita, si lo piensas bien. Eufónica. Si una simplemente se limita a paladear su valor sonoro, es una palabra elegante, con reminiscencias árabes. Pero la hemos dotado de tal carga semántica que suena horrible. Yo no había hecho eso en años. El último, mi marido. El supuesto responsable de mis respuestas fóbicas. O al menos, su desencadenante. Bueno, eso es mucho decir.

Con mi marido llovió sobre mojado. Yo ya era una persona con problemas antes de conocerle. Si no, no le habría elegido y no me habría enamorado de él y no me habría casado con él. Pero desde luego él intensificó lo que ya había dentro de mí. Me convertí en un auténtico guiñapo, en una niña aterrorizada. Pero no le quiero hacer único responsable porque no tendría sentido, y tampoco sería verdad. Y porque si el responsable fuera él eso querría decir que yo no poseería la llave para salir de esa situación. Si haces de otro el responsable de tus males, eso significa que no tienes el mínimo control sobre ellos.

Bueno, seguimos con la sodomía. Era una práctica asociada a mi marido. Y puedo recordar exactamente la última vez que la practicamos. Tampoco es que venga a cuento contarla ahora, pero recuerdo incluso la fecha. No porque yo sea muy dada a recordar fechas sino porque coincidió con un festival de música. Por lo tanto, fue hace varios años. Y durante esos años no la había practicado nunca más, por razones varias. La primera, porque es difícil hacerlo si dos personas no están altamente coordinadas. La segunda porque, como he dicho, hemos dotado a la palabra de un campo semántico, y a la misma práctica de un significado que no tiene. Se supone que es algo sucio y humillante, pero no lo es. El caso es que si quien te lo hace lo percibe como algo sucio y humillante, te percibirá a ti como sucia y humillable. De forma que sencillamente no lo he hecho.

Fue muy fácil hacerlo con él, fue como hundirse en una bañera de agua caliente. Algo cálido, envolvente, hondo, casi hipnótico. Como si los dos ritmos compenetrados, las dos respiraciones al unísono, el mismo temblor, el mismo aliento, le pusieran alas a otra persona, desconocida, que estaba hasta entonces dentro de ti y se hacía cargo de ti, y sentía por ti. Percibí entonces que había cruzado una barrera y que de alguna manera desde entonces estaría unida a él por un hilo invisible. Lo extraño era que el hilo a él no le ataba, no le modificaba ni le concernía. Era yo la que se sentía atada, para bien y para mal. Atada en el sentido de pertenecer a alguien, pero también atada en el sentido de ser prisionera de alguien.

Me resultaba extraño despertar allí. Era una de los espacios menos acogedores que haya visto nunca. En primer lugar, porque él acababa de mudarse, pero no se trataba solo de eso. Todo parecía organizado para que no se viviera allí. El apartamento entero, lo he dicho, es pequeño y tiene un solo espacio, de forma que, por ejemplo, sería imposible cocinar algo sin que el olor de la cocina acabara impregnando las sábanas de la cama. Y como también he dicho ya, ni siquiera había un sofá, ni un rincón acondicionado para escribir o leer. Y al tratarse de un espacio diáfano, el único sitio donde uno podía encerrarse era el cuarto de baño. Es decir, si yo tuviera una taquicardia allí, o me diera por hiperventilar, no tendría cómo ocultarlo. De forma que una no podía decir "bueno, pues me despierto, dejo a este hombre dormir aquí, me cojo un libro, me hago un café y leo o escribo un rato hasta que se despierte". No hay café, no hay dónde sentarse e a leer un libro, de hecho, hay poca luz natural para leer un libro, y si yo salía de allí tampoco sabía dónde estaba, ni dónde había un bar cercano para tomar un café.

Me sentía enormemente atrapada.

Pero se levantó, nos duchamos, no dije nada de lo que me pasaba por la cabeza, y me sentí exultantemente feliz cuando salimos a la calle y por fin vi un día blanco, eclatante, esa euforia de sol que en las entrañas bate como un relámpago, el día luminoso y clemente, la serena luz dichosa del espacio sin límites, la libertad... Todo lo que asocio a la luz y a los espacios abiertos.

Ese hombre me gustaba mucho, mucho. ¿Por qué? Bueno, no hay razones para definirlo. No era increíblemente guapo estilo Martin Lavigne, pero era un amante increíble, tenía una voz maravillosa, era tranquilo, extremadamente educado y amable, tenía sentido del humor, y sobre todo tenía algo, una cualidad inexpresable, eso que se dice "tener ángel" y que en francés se dice "*debonair*", que es algo que suele tener la gente de buena familia y que se ha educado en colegio caro.

Juro que esa mañana, lo juro, pensaba que estaba enamorada. Y por supuesto, una persona que se auto boicotea tanto como yo no se iba a permitir experimentar esa sensación de euforia demasiado rato. Así que fuimos a un mercado de pulgas que se organiza en la ciudad y al que acude lo más granado de la modernidad local, y yo estaba eufórica, feliz, y angustiada por el peso que me suponía mi propia felicidad y el hecho de que ese momento de felicidad estaba ligado a otra persona y que por tanto le estaba concediendo, en mi cabeza, a esa otra persona, la potestad de convertirme en un guiñapo sollozante si él quería, en tanto le diera por cambiar de un día a otro de hombre encantador a ogro gritón. Y aquello era demasiado para mí. Y, por lo tanto, y como no podía utilizar el sexo de ansiolítico, dado que no podía follarme a aquel hombre en pleno mercado de abarrotado de modernos a plena luz del día, y como tampoco me podía poner a correr como una loca (el ejercicio es ansiolítico), me decanté por mi tercer ansiolítico favorito: el alcohol.

Dos horas más tarde estaba en el Apartamento Aséptico, en aquel cuarto de baño blanco e impoluto, frente a un tipo que no soporta que te dejes el tubo de pasta de dientes abierto y que lo tiene todo organizadísimo, en su sitio, y limpio como una patena.

Vomitando hasta la primera papilla, en un espectáculo supongo que nada digno de ver, frente a un tipo estupefacto que supongo que se arrepentía de haberme metido allí.

Evidentemente, estaba cantado que iba a tener un ataque de ansiedad.

Lo tuve de la manera más oportuna, en medio de un polvo. De repente empecé a hiperventilar y se me disparó el corazón. Solo los que hemos tenido ataques de ansiedad conocemos bien y en carne propia el sentido de la expresión "el corazón se me salía por la boca". Me encontré de pronto con el rostro bañado en lágrimas, todo a velocidad turbo, de cero a cien en menos de tres segundos.

Frente a un tipo ya decididamente estupefacto y patidifuso que evidentemente no entendía nada.

De nuevo el esfuerzo de autocontrol: Detén esto, está en tu cabeza, no es real, puedes pararlo.

He de decir que hace años no hubiera podido controlarlo, y que el hecho de que ahora haya aprendido a hacerlo dice mucho de la psicología conductista moderna y dice mucho también, por qué no, de mí misma y de mi capacidad de aprendizaje.

Pero lo que más pánico me dio no fue el sexo, no fue el verme encerrada en un espacio exiguo y sin luz en un barrio que no conocía de nada junto a un hombre al que apenas conocía, no fue el sentirme muy apegada a y por lo tanto dependiente de alguien. Lo que realmente disparó todas las alarmas fue que me abrazara. Y que me gustara.

Mi marido solía abrazarme. Al principio. Dormíamos abrazados, como dos hermanos siameses. Luego, a medida que nuestro vínculo se iba deteriorando, poco a poco dejamos de hacerlo. Al final pasábamos las noches en camas separadas. Eso no afectaba a nuestra vida sexual.

Teníamos sexo a cualquier hora. Por la mañana, por la tarde, a mediodía, por la noche. Y en cualquier sitio, en el salón, en la cocina, en la terraza, en la ducha. Pero no dormíamos juntos. A mí me molestaba que roncara, que se moviera, que ocupara toda la cama. Había dejado de sentirme en sintonía con él, había dejado de sentirme cómoda. El sexo era un ansiolítico, no un pegamento. Todo se estaba yendo a la mierda.

Desde que me divorcié, no me volví a abrazar a nadie más en la cama. Solo una vez me abrazó El Hombre Que Iba A Salvar a Cataluña. Y recuerdo que me susurró al oído que me quería. Probablemente fue la única vez que lo hizo. Luego, a la mañana siguiente, le debí soltar una de mis borderías de costumbre: "No estoy segura de lo que quiero, me siento incapaz de comprometerme, no pongamos etiquetas a nuestra relación", y supongo que desde entonces decidió dejar un espacio aséptico entre nuestros dos cuerpos cuando dormía a mí lado.

En cualquier caso, cuando El Hombre de la Voz Profunda me sostuvo entre sus brazos, y dormimos juntos y entrelazados, descubrí cuánto había echado de menos, sin saberlo, dormir ceñida a alguien, fijada a un cuerpo como el tronco a su tierra, con todas las raíces y todos los corajes. Y confirmé la necesidad que tengo, como cualquiera, de amor, de pertenencia y de calidez. Y la confirmación de esa necesidad profunda se me clavó como una daga.

Para terminar con mi desfile de comportamientos fóbicos, me toca describir una escena tan patética y tan ridícula como para que casi se me caiga la cara de vergüenza describiéndola. El Hombre de la Voz Profunda es fotógrafo. Y editó un libro con sus fotografías. Lo editó en colaboración con su antigua novia. Así que en la portada del libro salen dos nombres: el suyo y el de su ex. Y yo odio a las ex novias. Odio a las ex novias o ex mujeres porque estuve casada con un hombre cuya ex mujer llamaba cada día, cada día, unas tres o cuatro veces al día, con cualquier excusa. Una mujer cuya presencia invisible se imponía en todo.

A la hora de decidir las vacaciones, era ella la que tenía prioridad. En la casa había recuerdos de ella por todas las esquinas. Mi ex marido estaba arruinado porque había pactado pasarle a ella una pensión estratosférica, pese a que ella había trabajado toda su vida y no la necesitaba. A mí me parecía que había recibido los despojos, los pecios de un naufragio, y no se me olvidaba que cada vez que le pagaba a él un viaje de alguna manera estaba pagándole a ella su pensión. Ella a su vez vivía obsesionada conmigo, lo sé por amigas comunes. No hacía otra cosa que hablar de mí.

Yo representaba todo lo que ella no había conseguido en la vida. Yo era visible, una periodista de prestigio reconocida, admirada, Ella, promesa de gran pintora en la adolescencia, cuando ganó mil y medio premios, alentada a estudiar Bellas Artes por una familia que creía que albergaba en su seno a un genio, se había quedado en profesora de dibujo, y ni siquiera en una gran profesora, sino en simple interina que no llegó a sacar la oposición para plaza fija. Ella sentía que su marido le había reemplazado por alguien más exitosa y más visible. Ella concedía muchísima importancia al éxito y a la proyección externa, igual que su marido, el que después fue mi marido. Los dos sabían que él me amaba precisamente por eso, por mi éxito, que jamás se hubiera fijado en mí si yo hubiera sido una cajera de supermercado, de la misma forma en que se fijó en ella cuando ella era guapa y brillante y una joven promesa. A las dos nos amó porque brillábamos.

Ella y él sabían de sobra que él me amaba por mi brillo, por mi repercusión y por mi fama. Y yo, imbécil de mí, siempre pensé que él me amaba por mí misma.

En fin, yo le odiaba a ella, ella me odiaba a mí, estábamos unidas por un hombre y por el odio absurdo que nos profesábamos mutuamente. Pero cualquier psicoanalista de tercera regional podría haberme explicado, y yo en el fondo lo sabía, que el odio que yo le tenía a ella no era sino el odio que sentía hacia mis hermanas o mi madre, hacia las mujeres que mi padre, ausente y desapegado, había querido antes de nacer yo, porque me he pasado media vida intentando que me quisiera un padre que no podía quererme. Hasta que un día se murió y quedó claro que la batalla estaba perdida.

Cualquiera puede enfadarse, eso es algo muy sencillo. Pero enfadarse con la persona adecuada, en el momento adecuado, por la razón adecuada, no es algo tan sencillo. Esto lo dijo un filósofo griego, creo. O quizá no. Quizá simplemente se trata de uno de esos memes que se propagan por Facebook. Yo, por cierto, tengo tendencia a enfadarme con quien no conviene en lugar de enfadarme con el verdadero objeto de mi rabia.

En fin, volvamos a Barcelona, al apartamento blanco y al Hombre de la Voz Profunda. Yo cogí su libro y lo tiré sobre la cama, al más puro estilo de diva del neorrealismo italiano (siempre he tenido una retirada muy a la Anna Magnani), con la excusa de que no quería ver el nombre de ella en la portada. En realidad, ella a mí no me ha hecho nada, la pobre mujer. No la he visto en la vida, nunca he escuchado su voz, no hemos coincidido.

Yo estaba enfadada porque esa noche había sido muy consciente de mi propia vulnerabilidad. Estaba enfadada porque tenía miedo. Estaba enfadada porque tengo tanta rabia furiosa acumulada, tanta amargura ciega, tanto rencor enquistado, tanta violencia que no he podido devolver, que me sentía allí inerme, vulnerable y asustada. Invadida por resistencias opacas ofrecidas a manos que no sabían tocarlas.

Pero era muy consciente de que El Hombre de la Voz Profunda, pese a ser el destinatario de mi rabia, no era el consciente ni el responsable.

Qué culpa tiene él si yo he avanzado de rabia en rabia y tiro porque me toca, saliendo de un cuerpo, entrando en otro cuerpo, todos estos años. Y dentro siempre va una rabia oscura que ya no puedo explicarme. Porque es seguro que el silencio, si bien no da la serenidad, al menos sí puede evitar que el propio dolor cree malentendidos. Vivir para mí no es sino un abandonado ejercicio de extrañeza. Porque el día en el que repartieron los destinos parece que decidieron que mi destino sería el de no tenerlo, el de avanzar de rabia en rabia y de cuerpo en cuerpo, sin destino fijo.

De nada sirve escribir, cuando una escribe porque no entiende que tanto amor acabe llevando siempre a tanto daño. Yo hubiera preferido amar tranquila, haber sido amada desde niña, yo no quería arañar absurdamente un papel cada noche para encontrar así un resbaladizo asidero, o un lugar (aunque fuera simbólico) donde ubicarme. Un ridículo y frágil trampolín desde donde saltar hacia la nada. Y poder así acumular en el corazón, de nuevo, el apagado valor, la resignación tenaz que se precisa para encararse y decidirse otra vez a soportar los mediocres e impuestos infiernos de los días. Y es por eso que los inverosímiles montones de líneas que estoy escribiendo sin destinatario, todos esos diarios y cuadernos que por necesidad llené, desde la juventud hasta la adolescencia, para salvarme, no son sino la dolorosa crónica de todos mis fracasos.

Todo lo que he escrito no han sido más que el resultado del haber ido sin querer viviendo sobre el vertiginoso borde de un precipicio. Las palabras entonces no sirven: son palabras. Ese el peso que acepto. Comienzo a escribir y también la escritura llora, porque respira y quema, porque pasa. Me siento yo misma esa palabra que va ardiendo. Porque yo también ardo, y también paso.

La vida es tan sencilla que se explica por sí misma, se basta a sí misma. Vivimos los instantes explosivos de alegría o de dolor, de rabia o de amor, Y si no es que estamos distraídos, aburridos. No hay nada que esperar. No hay nada que temer. También la muerte llegará cuando nos sea fielmente necesaria y la recibiremos con verdadera ansia. Desde que nacimos nos estamos preparando para que nos consuma. Por eso, no debería tomarme la vida con tanta ansiedad.

Llevaba las pastillas conmigo. En teoría, ya casi las había dejado. Conocía el riesgo de adicción, sabía lo difícil que era dejarlas. Pero volví a ellas como en su día volvía siempre a los brazos de mi ex marido.

Sobreviví a Barcelona, al Hombre de la Voz Profunda y a su apartamento blanco, gracias a que me tomé tres o cuatro pastillas cada día.

Mi Muy Querido Martin,

Bueno, ya me lo ha captado. No, no vives con nadie. Tienes amigas que te visitan a menudo.

Me alegro que entiendas lo de mis problemas con la ansiedad y que no me veas como a una loca. Bueno, dices que sí me ves como a una loca, pero es que mi "encantadora locura" lo que te atrae de mí. No sé cómo tomármelo, la verdad.

En cuanto a lo que me preguntas de mi nuevo novio. En primer lugar, no es mi novio. Tampoco sé explicarte lo que siento por él.

Quizá funcione si lo hago con una metáfora: Todos sabemos que alguna vez nos hemos ido a comprar la camiseta del verano y nos hemos visto en la disyuntiva de elegir entre una camiseta bonita, vistosa, moderna, y que sin duda hará que resaltemos en cualquier garito de apabullante modernidad y no nos quiten los ojos de encima... pero cara, y la camiseta normal y corriente de algodón negro de toda la vida, que ya sabemos que es cómoda y nos sienta bien.

En mi experiencia la primera me suele sentar como un tiro y además destiñe en la lavadora, mientras que la segunda estiliza, marca un escote bonito, pero no demasiado llamativo, y es fácil de lavar.

También hay camisetas muy básicas, viejas, feas y arrugadas que tienen complejo de camiseta moderna, son incómodas, te destiñen la lavadora y te hacen parecer más vieja. Y encima has ido un montón de tiempo hecha unos zorros hasta que todo el mundo te pregunta por qué, con la de camisetas que hay, tú te empeñas en esa que te sienta tan mal. Y lo peor es que cuando intentas deshacerte de la camiseta te hace sentir culpable por haberla usado y encontrarse ahora en ese estado lamentable que ya no la quiere nadie...

En fin, te diría que él es una camiseta de algodón negra, no lo sé explicar mejor.

La foto del gato que has adoptado me encanta. Tiene tus mismos ojos.

Sigues sin decirme quién vive contigo en Fougères, pero no pienso forzarte a que lo hagas. Simplemente te escribo que me gustaría que me lo dijeras.

Me da vergüenza contarte esto, pero he vuelto a tomar Trankimazin. He dejado esta confesión para el final porque, como te digo, me da vergüenza. Vergüenza tóxica, supongo.

Siempre tuya.

Cuando uno renuncia a ser quien es

Las cosas continúan entre nosotros. Yo regreso a Madrid, él me envía mensajes. Estamos permanentemente conectados como por un cordón umbilical, a través de *WhatsApp*. Nos enviamos fotos, canciones. Él es editor de libros para niños, pero estudió Bellas Artes y se considera a sí mismo fotógrafo. Me envía fotos en blanco y negro de rincones de Barcelona.

Estamos unidos por un hilo invisible, imaginario, una hebra más delgada que el aire, un hilo con calibre de nada, que nos une cuando nos imaginamos o nos recordamos. Un hilo que da sombra a la luz más secreta del deseo, de la carencia, de la necesidad, de la falta. Después que nos vayamos, quizás quede este hilo uniendo nuestros sitios vacíos.

Nuestros dos hilos andaban flotantes, sueltos: pero un día sopló el viento del azar que venía de lo alto, que los empujó uno a otro. Y al tocarse se enlazaron, se estrecharon, sin remedio. No sé exactamente en qué punto dos destinos al apretarse, cruzados con el calor de dos cuerpos, creó un destino nuevo.

Por momentos me brillan tentaciones de cuchillo y pienso en cortar el nudo porque tengo miedo de que me acabe estrangulando. Pero si corto si el nudo cortaría mi propio yo. Cortar un nudo es cortarse. Siguiendo el hilo tenue del anhelo que enhebra esto y aquello con sus variaciones, el beso con otro beso, el cuerpo con otro cuerpo, la luz con la otra luz, el deseo con otro, una fantasía con otra, el hambre de amor que tira suavísimo de lo que existe hacia lo otro… Ese hilo no se rompe, se pierde muchas veces, pero nunca se rompe.

Este hilo no sirve para salir del laberinto.

Mi ilusión teje y desteje los hilos de la trama del espacio, mi imaginación frota una idea contra otra y enciende una lámpara en la iglesia de mi cabeza. De la enunciación a la anunciación, de la concepción a la asunción. La idea fija taladra cada minuto, el pensamiento teje y desteje la trama. Voy y vengo entre el infinito de afuera y mi propio infinito. Soy un hilo de la trama y un latido del minuto.

Hablamos al menos una vez al día. Su voz es como el eco de inauditas músicas, ni en los sueños sospechadas, o de músicas urdidas en la orquesta de mi cabeza. El prodigio insólito que logra que surja de la nada el milagro de la sinfonía donde se unen todas las voces.

Nos vemos cada quince días, un fin de semana él viene a Madrid, otro voy yo a Barcelona. El sexo es perfecto. Lo hacemos todo, nos besamos todo. Probamos todo. Puede ser el hombre más tierno del mundo, puede azotarme si le apetece. Yo le dejo que haga conmigo lo que quiera, que me chupe donde quiera y que me penetre por donde quiera.

Mi sexo se abre como una flor que accede, mi cuerpo descorre las aldabas de su ermita, se abre como un balcón que ostenta sus geranios, se hace cascada y olvida su tristeza. Se abre a ese fruto rugoso que va a hundirse con arrebato. Entre mis piernas pasa un río único, un lecho de agua viva. Entre los muslos el tiempo se para, se queda sin nacer, entre lo oscuro. Agua negra sin tiempo, sima profunda. Muchísima confusión.

El me estrechaba entre sus brazos chatos y se adhería a mi cuerpo, y me iba envolviendo, poco a poco, hasta lograr inmovilizarme. De cada uno de sus poros surgía una especie de uña que me perforaba la epidermis. Yo hervía y sentía que su sexo, como una exudación fosforescente, le iluminaba el cuello, las caderas, hasta que su se incrustaba en mi sexo, precipitándome en una serie de espasmos. Todo era fácil entonces. Y cuando lo escribo no sé de quién hablo, si de mi marido o del Hombre de la Voz Profunda. Porque me he ido enredando en una red de afecto parecida.

Al principio todo es bonito. Pero después, inevitablemente, llega la primera discusión.

Él tiene un amigo guapo, alto, inmensamente rico. Él tiene un amigo al que envidia. Yo tengo a Elo y él tiene a su amigo. Ambos tenemos espejos que nos enseñan lo que tenemos y lo que nos falta. Semejantes a la que nos parecemos, en la que nos reconocemos. Diferentes a los que envidiamos.

Él envidia a su amigo. Porque su amigo tiene todo lo que él desea. Dinero, posición, belleza, mujeres a sus pies. Una esposa rica y numerosas amantes.

Me lo presenta en un restaurante de Barcelona.

Yo soy terriblemente amable. Y a los pocos días el amigo me escribe.

El amigo me llama un lunes. Recuerdo que yo estaba en el cine. Hablamos unos diez minutos por *WhatsApp*, entre que empezaba la película. Le dije que le llamaría después. Llegué a mi casa más tarde de las doce, y estuvimos hablando toda la noche, quizá hasta las cuatro de la mañana. Todo empezó por sus problemas de ansiedad. Nos reconocemos en ese problema, en nuestra dependencia de las pastillas. Hablamos sobre nuestras respectivas experiencias.

Luego fuimos cambiando de tema y finalmente empezamos a hablar de la vida de cada cual, y de sexo. Evidentemente después del momento confesiones llegó el momento en el que él empezó a subir la conversación de tono... Y no, no fue sutil ni dio pie a malentendidos. Él fue muy directo. Yo seguí flirteando un rato, jugando con los malentendidos y los dobles sentidos. Después paré.

Pensé que quizá él no sabía que su amigo y yo nos acostábamos juntos. Puede que no lo supiera. Puede que fuera subido de coca. Puede que fuera el bajón del fin de semana. Puede que se sintiera solo. No sé por qué pasó lo que pasó.

Unos días después me volvió a llamar. Él sabía de sobra que yo estaba en un mal momento económico, porque se lo había dicho. Me contó que iba a montar un festival en un pueblo costero de la Costa Brava, que el patrocinio estaba asegurado. Por lo que contaba, parecía todo muy lógico. Él sabía que cuando yo era joven y tenía todos aquellos novios músicos a veces yo pinchaba en clubs, y que incluso de vez en cuando aún lo hago, en clubs de amigos. Me dijo que quería contar conmigo, que necesitaba una jefa de prensa. Le dije que comería con él cuando fuera a Barcelona. Me dijo que lunes, martes y miércoles su mujer no estaba en casa. Le pregunté claramente si con eso quería decir que contaba conmigo para algo. Es decir, que, si quería insinuar que como su mujer no estaba, era el momento para liarnos. Me dijo que no. Pero yo entendí que había querido decir que sí.

Me llamó tres veces más. Hablaba de su amigo, de mi amante. Decía que tuviera cuidado con él, que se trataba de un hombre difícil, que me daría cuenta con el tiempo. Le dije textualmente que yo no iba a consentir que nadie se metiera con alguien con quien yo mantenía una relación (de la naturaleza que fuera), y corté la conversación.

Y por último me llamó una última vez. Tuvimos una conversación muy subida de tono, con insinuaciones muy claras. La corté. Me dijo entonces que la propuesta de trabajo seguía en pie, que nos viéramos en Barcelona.

De vuelta en Barcelona, El Amigo Rico llama de nuevo, Quiere proponerme un trabajo. Me pregunta si podemos quedar a comer. Yo digo que sí. Cuando el Hombre de la Voz Profunda se entera, se empeña en ir. Pero a él no le ha invitado nadie. Yo insisto en ir sola. Y él insiste en que no.

–¿Sabes? –me dice–, mi amigo solo se acerca a ti porque cree que me está perdiendo a mí.

Me parece tremendamente vanidoso por parte del Hombre de La Voz Profunda. Y ciego. Es más que posible que El Amigo Rico me intente seducir llevado de morbo de querer levantarle la pieza a u un amigo. Pero estoy bastante segura de que yo le interesaba por mí misma.

Y es que hay cosas que el dinero no compra. No compra que alguien pueda escucharte cuatro horas y te entienda. No compra la inteligencia, no compra la cultura. Sé muy bien cómo son el tipo de mujeres que el Amigo Rico suele comprar. Son todas bellísimas. Pero es muy difícil que entre ellas encontrara a alguien con mi cabeza. Eso yo lo sé y él lo sabe. Y el Hombre de La Voz Profunda lo sabe. El Amigo Rico podría tener todas las cerámicas de Lladró que quisiera, pero yo soy una pieza única de arte conceptual, y rompieron el molde al hacerme.

El Amigo Rico busca una pieza más para su colección. Porque es un hombre que lo tiene todo, excepto la capacidad de disfrutar de todo lo que tiene.

Y yo soy esa pieza.

Y la discusión va subiendo de tono hasta que El Hombre de la Voz Profunda empieza a gritar. Y yo me pongo a llorar, hiperventilo, llega el conocido ataque de ansiedad. Siento un nudo en la garganta, no puedo respirar, el corazón se me dispara. El rostro se me inunda de lágrimas, se me seca la boca, tiemblo, me pongo a sudar, y siento como si un millón de alfileres se me clavaran en la piel. La sensación de ahogo es tan profunda que realmente creo que me voy a morir. Me meto una pastilla en la boca y me la trago sin agua.

De nuevo he caído en el pozo de la dependencia.

Para mí su mundo es sencillamente incomprensible. Es un nivel de dinero e hipocresía que se me escapa por completo. Yo no alcanzo a entender por qué en lugar de gritarme a mí El Hombre de Las Voz Profunda no llamó a su Amigo Rico y le preguntó directamente por qué quería quedar a comer conmigo

Yo sí alcanzo a entender lo que pasó con el Amigo Rico. Creo que se aburre mucho y que se mete más que mucho. Creo que aquel lunes estaba en pleno bajón de lo que se hubiera metido aquel fin de semana. Creo que probablemente esa noche de verdad necesitaba ayuda y que yo casualmente estaba ahí para escucharle. Creo que de verdad tira los tejos a todo lo que se mueve a ver qué cae. Entra dentro de lo posible que el asunto no fuera con El Hombre de la Voz Profunda, que no me captara a mí a mí para acercarse más a su amigo o hacerle daño, sino simplemente porque representé en un momento dado algo que no tiene.

Me sacaba de quicio que mi amante pensara todo el rato, en una espiral paranoica, que su amigo se acercaba a mí solo para hacerte daño y que yo "le seguía el juego". Yo desde luego me vi superada por toda la situación, e incluso tenía miedo. Estaba harta y confusa. En lugar de obcecarse tanto en que su amigo es un ser tóxico, El Hombre de la Voz Profunda debería pensar simplemente que su amigo es un niño, un niño que no ha crecido y que no sabe jugar a juegos de adultos. Debería deshacerse de la sospecha, de la paranoia, dela competencia, el rencor y demás, porque no merece la pena.

La gente que se desea demasiado se convierte a veces en tirana, si no sabe asumir ese deseo. Al desnudarnos descubrimos dos monstruos desconocidos que se estrechan a tientas. La sospecha nos atrapa en su red. Como dos dioses adúlteros nos acechamos feroces, nos engañamos, y nos castigamos, como el Olimpo castiga a los que no confían.

No sé en qué fuego cruzado me he metido. Sospecho que la relación que ellos dos mantenían sea la misma que yo viví en mi adolescencia con Elo. Demasiado profunda.

El Amigo Rico vive ahora una vida que El Hombre de la Voz Profunda no puede compartir, una vida de fines de semana en la casa de la playa y comidas de negocios en restaurantes caros. El Hombre de la Voz Profunda está viviendo una ruptura, y un duelo lógico. Desde que su Amigo Rico se casó, ya casi ha dejado de verlo. Está triste y debería asumir ese dolor, e incluso exteriorizarlo. Porque al ocultarlo y negarlo lo está sobredimensionando.

Soy consciente también de que El Hombre de la Voz Profunda tiene un carácter muy complicado (su propio amigo me lo advirtió) y es posible (solo posible) que ese carácter tenga mucho que ver con la burbuja endogámica y elitista en la que vive, es mundo de niños de papá criados en colegio caro, que conocían a sus novias en el club de hípica. Un mundo pequeño que tiene códigos que el resto de los mortales no entendemos. Pero El Hombre de la Voz Profunda no ha nacido para no expresarse y para ocultarlo debajo de capas y capas de hipocresía y buenos modales.

El Hombre de la Voz Profunda no ha nacido para renegar de su sensibilidad, y al final me ha quedado evidente que está transformando todo su dolor en ira. Le duele haber perdido a su amigo, pero no tiene ni el valor ni, quizás, la capacidad, de reconocer cuánto le duele. Le duele acercarse a mí, supongo, porque soy la prueba evidente de lo que podía haber sido y no es en la superficie, y lo que sigue siendo en el fondo (él es artista, pero nunca se ha atrevido a dejar su trabajo bien pagado y dedicarse por entero a la fotografía), y por eso actúa a veces con tanta rabia y con tanta distancia.

Porque yo soy como un espejo que le hace ver lo que es de verdad. Que le hace ver que lo que le gusta no es lo que le han enseñado a que le guste. Yo en él vi algo que no se ve a primera vista. Que existe debajo de todas sus capas de cebolla de ira, sarcasmo, distancia, debajo de su forma de hablar alargando exageradamente las vocales. Existe en el centro una persona excepcionalmente sensible e inteligente, dulce cuando quiere, atenta, e incluso analítica. Pero es fácil detectar el problema. Cuando uno renuncia a ser quien es en aras de convertirse en ser lo que los demás quieren que sea, el precio a pagar es demasiado alto.

No sé si todos los hombres educados en ambientes machistas y extremadamente competitivos son iguales, pero tengo la certeza de que hay una historia que se está repitiendo. No tiene sentido estar llorando por alguien a quien acabas de conocer. Los primeros días del amor deberían ser fáciles y no conflictivos.

Regreso a Madrid decidida a no volver a verle. Pero desde que cojo al tren hasta que llego a casa, ya he recibido casi treinta mensajes.

Perdóname, me dice, no volverá a pasar.

Mi Muy Querido Martin,

Hoy he soñado contigo.

Cuando he regresado, desorientada, desde de las blandas, dormidas superficies que dan casa a mi sueño, te traía en la cabeza. Y lo agradezco porque no quiero perder tu imagen, no quiero que llegue el punto en que no me acuerde de cómo eras y solo me queden las fotos que me envías por correo, que no tienen ni tu olor, ni la cadencia de tu caminar. Pero también te recuerdo de día, a todas horas. A veces es como si te llevara puesto, como si caminara contigo.

En el sueño, yo iba a visitarte a Fougères. Y nos encontrábamos en la estación de Béziers. Me decías que nos viéramos luego. Y te ibas, y me dejabas allí. Yo intentaba localizarte, pero no tenía tu teléfono. En lugar de haber registrado tu número en la agenda del teléfono resultaba que lo había apuntado a mano, en una agenda negra, la misma agenda que usaba cuando era joven, y lo había tachado después, y no lograba recuperarlo. Era todo muy angustioso porque sabía que te tenía al alcance de la mano, pero no conseguía acceder a ti.

Sé que significa algo, pero no sé muy bien qué.

No, no quiero hablar ahora de mi adicción a las pastillas. Hay temas de los que tú y yo no hablamos. Tú no me dices quién vive contigo en Fougères. Yo no te diré cuántas pastillas tomo a diario.

Siempre tuya.

Teme al miedo

El Hombre De la Voz Profunda está seguro de que su Amigo Rico no le mentiría. Y sin embargo sabe que su amigo miente a la mujer con la que vive, a la madre de su hijo, a la mujer de cuyo dinero vive. Que gasta el dinero de su mujer en pagar putas. Y viendo algo así, es decir, viendo que su amigo es capaz de mentir a quien debería ser la persona más importante de su vida, aun así, cree a ciegas que su amigo a él no le mentiría. Porque parece que en su mundo es aceptable que a las mujeres se nos mienta, pero a los hombres no. Y eso también me dio miedo.

Me dio miedo toda esa historia que no comprendía. O que, quizá, comprendía demasiado bien. Me dio miedo el conflicto. Me dio miedo tener que pasarme la vida mintiendo, o al menos ocultando una verdad. Sé que boicoteé todo cuando solté la verdad, que quemé todos mis puentes, pero también sé que una persona como yo no se calla toda la vida.

Pero me arrepiento de todas formas. No sé por qué me empeño tanto en buscar la verdad si la verdad absoluta no existe, y mucho menos entre amantes. O entre amigos demasiado íntimos.

El deseo no tiene esta o aquella forma, se detiene en muchas criaturas; todas son por igual pecadoras o santas. Y no es en ninguna de ellas donde en realidad reside, sino en la imaginación. En la imaginación que aguarda siempre, con los labios húmedos, con sus brazos abiertos, con las manos tendidas. Y es el deseo el que permite ver unos instantes el mundo como propio, y el cuerpo como propios, como lo fueron otros cuerpos que estrecharon mis brazos, hasta que la memoria se llevó sus mentirosas palabras.

Y desde mi primera pelea con El Hombre de la Voz Profunda, me quedé a solas con el deseo. Con este deseo que aparenta ser mío y ni siquiera es mío, sino el deseo de todos.

La mentira de la mentira consiste en darle la vuelta, como un calcetín o un abrigo viejo que se reforma para darle apariencia de nuevo. Toda nuestra verdad es no tenerla. En el revés de la verdad, en el otro lado de la mentira, en la frontera que no fuera dado trazar, en la línea divisoria que es difusa y se mueve, en ese lugar sin localización donde verdad y mentira aparecían como la misma respuesta a la interrogación que no hacemos, es en ese punto donde el deseo se siente más a gusto.

Por eso todos mentimos cuando deseamos, cuando queremos seducir al otro.

Y por eso en cuanto cae ante mis ojos y se desmorona la dorada ilusión de una creencia, es cuando me lanzo con mayor demencia a construir otra, y olvido el desengaño anterior y busco otro, que se llame Martin o Asier o Luis o Xavier o Adriana.

Y mi existencia va volando de cuerpo en cuerpo y de mentira en mentira, ilusa, necia, crédula, ignorante.

Me miento a mí misma cuando creo que todo se puede arreglar, cuando creo sus mensajes, cuando los respondo.

Mi Muy Querido Martin,

Dices que te halaga mucho que sueñe contigo, que tú nunca sueñas.

Me ha interesado mucho todo lo que me cuentas sobre tu retiro en Fougères. Como has decidido que " te conformas" y que ya no buscas nada más. Te podría decir que eres demasiado joven para tirar la toalla. Pero yo, que estoy tan perdida, no soy quién para darte consejos.

Me gustaría hacer como tú. Podría intentar decir: "soy feliz, me conformo", pero no puedo. Es como intentar explicar un sueño, dibujando los límites de cada cosa, de la propia identidad, de la presencia, de su centro justísimo.

Pero es como si hubiera llegado el invierno y se hubieran caído todas las hojas, las flores, y tuvieras que enfrentarte al despojado ramaje y al tronco último...

Y entonces te dieras cuenta de que en el fondo la copa no era tan real como creías, sino solo una ilusión.

En cuanto a mi "novio", como tú lo llamas. No, no es un novio. Es una relación hueca. En realidad, divierte un rato, pero no llena ningún vacío. Lo busqué porque creí que me llenaría más la conexión real con una persona que la multiconexión efímera y volátil con un montón de gente que no me quiere por lo que soy, sino que solo me envidia o me admira por lo que represento. Pero no me ha llenado.

Hay soledades que son muy fructíferas, las elegidas, pero la mía es una soledad bastante inútil, una vulgar vendedora de desilusiones. Es una soledad de naufragio, sin brújula en mano. Una soledad fría y hueca. Una soledad desnuda, sin sombras, que no hace señales y que pesa. Y que se hace mucho más evidente cuando has estado muy acompañada.

No le des importancia a mi relación, Martin, porque yo no se la doy. Asumo que acabará por romperse por la distancia, tanto geográfica como emocional, que nos separa. Aun así, si no me aferro a lo que tengo, a lo que siento, ¿qué me queda? Si ni siquiera me quedara la capacidad de sentir algo más o menos luminoso y puro, ¿qué me iba a quedar? ¿La capacidad de escribir o de crear? Esa no existiría sin mi capacidad de amar. Y entiéndase por amar no la devoción absoluta y profunda que imaginas, sino la capacidad de echar a alguien de menos cuando no está, de imaginarle, y, sobre todo, la calidez que sentía a su lado y la sensación de que podía permitirme, al menos en la cama, ser yo misma. Esto también lo sentí contigo, Martin.

¿Fuiste tú quien me dijo una vez que cuando dos personas se dicen "nunca me ha gustado follar con nadie tanto como contigo" se estaban diciendo "me gustas muchísimo", sin más? Él me lo dice, a menudo.

Tiene su lógica lo que me decías. Si lo pensamos bien, no podemos decir que nunca nos ha gustado tanto follar con alguien. Simplemente un manto benévolo de olvido ha hecho que borráramos lo muchísimo que nos gustó en su día follar con otro o con otra. ¿Puedo decir yo, con la mano en el corazón, que me gusta más follar con él de lo que me gustó con mi marido o contigo? Pues no lo sé, porque no recuerdo ya tanto sobre el sexo con mi marido. Pero sé que de mi marido estuve muy enamorada, así que cuando estaba loca por él es casi seguro que me gustaba con él más que con nadie, porque eso es lo que sientes cuando estás enamorada. Lo que te quiero decir, Martin, es que me gusta mucho el sexo con este hombre, pero también me gustaba contigo. Él es especial ahora, y tú fuiste especial en su momento.

Y seguro que a Él le encantaba el sexo con su ex novia (una de la que habla a todas horas, para mi descontento) y que en aquel momento pensaba que le gustaba con ella más que con nadie en el mundo, pero afortunadamente para él y para mí ya se le ha olvidado aquella fase. Y ahora puede decir "nunca me ha gustado tanto con nadie como contigo" porque lo que en realidad esa frase dice es "ya me he desenamorado, y estoy abierto para enamorarme otra vez, y aquí estás tú". Pero como tiene tanto miedo a enamorarse dice una frase que cree que le implica poco, que le compromete poco, pero que le compromete mucho. Siempre me dice lo mismo: Nunca me ha gustado follar con alguien tanto como me gusta follar contigo. Nunca me dice que me quiere.

Seamos realistas, Martin, yo no me he enamorado muchas veces. A niveles de intensidad salvajes, no. Me gusta decir que solo me he enamorado una vez en la vida, y que fue de mi marido, pero en el fondo sé que no es cierto. Me enamoré a los diecisiete años, y a los veinte, y a los treinta, y cada vez que me enamoré pensaba que aquel era El Mejor Polvo de Mi Vida. Me enamoré de ti y tú lo sabes, y en el fondo hay una parte de mí que sigue enamorada de ti, pero eso no me impide estar enamorada de otro. Tú, lo sé, me entiendes perfectamente. Los dos, tú yo, somos "corazones de alcachofa", y nos enamoramos, sobre todo, del amor.

Y evidentemente ese chico está enamorado de mí y yo también de él. Eso no quiere decir –no, en absoluto– que este chico quiera vivir conmigo, o tener hijos conmigo o pasar el resto de su vida conmigo. Porque no me ama, solo está enamorado. Eso quiere decir que se masturba pensando en mí, que se excita cuando le toco, que quiere sexo conmigo, aunque esté enfadado conmigo, que me responde los mensajes, aunque no me soporte, que lee lo que escribo en mi perfil de Facebook, aunque crea que no quiere saber nada más de mí. Que está dominado por una tormenta hormonal. Eso quiere decir, en mi caso, que cuando le veo solo pienso en follarle, que me río con cualquier estupidez que diga, que a veces, cuando me acaricia, siento que me humedezco, que siendo que todo el calor del mundo se me concentra allí, en el punto exacto donde sus dedos rozan mi piel. No quiere decir mucho más. Que estoy dominado por una tormenta hormonal análoga.

Estamos enamorados. Posiblemente sí. Pero "estar enamorado" no es lo mismo que amar. Amara va mucho más allá. Aunque nos hayan enseñado a confundir una cosa con la otra.

Estar enamorado no quiere decir nada, aunque quiere decirlo todo. Porque se pueden encontrar a lo largo de la vida muchas personas afines en carácter, en gustos, en opiniones políticas, pero no tantas que sean sexualmente compatibles, no tantas que enciendan una llama tan rápidamente.

Y porque esa compatibilidad sexual quiere decir muchas más cosas. Quiere decir que uno se da precisamente en ese momento, en el sexo, porque no sabe darse fuera, porque no sabe ser más amable, o más dulce, o más entregado, o más valiente, o más despreocupado, o más abierto. Porque fuera tiene miedo a la crítica, a la invasión, al abandono, al control, a la intrusión, al chantaje sentimental, a la presión, a la angustia… a todas esas sensaciones que ha aprendido a asociar con el amor. Y fuera de la cama se defiende, se acoraza, pero en la cama no. En la cama somos sinceros, no ponemos barreras, nos dejamos llevar.

Quiero decir, Martin, que me gusta este hombre, y que como solo se vive aquí y ahora, y no sabemos qué narices va a pasar mañana, no pierdo el tiempo con proyectos de futuro, con previsiones que no sé si iban a ser acertadas o no, en plan "pero no tenemos futuro porque él tiene muy mala leche o es muy raro o es muy pijo", sino que aprovecho lo que tengo en el momento presente, y después ya se verá. Puede pasarme como a ti, que mañana mismo yo tenga un ataque al corazón.

Por eso sigo con él, a sabiendas de que no llegaremos muy lejos. No me engaño con fantasías de futuro como me engañé con mi marido. Pero al menos la idea insistente de lo que pudo haber sido y no fue no me ronroneará todo el día por dentro como un motor ronco. Yo lo intento.

Martin, esta no es una Gran Historia de Amor. No lo es. Te digo que estoy enamorada, no que amo. Si me miro por dentro y me examino con detenimiento, veo que no lo es. Deseo mucho a alguien, pero no le entiendo.

Cierro los ojos para ver la luz que sobrevive al íntimo terror de mirarse por dentro y de disolverse en la total conciencia; disolverse como el fluido de los sueños en la frontera de la madrugada. Cada vez que deseo esa parte de mí que no quiero ver se abre como llamándome, como invitándome a su intimidad aterradora y dulce. Es una sensación desesperada.

Cuando miro hacia dentro las formas se deshacen, y no sé gestionar ni mis recuerdos, ni mis miedos, ni mis fantasías ni mis temores, ni todo eso que imagino y que puede o no puede ser verdad. Es entonces cuando el miedo hace su entrada e inicia su danza. Y el sentido de las imágenes que me ahogan se me escapa. El miedo se desliza vertiginosamente para tornar luego con nuevas y abrumadoras energías. Y siento cómo se me pasa la vida sufrida a sorbos, a amargos tragos.

Estoy intentado ser completamente honesta contigo, pero sobre todo conmigo.

Siempre tuya.

Testosterona

De casualidad, tomando un café en el Parrondo, leo este artículo en la sección de ciencia del Periódico.

"Las hormonas masculinas, especialmente la testosterona, son las que aportan la agresividad que permitía al hombre ir a cazar y matar a su presa. La testosterona es, en parte, la responsable de la supervivencia del hombre como especie, puesto que impulsaba a los hombres a buscar comida, a luchar y a atacar a sus enemigos. También es la hormona responsable de la barba, de la calvicie, de las voces graves y de la excelente habilidad espacial. Los barítonos tienen el doble de eyaculaciones que los tenores y mucha gente a la que se le ha inyectado esta hormona ha experimentado menos dificultades para leer mapas y guías".

El Hombre la Voz Profunda tiene barba muy poblada, se está quedando calvo, tiene una voz de barítono preciosa, de las mejores moduladas que he escuchado, y sí, mucha habilidad espacial. Fuimos a ver una exposición de fue capaz de corregir todas las fotos que tenían una mala composición. Yo veía también que las fotos estaban mal compuestas, pero solo cuando él me lo señalaba. Él lo captaba inmediatamente. También tiene un excelente sentido de la orientación, y se ríe de mí porque yo no lo tengo. Lo tengo, pero no tan desarrollado como él.

"La desventaja de la testosterona para el hombre moderno es que, a menos que tenga una válvula de escape en alguna actividad física, puede causarle problemas agresivos y sociales. Si a un hombre pasivo se le inyecta testosterona se convertirá en un hombre seguro de sí mismo y dominante. A las mujeres se les debería advertir del peligro de contables calvos, con barba y con voz de barítono, que son capaces de mirar el mapa y estornudar al mismo tiempo".

"Cuando los hombres llegan a los 50 o 60 años, sus hormonas masculinas decrecen y se vuelven menos agresivos y más cariñosos. En las mujeres, ocurre la

reacción contraria porque sus niveles de estrógeno disminuyen y los de testosterona aumentan. Por eso las mujeres, cuando alcanzan los 45 o 50 años se vuelven más firmes y confían más en sí mismas. En contrapartida, a estas mujeres les empieza a crecer más vello facial y sufren ataques de nervios".

Es decir, que quizá yo soy más propensa a los ataques de nervios ahora que he cumplido los cuarenta y quizá él es tan agresivo (verbalmente) simplemente porque tiene más testosterona de lo normal.

Si pudiera pensara así, si pudiera pensar que su carácter no tiene nada que ver conmigo, que no hay razón para tomarse las cosas tan personalmente, quizás no me habría tomado las cosas tan a pecho, quizá no me habría dolido tanto.

Y recuerdo a Martin Lavigne, tan rubio, tan barbilampiño, tan suave, tan etéreo. Su suavidad ondulante y su ternura larga. Su dulce voz de serafín humano, su armonía francesa, su rara gentileza, su discurso apacible, su acariciar de pluma. Su tibia languidez de ocaso. Su dulzura de panal. Su feminidad, en suma, que ahora resulta tan lejana, que no despierta siquiera nostalgia. Yo le quería pedir muchas cosas que no podía darme. Algo más que silencio exquisito. Algo más que aquel mirar fijo de sus ojos bicolores. Como si quisiera decirme que hay demasiadas cosas debajo de todo lo que no se dice.

Martin Lavigne no tenía nada que darme, porque le faltaba tanto.

Tenía la elegancia de una gacela, y como una gacela se alejó, delicado y callado. Se convirtió en el amigo constante que está detrás del teclado. Opuso una distancia de mil trescientos kilómetros. No quiso ser el compañero de vida, ni siquiera el amante. Y sin embargo siempre está ahí, siempre, a vuelta de teclado. Es una presencia constante, palpitante, plural. Una imagen invisible, que se siente, pero no se palpa.

De alguna manera, me da la impresión de que camino sobre sus huellas. De que ahora mismo El Hombre de Mi Vida no es el hombre con el que tengo sexo, sino el hombre con el tengo literatura.

Mi Muy Querido Martin,

Me parece absurdo que precisamente ahora, ¡ahora!, me invites a ir a verte a Fougères. Te explico: Una parte de mí desea ir, pero no puedo ir ahora.

Tú sabes perfectamente lo que siento por ti. Yo nunca lo he negado. Y sabes que eso no impide que sienta algo por otras personas. Algo ni mejor ni peor, distinto. Fuiste tú el que en primer lugar abortó la posibilidad de que nuestra historia avanzara, y a mí me pareció bien. Dices que lo mejor que puedo hacer es cortar de una vez la historia en la que me he metido en Barcelona, y no te quito la razón. Pero la cortaré cuando yo lo decida, no cuanto tú me lo aconsejes.

Es posible que no me mientas en tu última nota y que en tu retiro de Fougères pienses en mí. No dudo de que te hace mucha ilusión recibir mis correos. También sabemos los dos que es fácil que cuando yo hable con cualquier otro hombre termine por llamarle por tu nombre Y me repita, una vez más, que es vergonzoso perder lo que se ama por cobarde. Está muy claro que una parte de mí quisiera salvar esa distancia que nos divide, esa distancia geográfica y mental, y embriagarme del perfume de tu cuello. Aquel perfume tan dulce que tenías, casi femenino, mezcla de feromona y Eau de Rochas.

Está claro que quisiera confundirte en mí misma y hacerte parte de mí, convertirte en perfume y aspirarte en un soplo, como llevándome tu esencia. Está claro que no te he olvidado. Pero lo que pasó, ya pasó, y es posible que todo sea un recuerdo. Y que por eso ahora me haya embarcado en este confuso episodio de sexo y de celos en Barcelona. Porque me permite contener el deseo de desearte.

Es posible que yo intentara amarte, o que tú lo intentaras, si yo fuera a Fougères, pero no puede amarse desde la soledad y desde el miedo, desde la angustia y desde la duda. Tú sabes que yo me acuesto con otra persona. Yo sé que tú te acuestas con otras.

Nuestra relación epistolar es mucho más intensa que el sexo.

De momento, quizá es mejor dejar las cosas así.

Siempre tuya.

Los mejores amigos son los mayores enemigos

Desde Madrid, me pregunto por qué sigo pensando en el Hombre de la Voz Profunda. Pensando en si no será, como sugiere Martin, que utilizo a este hombre como escudo para defenderme de Martin.

Desalentada busco y busco un signo en el mapa, una señal que indique por dónde hay que moverse ahora. O incluso busco en la memoria a otra yo más feliz. Por ejemplo, la misma yo que paseaba con él por Barcelona, y que era luminosamente feliz, para que tome las riendas y me sustituya. Que sea como yo y en la memoria fresca de todo aquello (la mañana radiante después de la primera noche, la sensación de plenitud, los susurros cálidos y las sonrisas sinceras) perdure con el mismo temblor y el mismo aliento de la yo de entonces que se creía enamorada.

Una evoca su dulzura, su tormenta, y sabe que la nostalgia es seductora, parásita, perversa, omnipresente, que se mezcla con el flujo de la sangre y con el aire que respiro.

Vuelve terca la memoria una vez y otra a lo mismo. Como si fuera una abeja que entra al salón buscando en círculos las flores que estuvieron allí, en un jarrón, pero que ya se han llevado. Y sin embargo la abeja aún siente su perfume.

Yo entiendo en el fondo cómo se sentía El Hombre de la Voz Profunda. Su orgullo herido, su miedo.

Pero estar con él, a veces, me hacía sentir muy mal. Yo no pertenezco a su mundo de dinero y él, probablemente sin darse ni cuenta, se refería constantemente al dinero. Y parecía que todo lo que tenía valor para él tenía que ver con el dinero. Zapatillas caras, muebles caros, barrio caro, novias ricas. A su lado me sentía poca cosa.

En el fondo no dejo de ser una niña que no fue deseada y que no fue querida por sus padres, y sé que eso deja una huella muy profunda que dura toda la vida. Te sientes muy poco valiosa, muy insegura.

Cuando su Amigo Rico se acercó yo le dejé entrar. ¿Por qué? Porque era una forma de superar esa inseguridad. Si el tío con más dinero de Barcelona se acerca a mí (por más que el dinero no sea suyo, sino delegado por vía vicaria y genital, porque el dinero es de su mujer), esto quiere decir que yo no soy tan poca cosa, que puedo entrar en su mundo por la puerta grande, que valgo. Por supuesto él estaba jugando a seducirme, pero yo también alenté. Le dejé hablar todo lo que quiso y le fui dando carrete. Por eso me sentía tan culpable después.

En ese momento no era consciente del mecanismo que me movía. Lo soy ahora.

Pero precisamente los mecanismos inconscientes funcionan porque no son conscientes. Si yo hubiera tenido tan claro que yo necesitaba validación, quizá sencillamente te hubiera pedido por favor al Hombre de la Voz Profunda que se diera cuenta de lo que estaba pasando.

Es posible que el Amigo Rico jugara conmigo para jugar con el Hombre de la Voz Profunda. Tampoco creo que él, el Amigo Rico, fuera consciente. Porque, repito, si él fuera consciente del mecanismo que le mueve, no lo usaría. Podría ser mucho más directo. Pero me he dado cuenta de que yo fui una pieza de ajedrez en un tablero en el que ellos dos jugaban. Supongo que ellos también tienen sus complejos e inseguridades.

Creo que habrá ustedes escuchado muchas veces la frase "Los mejores amigos son los mayores enemigos". Tiene bastante sentido. Si dos personas crecen juntas, como ellos crecieron, acaban convirtiéndose el uno en el espejo del otro, cada uno le recuerda al otro lo que es y lo que no es. Eso nos sucedió a Elo y a mí. El Amigo Rico es el Príncipe, el seductor, y el que está validado por enamorar a tías valiosas y visibles. El Hombre de la Voz Profunda es el inteligente y el trabajador. En el momento en que el segundo haces algo que en principio suele hacer el primero (seducir a una mujer visible e importante), el primero se siente amenazado e intenta neutralizar el acto del segundo. Repito que no creo que el Amigo Rico sea consciente de la razón última de sus actos. Lo peor es que en este caso encontró a alguien muy necesitada de refuerzo. También es cierto que él es extremadamente seductor.

Y yo, desde el principio, sabía a quién quería, y que estaba utilizando a uno para validarme ante el otro.

Para el Hombre de la Voz Profunda tuvo que ser difícil sentirse desplazado y traicionado de esta manera.

Sus mensajes siguen llegando cada día. Me envía fotos, y más fotos. Me dice que me echa de menos, que tiene ganas de verme. Y yo recuerdo cómo me gritaba y tengo miedo.

Mi Muy Querido Martin

Después de leer tu último correo electrónico he salido a dar un largo paseo con mis perras para reflexionar sobre lo que me has escrito.

Me dices que no sabes si te hablo de él para darte celos. Te garantizo que jamás pensé que los sentirías. Al fin y al cabo, fuiste tú el que abortaste una historia de amor entre nosotros, después de nuestra noche en París. Me dices que sabes que no tienes derecho a sentirlos. Obvio, no lo tienes. Y me dices que te sientes escindido porque una parte de ti siente una curiosidad morbosa por saber si yo tengo una historia o no, y otra prefiere no saber nada.

Para tu tranquilidad, no creo que esta historia dure. La última vez que estuve en su casa de Barcelona, sufrí uno de mis ataques de ansiedad. El desencadenante fue que él me había gritado. Porque estaba celoso. Disculpa si no te relato la escena entera, pero es tan tópica que la puedes ver en cualquier película o leerla en cualquier novela barata. Eres escritor, te supongo la imaginación suficiente.

A mi regreso a Madrid, él me llama. Hablamos durante casi dos horas. Él está asustado por mi ataque de ansiedad. No quiere estar con una mujer tan intensa, dice. Todas las parejas discuten, dice. Nadie se lo toma tan a pecho, solo tú, dice.

Y yo creo que él proyecta sobre mí su culpabilidad, como si yo fuera una pantalla blanca. Si yo me convierto en una exagerada, en una intensa, en una histérica, entonces él ya no es ese celoso desmesurado, ese monstruo gritón, ese hombre incapaz de contener su rabia. Y empiezo a dudar de mí misma. Quizá yo soy demasiado intensa. Y probablemente, quizá, no lo sé, sea cierto que yo nunca debí flirtear con su amigo, porque fue un flirteo con un amigo suyo el motor de toda la historia. Y él me manipula, y me lleva a su terreno.

Así que nuestra relación continúa, Martin, en cierto modo. Seguimos escribiéndonos. Pero yo sé que no durará. Cuando no hay confianza entre dos personas, no hay cimientos para construir nada. Eso ya lo aprendí con mi marido.

Y además yo sé muy bien que una relación sólida entre dos personas no es una relación que desde recién nacida implique celos y gritos.

Eso también lo aprendí con mi marido.

Desde el principio mi marido y este hombre me han hecho sentir de la misma manera: como si deshojara constantemente una margarita imaginaria: "me quiere, no me quiere".

Con mi marido yo me refería al miedo a mi pasado fracaso para justificar mi miedo a otro desastre similar, y él se refería al miedo que su anterior matrimonio le había creado para aferrarse a mí desesperadamente. Y así, miedo frente a miedo, huida frente a persecución, la relación se iba empañando en una neblina densa y torturadora. Y en medio de esa neblina de celos y miedo, no podíamos vernos el uno al otro, sino más bien imaginarnos.

La baja opinión que cada uno teníamos de nosotros mismos nos incapacitaba para cortar con aquella relación insana. Porque cada uno pensaba de verdad que el otro, él, o ella, con sus indecisiones y sus miedos, era lo mejor a lo que podíamos aspirar. Yo siempre le estaba contando a él mis dudas, en lugar de decidirme a resolverlas, marchándome o quedándole, y a él se le iban acumulando la rabia, el dolor y la frustración.

Él se sentía rechazado y no estaba seguro de lo que estaba pasando, porque yo nunca le decía claramente "esto ha terminado". Yo le acusaba de intrusivo y de agobiante, y me veía a mi misma a la vez culpable y víctima, anhelante pero harta. Por eso yo me mostraba histérica y nerviosa, y de esa manera, creo, mi encanto disminuía a ojos de él. Quizá yo misma le confirmaba que sus dudas, que sus celos de loco, eran razonables.

Cada uno de nosotros se sentía desgraciado e intentaba controlar al otro de diferente manera: él buscaba desesperadamente la intimidad y hacía reproches y chantajes sentimentales. Yo, y le respondía con desplantes y salidas de tono.

Él se sentía rechazado y utilizado, y yo controlada y sometida.

Cada movimiento que él hacía para satisfacer su ansia de seguridad aumentaba mi angustia. Y yo respondía con contrataques que no conseguían alejarle, sino solo exagerar su sensación de soledad y desvalimiento. Cada número de celos de él suponía una huida por mi parte.

Nos enzarzábamos en discusiones constantes cuya causa aparente residía en temas como decepciones, malentendidos, agravios y desagravios, pero cuya raíz última no era sino una expansión cancerosa de la ansiedad que plaga todo amor. Porque de una cosa estoy segura: nos queríamos. Era un amor muy enfermo, pero era amor.

Era amor, pero sobre ese amor enfermo había mucho más. Un círculo de angustia en el que el temor que tenía cada cual de ser abandonado acababa confundido con el que tenía de ser oprimido. El miedo a habitar en el vacío dejado por la ausencia del otro. El miedo de acabar absorbido por la necesidad constante del otro.

Y, como los extremos se tocan, todo acababa en un círculo que giraba sobre sí mismo sin avanzar. El conflicto entre el deseo y a la angustia provocaba la confusión entre amor y poder, y nos ahogaba en una atmósfera de asfixiante intimidación mutua. Los apetitos que nos unieron al principio –el sexo, el deseo de sentirse amados y valorados– eran tan grandes que cuando el amor no lograba calmarlos, ambos acabábamos por preferir el calor de las discusiones a la frialdad de la separación.

Cada discusión engrasaba las ruedas complementarias de esta angustia en constante escalada y hacía que el mecanismo funcionara cada vez a mayor velocidad. Por fin yo decidí cortar y me sentí triste pero aliviada. Sabía que él no me echaría nunca de menos, que la verdad y la complejidad de una persona se reduce a una sombra, a una fotografía difuminada, cuando se la ve a través del miedo o de la angustia, del miedo a la invasión y de la angustia ante la separación.

Esta historia es una historia que se puede aplicar a muchísimas parejas. Podemos cambiar a veces el "él" por "ella". A veces es ella la que persigue, y él el que se siente oprimido. A veces él persigue y ella se agobia. Pero creo que reconocerás esta historia, que no tiene nada de especial. Fue la historia de nosotros dos, pero podría haber sido la de cualquier otra pareja. Seguro que tú, Martin, ya la has vivido infinidad de veces.

Toda relación que acaba suele acabar por algo parecido, aunque existan –en teoría– millones de razones diferentes.

Él me decía que estaba harto de mirar cada día compulsivamente todos mis estados de Facebook o de Twitter en busca de una pista por si había otro, harto de mirar, cuando yo viajaba, la última hora en la que me había conectado a *WhatsApp* para comprobar si de verdad estaba durmiendo como le había anunciado que iba a hacer o en último momento me había puesto el mundo por montera y me había bajado a un bar a charlar con alguien. Estaba harto de estar colgado de una mujer que en su opinión era imprevisible y que, a diferencia de su mujer anterior, tenía vida propia, una vida que no dependía de él ni le necesitaba. Y yo estaba harta, precisamente de que él chequeara cada día compulsivamente todos mis estados de Facebook o de Twitter en busca de una pista por si había otro, harta de que cada vez que yo viajara él comprobara la última hora en la que me había conectado a *WhatsApp* para comprobar si de verdad estaba durmiendo como le había anunciado que iba a hacer o en último momento me había puesto el mundo por montera y me había bajado a un bar a charlar con alguien.

Porque yo le adoraba, le adoraba desde el principio, adoraba su voz y sus ojos y su cuerpo y su polla y su forma de escribir, pero tenía miedo, y era comprensible que tuviera miedo.

Nos destrozó el miedo. No era miedo a la noche, ni a la sombra, ni a las tinieblas. Vivíamos felices en la oscuridad, acurrucados en ella, en posición fetal debajo de las sábanas. Teníamos miedo a la luz, al día, a la calle, a los otros, a enfrentarnos a la vida y al amor con tantas exigencias, compromisos, deberes. Teníamos miedo a obtener por fin lo que siempre quisimos y a no saber cómo cumplir con ello. Teníamos miedo a perder una libertad que en realidad nunca habíamos tenido, esclavos como éramos de ese mismo miedo. Teníamos miedo a llegar porque nos daba miedo el camino. Por miedo cerramos los ojos. Por miedo abortamos los versos antes de haberlos escrito, por miedo escatimamos las palabras, por miedo escatimamos los besos. Y por miedo replegamos las alas.

Pero dejemos a mi marido y volvamos al hombre que está en Barcelona. Creo que lo que este hombre me demuestra es que más allá de historias sin importancia que no tenían forma ni etiqueta, de cócteles en los que había mezclado alcohol con desesperación, miedo a la soledad, ansiedad, vanidad, existe una posibilidad de hacer que una historia dure algo más que cuatro o cinco polvos, existe una posibilidad de que yo pueda sentir algo, una posibilidad de abrir una puerta hacia otra vida diferente.

Releo lo que te he escrito y me doy cuenta de que te he escrito cuatro páginas y entonces me doy cuenta que más que escribirte a ti, me he estado escribiendo a mí misma, intentando poner en claro lo que pasó.

Quizá a ti, Martin, también te haya aclarado cosas.

Siempre tuya.

La sociedad del espectáculo

Un día recibo un mail de Adriana. Ha protagonizado un corto que ha sido seleccionado en el Festival de Microcortos de Madrid. El director y la actriz protagonista han sido invitados para presentarlo. Con todos los gastos pagados. Ella quiere que le acompañe a la fiesta de apertura del Festival. Me lo pide como favor, es tímida.

No pregunto por qué su nueva novia no le acompaña. Algo me dice que es mejor no preguntar.

El Festival de Microcortos está patrocinado por una famosa marca de whisky. Los cortometrajes que se presentan no pueden tener más de tres minutos de duración. Una vez se entregan al Festival, el Festival se reserva la opción de colgarlos en internet, siempre con la famosa marca de whisky a modo de cortinilla de presentación. La marca de whisky gana mucho, ya que estos cortos se suelen hacer virales. Y quien entrega el corto gana también, puesto que opta a la oportunidad de llevarse un premio en metálico.

Todo no es más que una cuestión de mercado, y el arte no tiene nada que ver en esto.

Adriana va vestida con un traje que corta el hipo. El traje es suyo, lo ha comprado ella. Lo digo porque en el teatro en el que se celebra la entrega de premios hay muchas mujeres con que lucen modelos increíbles, pero prestados. Las actrices llaman al diseñador de turno, él les presta el traje, ellas firman un contrato según el cual se comprometen a devolver el traje tal y como lo recibieron, ellas posan en el *photocall* con el modelo en cuestión, al día siguiente llevan el traje a la tintorería, dos días después se lo devuelven al modisto o al intermediario que ha negociado el préstamo, el *show room*. Muchas son actrices en paro, que no apenas tienen para pagar unos vaqueros de mercadillo, mucho menos un traje de Dolce Gabanna. Todas están esqueléticas. Se supone que porque hacen dieta y ejercicio, pero yo sospecho que muchas no comen simplemente porque no tienen dinero para hacerlo. Todo aquí es apariencia.

Entre todas esas mujeres que tanto se parecen entre sí, distingo, en el *photocall*, a Fulanita X. De noche, Fulanita y Adriana se parecen mucho. Ambas llevan una melena larga que les cae casi hasta la cintura. La de Adriana, lo sé, es natural. La de Fulanita no. Ambas llevan pestañas postizas, ambas van maquilladas de manera similar.

En esos momentos reparo en un hombre que me mira fijamente. Su cara me suena. Pero no recuerdo. Cuando se acerca, por fin me viene a la cabeza. Es El Hombre Bien Vestido, aquél que me enviaba aquellos mensajes tan cursis.

Se acerca a nosotras.

Lo hubiera podido confundir con cualquiera de los Hombres Bien Vestidos que pululan por allí. Todos visten igual. *Jeans* de marca, barba recortada con estudiado desaliño, gafas de pasta, chaqueta de lino.

No, no vivimos en la sociedad del conocimiento sino en la sociedad del espectáculo Nos exhibimos, nos dejamos ver, queremos ser diferentes, especiales, destacados, pero a la vez integrados. La moda pierde su originalidad en la medida en que la sigue el conjunto de los consumidores. Cuando se convierte en un estándar uniformizado se lleva mal con la necesidad de singularizarse. La necesidad individual o colectiva de distinguirse, que se supone que encuentra su expresión en la moda, acaba creando, paradójicamente, una uniformización

Tendemos a la integración: la voluntad individual se eclipsa ante el alma colectiva. Todos nos integramos en la masa, sucumbimos a su poder de sugestión y permitimos que influya en nuestros actos.

O sea, que en el esfuerzo de ser diferentes, de ser mejores, todos acabamos siendo iguales.

Por eso yo no he distinguido al Hombre Bien Vestido de tantos otros Hombres Bien Vestidos. Por eso Adriana, con su traje negro ceñido y su melena hasta la cintura, es tan parecida a tantas otras chicas similares que pasean por aquí.

Siento vértigo. Porque pertenezco, pero en realidad no pertenezco. Me invitan, pero no me integro. Quiero ser, pero no soy. No soy lo suficientemente glamurosa, ni guapa, ni delgada. Y si lo fuera, tampoco sería un mérito o una ventaja. Sencillamente, yo sería como tantas otras.

Me siento inmóvil en la turbamulta de cuerpos y de copas y de luz y de música. Me siento fija, pero a la vez danzante, en la rotación de esta feria de vanidades. Siento que cada movimiento de mi mano es un segundo congelado, ensimismado. De pronto, no tengo miedo ni esperanza. La nostalgia de lo que era antes de convertirme en esta personita frívola que no sabe a dónde va.

Y sobre todo el vértigo del tiempo. El gran boquete abriéndose hacia dentro del alma, cada vez más vacía, más hueca.

La vida cuanto más vacía, más pesa.

El Hombre Bien Vestido mira a Adriana como un niño frente al escaparate de una pastelería. Ganas me entran de besar a Adriana solo para ponerle nervioso a él, pero sé que aún sería peor. Adriana, en su pureza, ni siquiera repara en el hombre que la mira.

Finalmente, el corto no recibe ningún premio. Adriana se va a dormir a su hotel y no me pide nada. Es fiel a su nueva novia. A mí todavía me impresiona su tranquilidad de nieve virginal y sencilla, su dulzura, el asombro de niña que aún le despierta este tiovivo de celebridades y falsedad que a mí ya me tiene mareada.

La envidia dura siempre más que la felicidad del envidiado.

Y además los demás no son tan felices ni tan ricos como aparentan.

Como mucho, puede que estén más delgados.

A Adriana la echo de menos, con un sufrimiento orgulloso que tiene algo de encallecida distinción. Adriana no es ya Mi Mujer Dulce, es distinta. No exactamente más guapa o más feliz, o más adulta o más distante, sino distinta. Con señales y huellas de haber sido tocada por otras manos, y pensada por otra amante.

Pero allí sigue, con su dulzura de siempre y su calma.

Con todo lo que yo no tengo.

Mi Muy Querido Martin,

Te escribo desde Barcelona.

Yo he venido a pasar una semana a Barcelona, coincidiendo con las vacaciones de mi hija, que las pasará con su padre. Me he quedado en casa de "mi novio" como lo llamas tú, y él está siempre de mal humor.

No puedo ir contando aquí, una a una, todas las ocasiones en las que, durante cinco días, él reacciona de forma desproporcionada ante pequeños contratiempos. Como salta, como si le hubiera picado un bicho. Cómo le cambia la cara, la expresión, el tono de la voz. Cómo yo me siento cada vez más y más culpable. Pienso que yo he sido la que he detonado esta carga de dinamita, porque yo he flirteado con un amigo suyo. Y luego me doy cuenta de que pienso tonterías. Además, entre su amigo y yo no pasó nada, todo se quedó en unas cuantas charlas más o menos suidas de tono. Mo merezco algo así.

Y las palabras de ese hombre, de su Amigo Rico me resuenan en la cabeza. "Te advierto que él es complicado, tú no sabes dónde te metes". Es algo que me dijo la primera vez que hablamos. Y ese "tú no sabes dónde te metes" sonaba tan ambiguo que mi miedo es que el mal carácter del que tú llamas "mi novio" sea la punta del iceberg, que haya algo más que yo no sé.

¿Sabes? Su ex novia es amiga de un amigo mío. Puedo contactarla. He pensado en hablar con ella. Si hay algo más que yo debiera saber, ella lo sabrá. ¿Tú qué opinas?

Siento esta nota tan corta y tan abrupta y tan rara. Debes pensar que estoy loca.

Yo también lo creo, a ratos.

Siempre tuya.

Dios cuenta todas sus lágrimas

Las cosas van de mal en peor. Parece que él tiene los nervios a flor de piel. Todo le molesta. Vamos a un supermercado a comprar comida. Él no sabe cocinar, yo sí. Lo hago a diario. Estoy acostumbrada a hacer la compra. Sé hacerla en tiempo récord. El, sin embargo, es exasperadamente lento. Se toma su tiempo para elegir cada cosa. Mira la composición de cada paquete de cereales como si de la elección de uno u otro dependiera el futuro de la raza humana. Yo me desespero. "Pero ¿no puedes decidirte por uno de una vez?", digo. "¡Cállate!", grita él. El berrido se oye en todo el supermercado. Una señora se le queda mirando con los ojos como platos. Luego me mira a mí. Veo la compasión en sus ojos. Enrojezco de vergüenza. Salgo del supermercado, con los ojos empañados. Cuando él sale, no me dirige la palabra durante una media hora. Después, se pone a hablar de una película como si nada hubiera pasado.

En el Talmud hebreo está escrito: Cuídate mucho de hacer llorar a una mujer, pues Dios cuenta todas sus lágrimas

A la mañana siguiente salgo de la ducha con el pelo mojado. He dejado su cuarto de baño inundado, no sé dónde hay una fregona. Cuando él ve el pantano en que se ha convertido el cuarto de baño, se pone a gritar como si estuviera poseído.

Vamos a un concierto. Yo probablemente soy la mujer más mayor de todo el local. Los asistentes rondan la veintena. "Aquí está todo el mundo drogado", dice él. Probablemente tiene razón. Insiste en que nos vayamos, yo me quiero quedar, lo estoy disfrutado. Él se va, me deja con la palabra en la boca.

El sexo cada vez es mejor. Somos como una máquina perfectamente engrasada, que hace su trabajo de forma eficaz. Su trabajo es producir orgasmos. Los dos estamos increíblemente bien compenetrados. Parece que cuanto peor es nuestra relación en la calle, mejor es en la cama. Quizá porque él me crea tanta ansiedad que me he enganchado al ansiolítico que el sexo me da, a la oxitocina de cada orgasmo. Podemos follar dos, tres, hasta cuatro veces seguidas en una noche. Por supuesto, lo hacemos todo. Sexo oral, sexo anal, beso negro, todas las posturas posibles. Él se pone cada vez más violento. Al principio, me azotaba el culo de vez en cuando, casi como una broma, al final lo hace tan fuerte que me deja hematomas en las nalgas. Yo me doy cuenta de lo que está pasando: he despertado algo muy profundo en él, le he tocado donde más le duele. En su orgullo de niño machista y rico. Todo esto se me está yendo de las manos.

Le he tocado en su inseguridad, en la competencia agresiva que le vincula al Amigo Rico, ese amigo que es todo lo que El Hombre de la Voz Profunda no es, todo lo que su familia quería que fuera. El amigo triunfador, bien casado, rico, socialmente brillante, frente al amigo soltero, tímido, con un trabajo interesante pero mal pagado.

Lo que me pregunto es si El Hombre de la Voz Profunda se comporta así solo conmigo o si siempre ha sido así de gruñón, de complicado, de difícil. Si todo esto es circunstancial o irá yendo a peor.

Decido que solo hay una forma de salir de dudas.

Mi Muy Querido Martin,

Opinas que mi idea de localizar a la ex novia de mi "novio" es una locura. Y, aun así, he decidido hacerlo.

La Novia es pintora, no muy conocida. Ha expuesto en alguna sala de Barcelona, pero no tanto porque tenga talento como porque tiene el apellido necesario. Esto todo lo que sé de ella. No tiene perfil de Facebook, Twitter o Instagram. Al menos, no a su nombre.

Pero yo conocí a este hombre a través de otro amigo y creo que tirando del hilo no me será difícil llegar a ella.

Quiero saber si él me trata así a mí, en particular, porque está celoso o si simplemente se trata de la forma en la que acostumbra a tratar a las mujeres, en general. Todos nos comportamos de forma completamente distinta con nuestros amigos y familiares que, con nuestros amantes, y la única persona que le conoce en esa faceta tan íntima es ella.

Tengo miedo, ¿sabes? Y sí, todos tenemos miedo, Y el miedo nos paraliza. Y no nos deja vivir. Y en lugar de vivir simplemente avanzamos lentamente hacia la muerte. Y todos vivimos con la duda secreta de no habernos atrevido a nada. Prostituyendo al amor. Amando entre sombras, esquivando pasos, con la mirada baja. Cuando todos entran al amor por la puerta nosotros, como ladrones, nos deslizamos por la ventana. Y amamos en susurros, con las puertas cerradas, temerosos, convulsos, vergonzantes. Sintiendo a la vez amor y miedo. Hacemos un encierro de lo que debería ser espacio abierto, y hacemos un crimen de lo que debería ser un derecho. Amamos de puntillas. Con remordimiento. Convertimos la alegría en angustia, y la entrega en secuestro.

Pero esta vez tengo miedo en serio. Creo que mi miedo está más que justificado.

Y por eso no te voy a hacer caso cuando me dices que no debo hablar con ella.

Siempre tuya.

Su ex

El Hombre De La Moto Naranja está encantado de quedar conmigo, pero me advierte de que no cuenta con mucho tiempo. Estos días trabaja más que nunca. Quedamos en la terraza de siempre, a la hora de siempre, a las ocho. Se presenta tan guapo como siempre, casco de moto en la mano. Huele mejor que nunca.

Me cuenta que sus empresas estaban haciendo un ERE y como él, según él mismo se califica, es un "jefecillo", estaba advertido con tres días de antelación de quiénes eran los empleados a los que se iba a despedir, pero le habían prohibido decir nada al respecto. Uno de los que iba a ser despedido se acababa de meter en un crédito, precisamente para comprar el coche que debería llevarle al trabajo que ya no tendría, un crédito que no podría sostener. Varios de los futuros despedidos tenían más de cuarenta y cinco años y era difícil que encontraran otro empleo. La empresa no tenía pérdidas, en realidad iba mejor que nunca. Pero ¿quién quiere tener a ingenieros en plantilla que cobran tres mil euros si por ochocientos vas a encontrar a recién titulados que trabajen lo mismo o más?

–Y sabiendo todo esto –le digo–, ¿puedes dormir de noche?

–Bueno –me responde–, a veces lo paso mal.

Pero no parece pasarlo nada mal. Se está tomado un gin-tonic repantingando en la silla y sonriendo como un tiburón satisfecho. Lleva una camisa de Desigual de doscientos euros.

–Y ¿tu novia? –pregunto.

–Bien, no la veo mucho, con esta historia del trabajo, pero bien. Ella va como va, con sus depresiones y eso. Es una relación fácil, no se mete mucho en mi vida.

Me viene a la cabeza una conversación que mantuve con Laura a propósito de la muerte de la niña mimada de la *jet set.* Laura decía que estaba casi convencida de que se trató de un suicidio. Yo creo recordar que en su día la propia Laura fue de las que más atacaron a la *socialite* y de las que dudaron que su testimonio sobre los malos tratos que sufrió en su matrimonio fuera cierto. En el programa en el que Laura trabaja se habla sobre todo de política, pero la *socialite* había estado casada con un ministro, el mismo hombre que, por lo visto, le pegaba. "Pero –pregunté yo– tú sabías que él sí que le pegaba, ¿no?". "Sí –me dijo ella–, pero a mí me pagaban por crear polémica". De nuevo la pregunta: "Y sabiendo todo esto, ¿puedes dormir de noche?". "Es mi trabajo", me respondió tan tranquila. "La televisión es así y ella ya sabía a lo que estaba jugando cuando contó la historia a los medios".

Laura y El Hombre De La Moto Naranja se parecen mucho. Ambos son altos y guapos. A ambos se les percibe como triunfadores. Ambos carecen de conciencia. Ambos me atraen muchísimo y a la vez me inspiran miedo.

Yo tenía de jovencita un amigo medio loco al que se le ocurrió la feliz idea de tener pirañas en casa. Para alimentarlas tenía que comprar unos pececitos muy pequeños llamados guppies. Las pirañas pueden comer pienso, pero lo cierto es que se aburren: necesitan alimento vivo. Pues bien, las pirañas, a la hora de comerse al guppy, eran innecesariamente crueles: primero le arrancaban las aletas para que no se pudiera mover, y podían dejar al pez vivo, pero desangrándose, incapaz de moverse, un rato en el acuario, antes de decidirse por devorarlo. Mi amigo salió un día de marcha y tardó tres días en regresar (un tipo que tiene pirañas en casa no es, como imaginarán ustedes, persona de rutinas y costumbres muy estables). A la vuelta descubrió que varias pirañas se habían zampado a las otras, a falta de guppies para comer.

Cuando pensamos en un psicópata, la primera idea que se nos viene a la cabeza es la de un asesino en serie. Pero un psicópata no es necesariamente un asesino. Es simplemente un individuo que no siente empatía hacia el dolor de otros, ni remordimiento si ha sido él quien lo ha infligido. Existe un enorme debate científico sobre si el psicópata nace o se hace. ¿Acaso la sociedad no recompensa en muchos terrenos al individuo que demuestre tener menos escrúpulos y no lo propone precisamente como modelo de triunfador?

En una sociedad de predadores y presas como en la que vivimos, tenemos que recordar una cosa: Cuando las pirañas se coman a todos los guppies, van a empezar a devorarse unas a otras. Y no nos queda mucho para eso.

Lo que no sé es si los guppies algún día podrán aprender a organizarse y defenderse.

Yo le cuento a El Hombre De La Moto Naranja toda mi historia con El Hombre de la Voz Profunda. No se sorprende en nada. Al fin y al cabo, él es una piraña, y yo soy un pececito insignificante. Como buena piraña, encuentra de lo más normal, e incluso predecible, que el Amigo Rico me intentara seducirme.

–A Sandor le vuelven loco las mujeres. Todo el mundo lo sabe.

–¿Su mujer también?

–Sobre todo, su mujer.

–¿Sabes? Estoy un poco asustada por sus cambios de carácter. No los de Sandor, sino los de Xabier. Hay algo en él que no me gusta. Estoy loca por él, pero… me asusta. He llegado a pensar en llamar a Mireia y preguntarle por qué acabaron tan mal

–Tú estás loca.

–¿Eso crees?

–Sí, aunque te entiendo.... O bueno, no te entiendo, pero da igual, a ti no hay quien te entienda. La cuestión es que no puedes llamar a Mireia y decirle así, sin más: "Oye, que soy la novia de tu ex novio, que quiero hablar contigo".

–Pensé que igual tú podías presentármela…

–¿Yo? Si le habré visto cuatro veces en toda mi vida. Pero… Espera… Ahora que lo pienso… Ella ha ilustrado cuentos para niños, ¿lo sabías?

–No, Él no me lo ha dicho.

–Pues sí, de hecho, Él trabaja en la editorial de libros infantiles gracias a ella. Ella le enchufó.

–Primera noticia. Se suponía que El Hombre de La Voz Profunda llegó a la editorial por méritos propios.

–Digamos –prosigue El Hombre De La Moto Naranja– que has comprado su libro para tu hija y que te ha gustado mucho. Le escribes un email para felicitarla por las ilustraciones. Tú eres una periodista conocida, en el editorial seguro que te facilita su dirección.

–¿Cómo se llama el libro? ¿O cómo se apellida ella?

–No lo recuerdo, pero una de mis ex es amiga de ella. Espera, que le pongo un mensaje. Y conste que te ayudo, aunque creo que estás haciendo una locura, solo porque quiero saber cómo acaba la cosa. Por cierto, estás más guapa que nunca.

–¿Me estás tirando los tejos?

–Ojalá, no tengo tiempo ni para eso. Ahora tengo que volver a casa que mañana tengo que entregar un informe. ¿Te llevo a alguna parte?

A casa de Él, iba a decir, pero prefiero coger un taxi. No quiero que Él sepa que he quedado con su amigo. No me quiero arriesgar a vivir otra escena.

Me doy cuenta de que el momento en el que empiezas a mentir por miedo marca el principio del fin de una historia

A la mañana siguiente El Hombre De La Moto Naranja me envía un mensaje. El libro se llama "La amiga más amiga de una hormiga". Escrito por Anna Pont. Ilustraciones de Mireia Roñé. Me da también la dirección de email de Mireia, y su teléfono. Más eficiente que el MOSAD. Como buena piraña que es.

Mi Muy Querido Martin,

Sí, entiendo que te tengo en vilo. Quieres saber si he quedado con ella o no.

Pues te diré que tengo ya su teléfono y su dirección de correo. Pero no sé qué hacer.

Es que, en serio, últimamente estoy más confundida que nunca. No sé qué hago con este hombre. No sé si estoy con él porque se supone que si estoy sola soy una fracasada, no sé si estoy simplemente interpretando un papel.

Porque, ¿sabes Martin?, cuando uno adopta el papel que los demás quieren que represente y va negando su verdadero yo, acaba siendo como una planta marchita. Sí, creo que lo sabes.

Los hay que mueren de silencio de tragarse demasiadas palabras. Los hay que mueren de cansancio de todo lo que hay que cambiar para que nada cambie. Y hay quien muere de aburrimiento por empeñarse que nunca pase nada y nada cambie, en un mundo en el que todo cambia y constantemente ocurren cosas.

Hay quienes mueren de miedo ante la mera sospecha de que podrían darse de bruces con la verdad de sus actos, y hay a quienes les aterra que alguien pudiera sospechar que hay una verdad tras sus actos.

Los hay que acaban cansados de estar siempre consigo mismos, de despertase cada día, cuando termina el sueño, allá donde se encuentren, con las mismas palabras y las mismas mentiras, y los mismos trajes que visten sus amigos, y con el mismo barrio en el que ellos viven, en casas decoradas de forma parecida.

Pero un día todo se desborda. Llegan el cambio, o su promesa, venido de caminos que apenas se sospechaban. Puede venir de dentro, sin palabras, y crecer de forma callada y tenaz como crece una planta. O puede venir desde fuera, ardiendo, y romperse contra una inesperadamente. Y todo puede un día abrirse en nuestras manos con risueña sorpresa o con sorpresa amarga, desarmada, desnuda. Con lo triste de quien se ve de pronto cara a cara a un espejo y no se reconoce, y se mira los ojos y los dedos y busca su risa inútilmente.

Y en ese punto preciso estoy yo. ¿Por qué estoy con este hombre? ¿Por qué no le dejo? Te lo preguntas tú y me lo pregunto yo. Cuando descubro que no sé responderte a una pregunta tan simple y tan lógica, cuando veo que sigo siendo una yonki del deseo y del sufrimiento, cuando me reconozco en el espejo, en esa mujer amargada y fea que me mira desde el cristal, entonces, Martin, tengo un problema. Tú lo sabes, y yo lo sé.

Tengo que agradecerte que siempre estés al otro lado del teclado, que respondas a mis correos, que seas como mi alter ego.

Me sirves de mucho, pero tú no lo sabes.

Siempre tuya.

Un libro es un mapa

Me recorro casi todas las librerías del centro de Barcelona y el dichoso libro ilustrado por Mireia no aparece por ningún lado. En ninguna de las grandes librerías, como la Fnac o la Casa del Libro, tampoco en las pequeñas. Cuando ya lo doy por imposible me encuentro frente a una pequeña librería de barrio. Entro sin ninguna esperanza. Y resulta que allí está el libro. Me llevo el último ejemplar que les quedaba. Está estropeado, tiene la cubierta agrietada y sucia. Se nota que no han podido devolverlo al distribuidor.

No convencería a nadie diciendo que he comprado este libro para mi hija. Mi hija no lee libros para niños tan pequeños. Las ilustraciones no son nada del otro mundo, pero tienen su encanto. Son de línea clara, coloristas, alegres, fáciles. Pero el cuento no es nada especial. Entiendo por qué no ha sido un éxito de ventas.

Redacto unas cincuenta veces el email que voy a enviar. Finalmente es algo corto y conciso:

"Tengo en mis manos el libro que has ilustrado. Se lo voy a regalar a mi sobrina de cuatro años. Me gusta mucho el uso de la línea clara y los colores primarios en los libros infantiles. Desgraciadamente, en este país la literatura infantil ha sido durante muchas épocas una especie de vertedero donde cabía todo aquello que resultara vendible, aunque estuviera mal escrito o impreso. Parecía que bastaba con darle al niño subproductos de entretenimiento en los que pesaba más el valor comercial que la calidad. Y cuesta mucho encontrar un libro infantil español bonito. Por eso me ha apetecido felicitarte. Un beso".

La respuesta tarda apenas tres horas en llegar.

"Querida, qué sorpresa. Me alegra que te haya gustado el libro. Lo ilustré con mucho amor. Creo que tenemos un amigo común, Xavier Amat. Un cordial saludo".

Me da la impresión de que ella sabe de sobra por qué le escribo.

"En realidad tenemos dos amigos comunes. Tu contacto me lo ha pasado …".

"¿Ese que tiene una moto naranja?".

"El mismo que viste y conduce una moto".

"Oye, si estás por Barcelona, me encantaría tomar un café contigo. Te dejo mi teléfono…".

Ha sido mucho más fácil de lo que yo me esperaba. Supongo que ella ya sabe de mi historia con su ex y le ha entrado la curiosidad.

Envío un mensaje. Acordamos una cita. Al día siguiente, a las doce. Su ex amante, mi actual amante, estará trabajando. Nos citamos en una terraza céntrica

Mi Muy Querido Martin,

Esta es una nota muy corta, escrita desde el móvil.

He quedado con ella. He seguido un impulso.

Nosotros, gente como tú y yo, los que dependemos de lo que hay fuera, los cazadores de emociones, no nos acorazamos. Cada vez que chocamos con otro cuerpo lo acogemos como un feliz presagio inmerecido. Y al amor, como una promesa de redención de nuestros actos. Al amor lo acogemos en presente, sin buscarle esperanza de futuro, *como un cuento, contado por un idiota, lleno de ruido y furia y que nada significa.* Para nosotros la vida no es más que un andén desierto en que aguardar trenes de paso que tomamos hacia ninguna parte. Pero la vida preferida siempre ha estado en otro lugar.

En ese sentido, yo acogí a este hombre siguiendo a un impulso, y siguiendo al impulso, he quedado con su ex novia. Pero ella no me ha contado una sórdida historia de maltrato. Simplemente, me ha ratificado en la idea que tú ya tienes y me repites. No me conviene este hombre. Y sé que no me lo dices por celos, que tú te preocupas por mí. Lo sé. Es obvio.

De nuevo, te agradezco que estés ahí, aunque me digas que es solo porque tu retiro en la campiña es aburrido y aporto alegría a tus días. Entonces, yo te hago a ti un favor y tú a mi otro. Quid Pro Quo. Sinergia.

Siempre tuya.

Ella, que fue como yo, y ellos que son como yo

Antes de que ella se levante para saludarme, yo ya la he reconocido, aunque no la haya visto nunca. Algo ha resonado en mi interior, un eco de familiaridad. Es una mujer guapa, delgada, elegante. Me recibe con una amplia sonrisa. Si sabe que me acuesto con su ex novio, no parece molestarle.

No, no lo sabe. Aunque quizá lo sospeche. Y no está interesada en mí porque crea que me acuesto con su ex. Está interesada en mí porque sabe quién soy, ha leído mis artículos, me ha visto en televisión. Me ha googleado y ha descubierto que he escrito dos libros para niños... Eso fue hace años, antes incluso de casarme. No tuvieron, por cierto, ningún éxito. Le interesa saber si quiero escribir otro más, le gustaría ilustrarlo. Esto sí que no me lo esperaba. Le digo la verdad: ahora mismo no lo tenía en mente, pero tendré su nombre en cuenta en un futuro.

Después el tema va a Él y sin que yo le pregunte nada ella me cuenta toda la historia de su relación.

Cuando se conocieron ella estaba separada, pero aún no estaba divorciada. Su entonces marido no quería que ella se fuera. Por esa razón, ella no quería iniciar otra relación. Su historia con El Hombre de la Voz Profunda empezó siendo clandestina. Ella no deseaba que nadie lo supiera, no quería que llegara a oídos de su todavía legalmente marido. El Hombre de la Voz Profunda entonces era muy cariñoso y dulce. Era guapo, joven, muy bueno en la cama. Poco a poco, ella se fue enamorando de él, y entonces todo empezó a desmoronarse.

Lo que me contaba sonaba muy familiar. Ataques de ira repentinos, por razones nimias. Obsesión por el orden y la puntualidad. Gritos.

Algo me sorprende en lo que me cuenta. Nunca vivieron juntos.

–Pero él me ha dicho varias veces que vivíais juntos.

–¿Qué dices? Nunca, jamás. Solo se quedaba en mi casa los fines de semana en los que mis hijos se iban con su padre. O sea, una vez cada quince días.

–Y ¿existe alguna razón por la que él pueda creer que vivíais juntos?

–¿Qué razón va a haber? Pasaba mucho tiempo en mi casa, pero nada más.

–No sé, igual te ayudaba a pagar facturas o algo…

–¿Facturas? Él no me ha pagado nada en mi vida.

No me atrevo a decirle a La Ex Novia que Él dice que sí se las pagaba. Según él, ellos se ven a menudo porque ella tiene problemas de dinero, y él le presta.

–Más bien al contrario –prosigue La Ex Novia– hicimos un libro juntos, no sé si lo sabes… Un libro de fotos, fotos de Barcelona, para turistas. Yo hice todo el trabajo de maquetación y diseño gráfico, pero le pagaron directamente a él porque yo aún no me había dado de alta como autónoma… Hasta hace poco yo facturaba a través de la empresa de mi ex marido… Una larga historia. Bueno, pues ni siquiera me ha pagado ese dinero, aún me lo debe...

–Pero me extraña tanto… Porque él me hablaba de vosotros y decía que vivíais juntos, incluso decía que echaba de menos a su perro, que se quedó en tu casa.

–¿Su perro? Mi perro querrás decir. Mi perro ha sido mi perro siempre, yo fui a comprarlo, yo lo pagué, yo le llevaba al veterinario, el perro vivía en mi casa…

–Mireia, te lo digo en serio. Como veía que tenía esa obsesión tan neurótica por la limpieza y el orden, me resultaba raro que hubiera vivido con una mujer, y además Sandor decía que Xavier había vivido en casa de sus padres hasta hace poco. Así que le pregunté si vivía contigo, juntos, en la misma casa. Y me dijo que sí, que por supuesto, incluso pareció ofendido por la pregunta.

–Nena, mira… Él miente, miente mucho. Yo le he cazado en tantas mentiras que ya ni las cuento. Cuando salía de noche con los amigos, con Sandor y su farra, me decía a mí que se quedaba en casa. Y al día siguiente me llamaba la mujer de Sandor, toda llorosa, a decirme que se los había encontrado a los dos dormidos en el salón, borrachos perdidos, oliendo a humo y a perfume... Me acostumbré porque en el fondo siempre supe que no era el hombre de mi vida, que no era más que una historia de transición... Yo no quiero interferir en vuestra amistad, no quiero hablar mal de él, pero no te creas la mitad de lo que te cuenta. Ni el perro era suyo ni él vivía conmigo, ni me ha prestado dinero en la vida. Vivía con sus padres, ha vivido con ellos hasta hace poco más de dos meses, supongo que le debía dar vergüenza decírtelo, por eso se ha inventado que vivía conmigo.

Vergüenza es lo que siento yo ahora. De nuevo la vergüenza tóxica. Vergüenza por haberme dejado engañar de esa manera. Luego La Ex Novia se pone a hablar del Amigo Rico. Un tarambana, dice. Y lo de la mujer, no se entiende. Qué falta de dignidad. Coloma se compró un marido como el que compra un perrito faldero, un hombre guapo, alto y encantador, pero al perrito le encanta salir a buscar perritas. Afortunadamente ella, La Ex Novia, ya ha dejado de tener contacto con ese grupo.

–De verdad, yo soy mucho más feliz desde que le dejé, A mí, él me creaba ansiedad –me dice.

A mí también.

Esa noche le pregunto a El Hombre de la Voz Profunda, por segunda vez, si vivía con La Ex Novia (entonces novia). Se enfada, tal y como yo había previsto.

–Claro que vivía con ella –me dice.

–Pero la casa era de su marido, él de ella, no es como si la hubieseis comprado y decorado juntos.

–Pero yo vivía allí.

–¿Y pagabas las facturas? El agua, la luz...

–Pues claro, y se las sigo pagando. Si ella no tiene un duro, si está fatal de pasta... –y sigue la cantinela de siempre, que ya conozco de sobra, sobre lo buena persona que él es y cómo ayuda a La Ex Novia.

Le creo a ella. Por instinto, le creo a ella. También porque El Amigo Rico me dijo que Hombre de la Voz Profunda había vivido con sus padres hasta los cuarenta años. Y entonces caigo en la cuenta. Al Hombre de la Voz Profunda no le fastidia tanto que yo quede con su amigo por una simple cuestión de celos. No, no es eso. Lo que sucede es que tiene miedo. Miedo a que descubra su verdadera naturaleza.

Es un mentiroso.

Un mentiroso inofensivo, pero un mentiroso, al fin y al cabo.

Solo quedan dos días de vacaciones y no me merece la pena amargarlos contando la verdad. Además, sería traicionar la confianza de Mireia, y crear un conflicto innecesario. Yo sé que él miente, imagino por qué miente. Eso me basta.

El último día ni siquiera me acompaña a la estación, como hacía siempre. Dice que ha quedado con un amigo esa tarde. No da explicaciones sobre quién es el amigo, ni yo se las pido. Mi tren sale a las ocho. A las seis quedo con El Hombre Tremendamente Ordenado en un bar cercano a la estación. Le digo la verdad, le cuento que hace un año, leí sus mensajes de Facebook. No parece demasiado contrariado, tampoco sorprendido. Se diría que se le hubiera relevado de un peso pesado. Entonces por fin, me confiesa que está muy enamorado de su novia madrileña. Aquella chica cuyos mensajes leí yo.

–Entonces ¿por qué no te limitas a estar con ella, sin más, en lugar de perder el tiempo con ese extraño harén que te has organizado?

–Necesito volar, necesito experimentar.

–Tienes miedo a la intimidad.

–Tengo miedo a perder la libertad.

–El verdadero amor no te quita la libertad, te la da en todo caso. Pero me da la impresión de que en esta sociedad confundimos amor con intrusión, con posesión, con fusión, con chantaje sentimental... Y eso no tiene nada que ver con el amor.

–Puede que sí, pero en cualquier caso yo no estoy preparado para una relación monógama.

–¿Y estás preparado para perder a la mujer de la que estás enamorado?

–Probablemente sí.

Es extraño que quien me acaba acompañando a la estación y despidiéndome con un beso en el control de equipajes sea mi antiguo amante y no mi amante actual.

El Hombre Tremendamente Ordenado y yo tenemos el mismo tipo de madre. Vasca. Que es lo mismo que decir "una madre judía". Hay millones de libros escritos sobre la personalidad de las mujeres vascas. Vale, millones no. Pero hay mucho escrito. Artículos, libros, tesis doctorales.

El país vasco es matriarcal. Las mujeres podían heredar con los mismos derechos que los hombres, y las madres se hacían cargo de la economía familiar. Las madres vascas son tradicionalmente intrusivas y dominantes. Para que ustedes se hagan una idea les diré que en el programa más visto de le ETB (la cadena de televisión vasca) emitieron un *sketch* de mucho éxito en el que una madre le acompañaba a su hijo al prostíbulo. Ella era la que elegía a la chica. "A ésta no la veo muy limpia, ésta habla demasiado, ésta iba muy descocada". La madre vasca acababa por elegir a la menos vistosa de las chicas, a la más mosquita muerta de todas y, por supuesto, negociaba una considerable rebaja en el precio.

La madre de El Hombre Tremendamente Ordenado y la mía son parecidas. Muy intrusivas, muy controladoras. Y toda esta intrusión viene en nombre del amor. Yo lo hago por tu bien, yo sé lo que te conviene. A los dos han enseñado a confundir intrusión, posesión y chantajes sentimentales con amor.

Los dos hemos tenido un padre parecido. Y sin embargo muy distinto. El Hombre Tremendamente Ordenado tiene dos padres. Uno biológico, al que ha visto contadas veces en la vida. Uno postizo, que se casó con su madre cuando El Hombre Tremendamente Ordenado tenía dos años. Uno casi no existía en su vida, y el otro tampoco. Aunque el segundo convivía con ellos, no tomaba decisiones respecto a la educación de El Hombre Tremendamente Ordenado, o sus horarios o sus comidas o sus rutinas, eso le correspondía a la madre. Tampoco se implicó nunca demasiado con su hijo. No era sangre de su sangre, así que no tenía mucho interés en cuidarlo.

Mi padre también era un hombre muy distante. Casi nunca estaba en casa, y cuando estaba, tenía unos arrebatos de mal genio tan imprevisible y volcánico que sus hijos procurábamos evitarlo. A mí no me ha llevado al parque, ni al circo, ni al cine, ni ha jugado conmigo.

Todos amamos lo que amamos en nuestra infancia. Entendemos como normales los esquemas que vivimos. Nos sentimos atraídos por lo que nos resulta familiar. A El Hombre Tremendamente Ordenado le atraen las mujeres muy controladoras, muy intrusivas, muy manipuladoras. Se siente atraído por ellas, pero luego no puede soportarlas. Porque son difíciles de soportar.

Su antigua novia era así, y él salió huyendo. Su actual novia es idéntica, así que, para evitar la invasión, El Hombre Tremendamente Ordenado se protege. Se protege oponiendo distancia emocional: Ella vive en Madrid, él en Barcelona. Ha encontrado una mujer que le gusta, pero no por casualidad la ha escogido en otra ciudad. Y se protege también creando un escudo de infidelidad. Está con otras mujeres para evitar comprometerse demasiado con la que de verdad le interesa. Le interesa porque se parece a su madre. La teme porque se parece a su madre.

Yo tuve un padre distante, difícil. Como ya he dicho, tenía unos imprevisibles arranques de genio. Tuve que competir por conseguir migajas de su afecto. Contra mi madre y contra mis cuatro hermanas. Me siento atraída por un tipo de hombre muy particular que me recuerda a mi padre. Un tipo de hombre con el que es muy complicado mantener relaciones. Y sí con Él he podido durar tanto, es evidente que ha sido precisamente porque no vivimos en la misma ciudad.

Mi Muy Querido Martin,

Te escribo desde Madrid.

Me preguntas si he dejado o no he dejado definitivamente a este hombre. Seguimos escribiéndonos a diario. Pero él es mucho más frío que antes.

Las conversaciones siguen. Hay mucha conversación de alto contenido erótico, pero ya no aparecen los apelativos cariñosos del principio. Llevamos así un mes. Este viernes, llega un puente un puente feriado. Cinco días. De nuevo, mi hija irá a Barcelona. De nuevo, yo la acompañaré. Le he dicho que podemos aprovechar para vernos. Parece alegrarse. Le digo que prefiero quedarme en casa de Bernat. Parece alegrarse también.

No sé por lo tanto si tengo una relación o no. Creo que no. En cuanto a tu invitación para pasarme por Fougères en verano, creo que la aceptaré. Si para entonces aún quieres que vaya, claro.

Dices que me sientes como una presencia constante. Yo, por supuesto, te siento a ti también así. Me preguntas en qué se está convirtiendo esto. No sé, no tengo ni idea. Yo te escribo, tú respondes. ¿Es nuestra relación epistolar más sincera y más profunda que la relación sexual que mantengo ahora? Sí, no me cabe duda. ¿Quiere decir eso que quiera abandonar mi relación sexual? No, de momento no. ¿Sé a dónde nos conduce esto? No. Pero ¿qué más da? Al fin y al cabo, tú casi te mueres de un infarto este año, y yo me intenté matar hace no tanto. Podríamos no estar aquí. Así que ¿por qué darle tantas vueltas al futuro? El futuro no existe, no lo conocemos. Siempre es ahora.

Iré a verte. Cada vez tengo más ganas de verte. No lo dudes.

Siempre tuya.

Todo acaba

Por supuesto, él no viene a recogerme a la estación como antes hacía. Me voy a casa de Bernat. Después, acordamos una cita para comer. Por una vez, invito yo. Cuando salimos del restaurante él se dirige a su moto, yo me voy a regresar a casa de Bernat andando. Nos abrazamos, percibo su erección que se clava contra mi muslo. Se lo hago notar, él enrojece hasta la raíz del pelo. Le digo que podemos vernos más tarde si él quiere, me dice que tiene una cena. No pregunto con quién.

Al día siguiente vamos juntos a ver una exposición de un fotógrafo japonés y después tomamos una cerveza. Más tarde, dice que se tiene que ir, que ha quedado. Me extraña esta repentina vida social, en alguien que no solía salir tanto. En el pasado siempre salía con Sandor, pero ahora se ven muy poco. El mismo Sandor me lo confirmó. El mismo Sandor me dijo que si Él tiene amigos es porque los conocía a través de Sandor, que a Él siempre se le han dado mal las relaciones sociales.

Tercer día. Esta vez nos vemos por la mañana, para ver otra exposición de arte. De nuevo, me dice que no puede verme por la noche porque ya ha quedado. Le pregunto con quién ha quedado. Respuesta: "Eso a ti no te importa". Respuesta enormemente grosera, por supuesto. Le pregunto abiertamente si está saliendo con otra mujer. No, por supuesto que no. "Entonces, ¿por qué no me quieres decir a quien vas a ver?", pregunto. " Tú no tienes por qué fiscalizar mi vida", responde. Me parece una respuesta tan salida de tono, que me doy la vuelta y me voy.

Al día siguiente, sábado, me envía un mensaje. "Si quieres, podemos tomar un café". "Supongo que después, por supuesto, ya habrás quedado para cenar". "Sí, he quedado para cenar". "Entonces, prefiero no verte".

Esa noche lo paso verdaderamente mal. Sueño toda la noche con que él está con otra mujer. Es una especie de simulacro de sueño, es una noche en vela con imágenes intrusivas que roen el peligro en un hueso de insomnio, imágenes que entenebran toda mi cabeza. Imágenes distorsionadas. Los rostros se alargan de manera ridícula, o se acortan, tiemblan indistintamente, hasta volverse un juego monstruoso de caras inventadas. La mujer que está con Él es una mezcla informe de muchas mujeres distintas. Se oyen palabras claramente, pero no corresponden a la realidad, se atrasan, se anticipan, se montan sobre los gestos que yo adivino, no alcanzo a entender lo que dicen. Doy vueltas en la cama, con una fiebre tremenda, un dolor de cabeza, una náusea horrible. Con un clima de asfixia que impregna los pulmones de una anhelante angustia de pez recién pescado. Con un sudor adhesivo y errabundo, que me hunde en viscosas pesadillas de lodo.

En el fondo del sueño están los sueños. Estoy soñando con él, pero también con todo mi pasado.

Me tomo dos pastillas, y me odio a mí misma por hacerlo.

Al día siguiente esas imágenes perduran en la retina y la ansiedad infama la vigilia como infamó la sombra. Yo me doy cuenta de que mi subconsciente me está enviando un mensaje. Él está con otra. Es evidente. Entonces ¿por qué no me lo ha dicho claramente? Porque si ahora tiene una novia es imposible que la relación se haya asentado en dos días. Por lo tanto, mientras me enviaba mensajes eróticos, mientras jugaba a mantenerme pendiente de él, ya estaba iniciando una relación con otra. Como mi marido, como Chester Benington, como El Hombre Bien Vestido, va enlazando relaciones sin transición. Y él no puede admitirme esto. Se inventó que vivía con Mireia. Se inventó que le pagaba facturas a Mireia para darme la imagen del hombre generoso, preocupado por el bienestar de su ex. Si admite lo que ha hecho, destruirá la imagen de sí mismo que ha creado.

Mi Muy Querido Martin,

Ayer, a mi regreso a Madrid, en el tren, sufrí otro ataque de ansiedad. El latido del corazón se me desbocó, la boca se me quedó seca, empecé a sudar copiosamente. Tuve que arrastrarme hasta el cuarto de baño, sentarme, doblarme sobre mí misma, la cabeza apoyada contra las rodillas, ensayar la respiración profunda y la relajación muscular progresiva tal y como me ha enseñado mi psicóloga. Mi hija no entendía por qué estuve media hora en el cuarto de baño.

Llegué a mi casa, y le dije a mi hija que me encontraba muy mal, que me dolía la cabeza. Me metí en la cama y me quedé inmediatamente dormida. Eran las ocho de la tarde. A la mañana siguiente mi hija me zarandea, asustada. He dormido doce horas, ayer le fue imposible despertarme, se hizo ella misma la cena y se fue a dormir.

Martin, me he dado cuenta de que he vivido una copia de la que fue mi relación con mi marido.

Primero, el me busca. Yo represento algo que a él le gusta. Yo soy visible, conocida, prestigiosa. Después, me bombardea con mensajes de amor. Empieza a hablarme de su ex constantemente, y a compararme con ella, a crear un triángulo. Más tarde, llegan los arranques de cólera y el desprecio. Por último, las mentiras.

Pero todo se ha comprimido. La relación con este hombre ha durado cuatro meses, la de mi marido duró cuatro años. En el caso de Él el proceso se ha acelerado, pero en ambos casos el patrón ha sido casi idéntico.

Martin, siento como si tuviera una maldición que contamina todos mis amores, que me quema la sangre. Como si atrajera siempre lo mismo. Me siento indigna, y estúpida.

Gracias por estar ahí. Por leerme. A veces te siento como el fiel de mi balanza. Lo único estable de mi vida.

Siempre tuya.

Los hombres que no saben aburrirse

Cuando estoy revisando lo que he escrito hasta ahora me doy cuenta de que, de una manera u otra, todos mis amantes sin importancia, todos esos rostros borrosos que durante varios años han pasado por mi vida han ido reapareciendo de una manera u otra. Todos menos uno. El italiano. Y solo por ver lo que pasa, le envío un mensaje.

"Hola, no sé si me recordarás".

"Claro que te recuerdo", me responde.

"Me gustaría hablar contigo", le digo.

"Cuando quieras, hoy mismo si quieres".

La vehemencia de la respuesta me deja helada. Al fin y al cabo, solo nos vimos una vez, y no nos hemos visto desde entonces. Pero esa misma vehemencia me fascina. ¿Está muy desocupado? ¿Muy aburrido? Casualmente, es una de las tardes en las que la niña tiene actividades extraescolares. Es fácil por lo tanto que quedemos, tengo libre hasta las ocho. Así que accedo. Nos citamos en un café debajo de mi casa, un café antiguo, de veladores de mármol. Masoquista como soy, le espero en el mismo rincón en el que me solía sentar con El Hombre Que Quiso Salvar a Cataluña.

Cuando llega, casi no le reconozco. Ha engordado mucho en estos años, aunque sigue siendo un hombre guapo. Me tranquiliza el hecho de no desearle.

Es difícil explicarle lo que quiero. Verás, te he llamado porque… ¿porque estoy escribiendo sobre lo negada que soy para las relaciones personales y porque he estado recordando como hace años me dejaste una huella tan profunda como para que años después no la haya olvidado? No, no le puedo decir eso. No dejó una huella profunda. Le idealicé, como idealicé a Martin Lavigne, como idealizo a todos los hombres inaccesibles, convirtiéndoles en un Hombre Ideal que solo existe en mi cabeza, vistiéndoles con el ropaje de mi fantasía.

Pero, desde luego, era más fácil idealizarle cuando estaba delgado.

Sí, sigue con su novia, la misma de entonces. Y entonces "¿por qué has venido a verme?", le pregunto. "¿No puedo verte si tengo una novia?", responde él. "¿Sabe ella que has venido a verme?", pregunto yo. "No", me confirma. "Entonces", digo yo, "ya te has respondido".

No me apetece intentar reproducir toda la conversación, fue demasiado larga. Él hablaba y hablaba con la misma voz cálida, profunda y envolvente de la primera vez. Yo me enamoro de él como me enamoré de Martin, de Él, de El Hombre Que Quería Salvar a Cataluña, sin profundidad, sin la profundidad del amor que sentí por mi marido, simplemente fascinada por detalles que se van repitiendo en hombres diferentes. Me enamoro de la misma voz bonita que resuena desde las gargantas de hombres distintos, me enamoro de una misma forma de vestir que llevan hombres varios, me enamoro de la inaccesibilidad que exhiben hombres diversos entre sí pero iguales para mí.

No hace falta ningún Doctor Freud para explicarlo: me enamoro, una y otra vez, del eco del padre que no tuve.

Y todos esos hombres casados, emparejados, que como este italiano se acercaban a mí ¿qué buscaban? ¿Por qué parece que nadie es capaz de conformarse con lo que tiene? Frente a mí tengo a este hombre que lleva varios años de feliz relación con una chica que, según me cuenta, es guapa y tranquila. Pero me quería ver, me dice, porque se siente muy atraído por mí. Incluso si tiene que mentir a su novia, incluso si arriesga todo lo que tiene, su apacible vida de pareja, incluso si arriesga el privilegio de saber que puede contar con alguien que le cuida, que le escucha, que está allí cuando le necesita, quiere verme.

Porque se aburre, intuyo.

Es ese aburrimiento de nuestra sociedad líquida, que nos exige de forma implacable que nuestros corazones y nuestras cabezas funcionen a más velocidad que el acelerador de partículas suizo. Y por eso esos hombres que me gustan –tan desaliñados, tan postmodernos– se aburren y huyen como locos de ese estado. Esos hombres que han crecido, desde pequeños, estando siempre activos: dos y hasta tres idiomas, artes marciales, fútbol, tenis, pádel, conciertos, y el gran supermercado de la diversión: televisión, videojuegos, PlayStation, wi, mp3, Ipad, IPhone, móviles, Internet, redes sociales, adrenalina, adrenalina, adrenalina.

Caminando por la vida con el sobrepeso de una mochila exterior bien equipada y repleta, pero con la mochila interior vacía.

Mi italiano es un hombre aburrido, un hombre sin interioridad, programado para vivir constantemente con un afán de novedades que hace que su cabecita rubia se disperse y se desquicie ante el *horror vacui*. Horror a quedarse en blanco y sin nada que hacer.

Un hombre de profundidad superficial, de hartazgo hambriento.

Estamos sobrestimulados, sobrestimulados las veinticuatro horas del día. Nuestros abuelos no podían escuchar música a no ser que la tocaran o acudieran a un concierto, pero nosotros tenemos música a todas horas, en tiendas, en bares o incluso en el autobús. Cuando viajamos en metro consultamos nuestro teléfono móvil. Y si vamos a la playa no podemos limitarnos a tomar el sol: tenemos que tomar una foto de nuestros pies y colgarla en Instagram.

Lo que hoy atrapa nuestra atención, mañana nos es invisible. Nuestro modus operandi es la distracción permanente. Su novia seguramente es un encanto, pero no es una cebra y por lo tanto a veces le aburre. Y está claro que él no puede permitirse aburrirse. Así que yo no soy su objeto sexual, soy su objeto intelectual. Quiere quedar conmigo para disfrutar de una conversación inteligente, porque en su casa ya tiene sexo.

La verdad es que debería sentirme holgada o admirada, pero me siento utilizada.

Mi padre y mi madre nunca se fueron infieles, creo. Pero nunca esperaron tanto uno del otro. Él quería una mujer que se ocupara de su casa y de sus hijos. Ella buscaba un hombre que trabajara para proveer a su casa y a sus hijos. El nunca esperó de ella que entendiese sus conversaciones sobre política y ella nunca esperó de él que le gustase la música. Él iba solo a los mítines, y ella iba a conciertos con sus amigas. No creo que se demandasen mucho el uno al otro sexualmente.

Vivíamos en la España franquista, en la que las mujeres se dividían en dos, las santas y las putas, en las que no podía haber mujeres desnudas ni el cine ni en la televisión ni en la publicidad, en la que una pareja que besara apasionadamente en un coche corría el riesgo de que le multaran por escándalo público. A mi padre le bastaba, supongo, con poder tener sexo, y no creo que se le ocurriera pedir posturas raras, ni felaciones ni sexo anal. Discutían mucho, por supuesto, pero si alguna vez mi madre fantaseó con dejarlo –y sé que lo hizo muchas veces– no es porque echara de menos lo que le podía dar otro hombre, sino porque pensaba que estaría mejor sola.

Pero este chico rubio que tengo ante mí espera mucho de su novia. Espera que sea guapa y tranquila, y buena en la cama, y cariñosa, pero espera también que comparta sus aficiones, y que pueda mantener una conversación sobre Walter Benjamin y sobre Sebastián Salgado. Porque le han convencido de que su pareja debe serlo todo: cuidadora, amante, esposa, confidente y frontón intelectual. Y se decepciona al comprobar que algo falta.

Y entonces lo busca en mí, en lugar de buscarlo en sí mismo.

Sé lo que me está ofreciendo. Pasar a ser la amante, entrar en una competición con la posibilidad de que, en un futuro, si me porto bien, pueda llevarme el premio gordo: a él, en exclusiva. Sé lo que me está ofreciendo. Angustia y noches en vela. Mentiras y culpabilidad. Esperanzas pobres, sueños desconfiados.

Es increíblemente guapo, es culto, tiene la voz preciosa.

Pero no quiero pasar otra vez por un martirio de pasión y triángulo.

Mi Muy Querido Martin,

He seguido tus consejos y he bloqueado su número. Ya no puede enviarme mensajes ni puede llamarme. Ese es el fin de la historia. Así de abrupto. Como un corte de guillotina. En esta guillotina invisible, yo he puesto la cabeza de mi deseo. Pero, aunque la guillotina ha separado limpiamente la cabeza del tronco, hay vísceras que se estremecen y sienten: órganos que siguen viviendo.

He decidido cortar la rosa, pero de cualquier manera se iba a secar y deshojar. Sabía que al final sobrevivirían solamente las espinas.

Detrás de mis cuatro paredes, empiezo a ser feliz a mi manera. No exactamente feliz, no es eso. La felicidad era lo que viví con él, a ratos. Esto es tranquilidad.

De esta soledad extraigo palabras. Ignorando el tropel de gente que camina en la acera, corriendo hacia no se sabe dónde. El bullicio de afuera no turba mi interior. Sigo escribiendo. Estoy desnuda frente al teclado, en todos los sentidos.

Ahora necesito que me dejen tranquila y que se acostumbren a estar sin mí. Pido muy poco, casi nada, casi todo. No es que vaya a morirme, es que voy a vivir. He vivido tanto que me aterra vivir otro tanto.

Ayer, aburrida, frente al ordenador, me dediqué a buscar amigos en Instagram. Gente a la que no había visto en años, amigos de Madrid o de Barcelona perdidos en el embrollo de estas ciudades proteicas, convulsas, en permanente movimiento, de estas ciudades saturnales que devoran a sus hijos, de estas ciudades de relaciones de zapping.

Entonces tecleé tu nombre.

Tú no tienes perfil. Pero aparece alguien que le ha etiquetado así: #martinlavigne. Como si se tratara de un tema, no de un nombre. Tu nombre aparece en muchas fotos en el perfil de una mujer. Fotos de todo tipo. Sentados en la terraza de un café. Cogidos de la mano en una fiesta. En un barco. En un restaurante. Miro las fechas. Hace 32, 31, 30, 29... semanas. O sea, en la misma época en la que tú y yo nos acostamos en París.

Voy mirando. La relación ya ha acabado, porque hay un momento en el que dejas de aparecer. Hay fotos de Fougères. Deduzco que esa es la mujer de la que me hablaba Elo. Ella tiene mi edad. Lleva botox, eso es evidente. No sé cómo me he dado cuenta tan rápido porque normalmente no me fijo en esas cosas, pero su expresión en todas las fotos es tan rígida, tan estereotipada, tan planchada, que no he podido evitar reparar en ello. Es rica, seguro. Antibes, Portofino, Sicilia. Vestidos de Lacroix. Botas de Jimmy Choo. Fiestas. ¿Necesito saber más? Al final todo resulta tan sencillo como ir a Google y teclear su nombre.

Actriz, ex modelo. Casada y después divorciada con un arquitecto famoso. Lució en la ceremonia un vestido especialmente creado para ella por Valentino. Pinta. Ha expuesto en algunas salas. Es curioso porque se parece mucho a la ex novia del que tu llamabas mi "novio". Es ahora cuando empiezo a sospechar que Mireia también lleva botox. Hay algo en la expresión de ligero asombro de ambas, con los ojos demasiado abiertos, que coincide. Ambas están muy delgadas. Ambas pueden permitirse una dieta cara, alta en proteínas, y muchas horas de gimnasio. Tienen el tiempo y el dinero. Ambas tienen ese aire ligeramente superior de las mujeres ricas. Yambas pintan. Pintar, por cierto, también es un entretenimiento de mujeres ricas. Es caro (los lienzos y las pinturas no son baratos), y requiere de mucho tiempo.

Me alegro de haberlo sabido ahora, y no haberme enterado en su momento. Habría sufrido mucho. Pero no por vanidad, Martin querido, sino por haber repetido el esquema de infancia: competir con otra mujer por el amor de un padre. Y convertir a esa mujer en mi doble y mi rival.

Toda esta dinámica de celos, de competencia, yo la juego en el campo de lo imaginario, de las imágenes, de lo especular, de las apariencias. Por eso, esas mujeres se presentan ante mí como algo que no son, como simples peones de un juego Un juego que se llama. "O yo, o la otra". No las reconozco como diferentes a mí, sino que solo las veo como extensiones, como imágenes en un espejo.

Y así defino el amor de la misma manera que lo hizo Lacan: "dar lo que no se tiene, a quien no lo es".

Empecemos por la segunda parte: "...a quien no lo es". Porque cuando yo amo, idealizo al objeto del amor. El Martin Lavigne que yo construí en mi cabeza no es el Martin Lavigne real. No es tan perfecto como yo lo había imaginado. Es una persona común, un hombre más, un ser humano con todas sus virtudes y defectos.

Tomemos ahora la primera parte: "dar lo que no se tiene". Esto que no se tiene, es lo que nos falta, es lo que nos hace sujetos imperfectos, por lo tanto, deseantes. Capaces de desear, de amar.

"Dar lo que no se tiene", es decirle al objeto de amor: "Te amo, te quiero, te deseo porque llenas mi falta, eres lo que me falta. Apunto a la perfección y creo que contigo lo lograré, pues tú representas el ideal que tanto anhelo".

Entonces, ya cobra sentido la definición completa de amor: "Dar lo que no se tiene, a quien no lo es". Te amo porque me siento imperfecta, porque siento que algo me falta, y porque te he convertido en el ideal que llenará mi falta.

Se trata de una ilusión, por supuesto. El objeto de mi amor es un ser humano común y corriente, tan imperfecto como yo. Pero esta ilusión, esta mentira, este baile de máscaras, da sentido a la vida, anestesia el dolor, y permite proyectar y proyectarse.

Yo me miento, y coloreo la realidad con mi paleta particular. Todo lo que sucede lo interpreto de la forma que a mí me da la gana. Yo convierto a los hombres en ídolos. Les despojo de su realidad y les visto con un traje de superhombre. Antes o después, me doy cuenta de las cosas. La realidad se impone y el ídolo se desmorona.

Porque en el fondo escondo una personalidad débil, dependiente, insegura, carente de autonomía. Porque en el fondo sigo siendo una niña pequeña que no soporta la idea del abandono, la idea de que le dejen sola. Y siento que cualquier otra persona me puede arrebatar mi tesoro, que tengo que competir con las mujeres por un trofeo. Como si las demás fueran ladronas en potencia.

Y así me aferro a mi propia mentira con uñas y dientes, como un niño en edad de transición se aferra a su osito peluche y no lo suelta ni para dormir.

Mi temor no es un temor a que mi pareja tenga sexo con otras personas, es el temor a ser abandonada.

Y ahora que soy capaz de verlo, debo ser capaz de ver a Mireia o a Anne o a Emma o a cualquiera de las mujeres con las que he tenido que competir como lo que son: Mujeres. Nada más.

Ni mis hombres erais tan maravillosos, ni ellas eran tan peligrosas.

Eso fue lo bueno de tener a Mireia (la ex novia del que tú llamabas "mi novio" de Barcelona) frente a frente. La vi, y dejé de por lo tanto de imaginarla. Cuando Él hablaba de ella yo la imaginaba y la sobredimensionaba. La creía más bella, más elegante, más sensible. Y es bella, elegante y sensible, pero no es no mejor ni peor que yo. Simplemente es otra.

Otra única e irrepetible, como lo puedo ser yo. Si Él me ama o no me ama es una cuestión entre él y yo que no tiene que ver con terceras.

Si tú me amaste o no, eso no tiene que ver con Anne sino con tu propia naturaleza. Y todos los celos, la obsesión que yo viví con Emma, la primera mujer de mi ex marido, se me revelan ahora como infantiles y tontos.

Deduzco que la invitación a Fougères por tu parte llegó cuando te diste cuenta de que todo había acabado definitivamente con Anne.

Martin, quiero ir a Fougères, quiero estar tranquila, me gusta tu casa, tus fotos, pero por favor, no intentes "ascenderme" de posición. Fui tu amante, me convertí en tu amiga, quiero seguir así.

Estoy cansada de dar algo que no tiene a alguien que no está. Quiero tener contacto con la realidad, aunque la realidad no me guste. Aunque la realidad me asuste.

Siempre tuya.

Una historia de martirio y triángulo

Emma desconocida pero demasiado conocida. Emma que fuiste la razón de tantos de mis celos…

Desde la noche de los tiempos han sido muchas las personas que se han martirizado en un triángulo amoroso. Y muy pocas de entre ellas han salido indemnes. Tú y yo no hemos sido precisamente unas pioneras.

Desde que nos enredamos en esta situación ridícula, cuando yo me casé con el que había sido tu marido y tú no quisiste aceptarlo, ¿nos podemos considerar víctimas del destino? No, en absoluto, nosotras nos lo buscamos. Fuimos nuestros propios verdugos.

Sea cual sea el vértice del triángulo en el que una se coloque (en esta peligrosa y decepcionante geometría), se va a sufrir. Da igual que una sea la amante o la esposa, la primera mujer o la segunda. Celos, culpabilidad, sentimiento de traicionar o de haber sido traicionado, de ser deshonesto, de ser poco más que una cucaracha.

Los tres vértices sufren, nadie sale ganando. Incluso el que gana, pierde. Porque la victoria siempre sabe amarga en un caso así. Y te lo digo yo, que era la que se suponía que llevaba la mano ganadora.

Como decía Jung, todo lo que no es consciente actúa como un destino. ¿Nos podríamos considerar tú y yo, la una y la otra, como víctimas de nuestro destino? Somos víctimas en tanto que hemos intentado ejercer el control o la voluntad, en lugar de aceptar sin más. Cuando ignorábamos nuestras necesidades, contribuíamos a nuestro propio dolor.

Si nos enganchamos en un triángulo, es por algo. El triángulo se convierte en el espejo que revela. Tú eras mi espejo. Si habíamos elegido al mismo hombre, fue porque éramos imágenes coincidentes. Y en algún momento adquirí la fuerza suficiente, la fuerza de conciencia, para entender que mi situación no respondía a un sortilegio o a una fatalidad inmutable, sino que la situación estaba en mis manos. Tuve que revivir nuestro triángulo, escribirlo, para entender que siempre estuve allí porque quise. Que nadie me obligó a jugar aquel juego autodestructivo.

Poco importa lo que de verdad sucedió. Lo que importa es cómo lo viví yo, subjetivamente. Una cosa es cierta, yo te humillé, probablemente, pero yo me sentía también humillada por tu poder. Me resulta aún angustiante darme cuenta de hasta qué punto, en mi fondo más profundo, me dejó tocada aquella derrota con apariencia de victoria.

Es importante no huir del destino, es importante acogerlo y abrazarlo, asumirlo, esclarecerlo. Esclarecerlo desde la calma, jamás desde el juicio o la moral. Acoger el destino no es ser pasiva. Es comprender lo sucedido, interiorizarlo, valorarlo.

No, no fuimos víctimas. Ni tú ni yo.

Cuando negábamos nuestras emociones, nuestros deseos profundos, no queríamos leer los mensajes que la vida nos enviaba. Tú me enviabas tantos mensajes que no quise leer. Demasiado tarde me di cuenta que debí haberte hecho caso desde el principio. En lugar de temerte, en lugar de odiarte. Debí haber entendido lo que querías decirme. Bueno, no querías decirlo. Pero lo expresabas. Tus llamadas angustiadas querían decir algo. Pero yo no quise verlo.

Durante mucho tiempo, mucho tiempo, pensé en escribirte. Una vez lo hice y el resultado fue tan catastrófico que aprendí a tenerte miedo. Ya no te tengo miedo porque ya no puedes hacerme nada. Y no puedes hacerme nada porque él (tu ex, mi ex, nuestro ex) tampoco puede hacerme ya nada. Todo lo que podía quitarme, me lo quitó. Amigos, reputación, energía, salud mental, tiempo. Algo de dinero, también.

En la distancia, lo veo como un vampiro que se va alimentado de la energía de los otros. He deseado su mal tantas veces que si los deseos tuvieran la fuerza que tantos seguidores de la New Age o de los cultos ocultos creen que tienen, a estas alturas él (tu ex, mi ex, nuestro ex) debería ya estar con un pie en la tumba. Pero los deseos no cruzan el espacio y se convierten en dardos venenosos. El sigue sano, aparentemente feliz. Supongo que, enganchado a la coca, todavía. Pero puede estar años enganchado a la coca.

Mi amigo Bernat tiene la teoría de que la cocaína le hace un favor a la sociedad. Porque los heroinómanos se mueren, y antes de morirse roban. Roban a sus familias y a sus amigos y a los transeúntes por la calle, y se convierten en un auténtico coñazo. Pero los cocainómanos trabajan. Trabajan mucho. Un ejecutivo puede viajar desde Nueva York a Madrid y al día siguiente presentarse en la oficina sin *jet lag* dispuesto a darlo todo, gracias a la cocaína. Por eso él (tu ex, mi ex, nuestro ex) trabajaba tanto.

Recuerdo cuando vi en la tele al Hombre Que Iba A Salvar a Cataluña puesto de coca hasta las cejas, la nariz roja y mosqueante, los ojos brillantes, la mandíbula desencajada. Y recuerdo que muchos nos dimos cuenta de que iba puesto (yo la primera, claro, por algo fui su amante). Y recuerdo que pensé: esa es la imagen del triunfador moderno. Un coquero. Sí, claro, luego tendrá arranques de rabia incomprensibles, sufrirá paranoias, les hará la vida imposible a los íntimos... Pero llegará muy lejos.

Así que él (tu ex, mi ex, nuestro ex) llegará muy lejos. No tanto como él quisiera, claro, porque él quería llegar mucho más lejos que eso. Pero suficiente.

Bueno, pues a lo que iba. Él está bien. Eso parece. Supongo que seguirá enganchado, y negando que lo está. Supongo que seguirá con sus subibajas emocionales. No tengo ni idea de cómo es su vida a día de hoy.

Sé que cuando una ha perdido todo, ya no le pueden quitar nada. Así que ya no me puede hacer más daño. También sé que tiene mucho miedo, me tiene auténtico pánico. Porque sabe que yo puedo escribir, que puedo contar la historia, y él, que vive pendiente de la opinión ajena, no soportaría estar en boca de todos. Bueno, le encantaría estar en boca de todos, porque le encanta sentirse visible, pero no quiere estar en boca de todos para mal. Quiere que todo el mundo piense que él es maravilloso. Necesita compensar su baja autoestima con la admiración ajena.

No le critico por eso, yo soy igual.

El caso es que sí, la estoy escribiendo (nuestra historia, digo) pero él puede estar tranquilo. Él no es el protagonista. La protagonista soy yo. Cuando empecé a escribir esta historia escribía sin saber a dónde iba, sin estructura previa, sin idea de destino, cuando simplemente me dejé llevar en total libertad.

Y entonces, cuando le dejé hablar al inconsciente, libre por fin del miedo a la crítica, a lo que dijera mi madre, a lo que dijera él, o mis amigos o mis ex amantes, cuando me decidí a ser sincera con los demás y conmigo misma, me di cuenta de que él (tu ex, mi ex, nuestro ex) apenas aparecía. Estaba ahí, por supuesto, como una música de fondo. Era importante, ha sido muy importante. Pero no tanto como yo creía.

Destrozó mi vida, vale, sí, puede, pero mi vida poco a poco se está reconstruyendo, y yo creo que para el momento en que él se enfade –si alguna vez llega a leer esto– mi vida estará ya reconstruida y probablemente se dirija ya a alguna parte, después de todos estos años en barbecho. Eso espero.

Supongo que tú ya sabías que él se metía cocaína. No eras tan tonta. El creía que no lo sabías. Por lo menos lleva metiéndose unos... veinte años. Desde que yo le conozco. Y no está enganchado, dice. Me recuerda a lo que decía un periodista que se llama Ángel Ramos y al que nosotros solíamos llamar Ángel Gramos. "La cocaína no engancha. Yo llevo veinte años metiéndome casi a diario y no estoy enganchado". Lo peor es que no pretendía ser una broma. Él lo creía de verdad. Exactamente igual que él (tu ex, mi ex, nuestro ex). Él está convencido de que no está enganchado. Cuando sufre sus ataques de rabia no cree que el problema sea que lleva días sin meterse, sino que culpa a otra cosa. Cuando vivía conmigo, me culpaba a mí. Y a los celos.

Lo suyo no eran celos, en realidad. Era envidia. Es curioso que en español nosotros sepamos diferenciar entre los dos conceptos, pero los ingleses no sepan. Para ellos, todo es lo mismo: *Jealousy*. Y que los franceses tiendan a confundir ambos conceptos. *Être jalouse.*

Lo dicho, no tenía celos de que otros hombres me miraran o de que yo pudiera acostarme con ellos. Tenía envidia porque él no podía conseguir a esos hombres a los que deseaba. A él le gustan los hombres muy viriles. Y en aquel momento, no podía reconocérselo ni siquiera a sí mismo, así que hacía un desplazamiento típico. Deseaba a los hombres a través de mí. Fantaseaba con los hombres imaginando que se acostaban conmigo.

No, no he descubierto la piedra filosofal. Freud ya hablaba de esto hace más de cien años. Todo habría sido más fácil si él hubiera sido capaz de reconocerlo abiertamente. Pero no podía. Por la razón que fuera, no podía.

Tenía tantas trampas mentales, tanto miedo, una autoestima tan baja. Miedo de lo que dijera su familia, de lo que dijeran los demás. Siempre dijo que le gustaban los hombres, nunca lo negó, pero no podía admitir, a las claras, que deseaba acostarse con alguien más que conmigo, porque eso hubiera supuesto admitir que yo tenía libertad para acostarme con otros. Y él me necesitaba tan desesperadamente...

Lo cierto es que no me necesitaba a mí en particular, sino a una figura que llenara el vacío de su vida. Pero en aquel momento me necesitaba tan desesperadamente que no podía soportar la idea de que yo deseara a otros, o siquiera que me llevara bien con otros.

En el fondo no es más que un niño maltratado por su padre, abusado en el colegio. Es un niño asustado. Ahora mide un metro noventa y está casi calvo, pero sigue siendo un niño asustado.

Pero hay que desconfiar de los niños asustados y de los perros asustados. Los perros asustados muerden y los niños asustados dan patadas.

En cualquier caso, intento olvidarlo.

Emma, yo no puedo consentir que el pasado destruya mi futuro y mi presente, así que es mejor olvidar, incluso perdonar. El perdón lleva implícito el olvido. Cuando uno olvida, el olvido se lleva consigo al rencor.

Yo era tan tonta entonces, tan ingenua, que ni siquiera vi en lo que me metía a pesar de que había más banderas rojas que en una playa del Cantábrico. Sí, le conocía desde hacía veinte años, pero no le conocía mucho. Me lo encontraba por aquí y por allá, pero siempre de noche, uno de esos tantos rostros borrosos en la noche de Barcelona. Sé que alguna vez comimos juntos, con amigos, y sé que alguna vez, y más de una vez, salimos juntos, en grupo, hasta las tantas. Pero él no era (pese a que él así lo creyera) alguien en quien me fijara.

Mi vida, antes de tener a la niña, era un torbellino constante. Todavía soy hiperactiva, pero entonces lo era aún más. Salía casi a diario, bebía como una cosaca, mi vida sexual era muy movida (lo sé ahora, entonces no me daba cuenta), mi red social estaba tan enmarañada que era imposible desmadejarla.

El primer fin de semana que pasé con él ya debería haberme dado cuenta de las cosas. En primer lugar, sus amigos les llamaban a todas horas. Entonces no existía el *WhatsApp*. Le enviaban mensajes, mensajes y mensajes en SMS. De una manera obsesiva. Entonces yo no sabía que todas sus relaciones seguían siempre ese patrón. Obsesivo. Intenso. Muy Intenso.

Me llevó a cenar a casa de unos amigos. Miriam y Oliver. A las ocho de la noche ya estaban allí todos borrachos y puestos de coca hasta las cejas. Yo era tan ingenua entonces que ni siquiera me di cuenta de que la responsable de tanta euforia y tanta intensidad era la cocaína. Además, yo entonces era una niña. Una niña de casi treinta años, pero una niña necesitada de atención y de afecto. Si esto hubiera sucedido a día de hoy, me habría ido. Habría bloqueado su número de la agenda y punto.

Desde el principio todo lo que vi era lo mismo. Intensidad y dependencia. Él dependía de mí, de sus amigos, de su hijo, de ti, de la cocaína, del alcohol, de los benzodiacepinas. No sabía estar solo, no podía. De hecho, cuando no tenía a su hijo en casa, se iba a dormir a casa de unos amigos. Un hombre hecho y derecho, de metro noventa. que no podía, no sabía, dormir solo. Necesitaba llamar a su hijo cada día, hablar con sus amigos cada día, llamarme a mí cada día, y sí, hablar contigo casi cada día, con cualquier excusa. Tú seguías el mismo patrón. Tenías que hablar con tu hijo cada día, incluso varias veces al día, y cuando tu hijo se iba a ver a su padre, tus padres tenían que dormir contigo.

Yo entonces era también muy dependiente. Mucho. Seguramente, no al mismo nivel que vosotros, pero mucho. Yo no me metía coca, Bebía, eso sí. Mucho. Él bebía, se metía coca y dependía de unas pastillas. Idalprem, se llamaban. Había pastillas por toda la casa. Abrías un cajón y encontrabas pastillas. Yo no tenía ni idea por entonces de que los benzodiacepinas son tan peligrosas. Solo después descubrí que crean adicción y que borran la memoria, y entonces me expliqué muchas cosas.

El olvidaba todo. Olvidaba que me había gritado, insultado e incluso pegado. Pero es que luego tomaba pastillas para tranquilizarse. Él no sabía que era adicto. Yo tampoco. A su alrededor todo el mundo consumía cocaína y tomaba pastillas, el consumo era algo normalizado, nadie pensaba que era excesivo. Yo tampoco.

También dependía, como he dicho, de su hijo, de sus amigos y de ti. Tú, que yo sepa –nunca te he conocido– bebías y tomabas pastillas. Yo bebía. También a veces tomaba pastillas para dormir. Escribía compulsivamente. Y siempre, siempre, tenía amantes. Nunca había estado sola.

Siempre había ido encadenando una relación con otra y en muchas ocasiones había mantenido varias relaciones simultáneas a la vez. Es absurdo decir "yo era más o menos dependiente que él". Éramos todos dependientes. Tú, él, yo, su hijo, sus amigos.

La diferencia que me salvó es que yo soy una cebra. Uso mis rayas para confundirme con el paisaje, pero soy única. No hay dos cebras que tengan las rayas exactamente iguales. Y en mi condición de cebra, pude encontrar una salida. Recuerdo que me lo dijo la psicóloga: tú puedes salir porque eres capaz de ver, mucha gente no puede. Yo era capaz de ver el plano de la celda, y era capaz de concebir un plan de escape. O eso creo. O eso quiero creer.

Como todos nos rodeábamos de gente parecida, no nos dábamos cuenta de lo enfermos que estábamos. Y, además, nuestra enfermedad estaba socialmente aceptada, por no decir alentada. Yo intuía que algo no iba bien. No me parecía normal que un niño debiera llamar todos los días a su padre y a su madre varias veces al día, ni que estuviese permanentemente controlado de esa manera. Ahora sé que no solo no es normal (en el sentido de que estadísticamente no es la norma) sino que además es insano, pero entonces cada vez que opinaba que había algo raro en vuestro sistema de vida y de relación se me decía que yo tenía celos. Así que me callaba.

También tenía celos de ti. Y él lo sabía, lo sabía de sobra. Y lo alentaba. Él tenía envidia de mí. Yo era famosa, salía en un programa de televisión, entonces era guapa, tenía a todos los hombres que quería, pero había algo que yo no tenía. Yo no tenía un ex obsesionado conmigo.

Por eso él permitía que llamaras a todas horas, para hacerme sentir insegura. Yo, yo que entonces era idiota, le devolvía la pelota (vaya, rima). Flirteaba mucho. Flirteaba con hombres que sabía que a él le gustaban. Morenos, porque le gustan morenos. Jóvenes y guapos.

Recuerdo una vez que llamaste a nuestra casa, con una excusa ridícula sobre un trabajo escolar del niño y estuviste media hora al teléfono. Era un domingo por la tarde, una tarde tranquila, feliz, hasta que tú llamaste. Y de pronto todo fue ansiedad, reproches, histeria. Yo podía escuchar perfectamente tu voz, aunque no estuvieras en la habitación. A través del teléfono. Así de alto hablabas, aunque en realidad no gritabas.

Allí estabas, presente, invadiendo nuestro espacio, nuestra intimidad, nuestro tiempo juntos, porque la tontería del trabajo que el niño debía entregar de repente se convirtió en un tema importantísimo y tu presencia se impuso en medio de vuestra vida cotidiana. La situación me incomodaba, pero no podía decir en alto: "Dile a esa señora que deje de gritar al teléfono y que nos deje en paz". Porque no se me permitía.

Ahora comprendo hasta qué punto la situación era enferma porque mi hija, que tiene hoy la edad que entonces tenía tu hijo, jamás permitiría que yo le organizara semejante numerito de control con respecto a un trabajo, a sus deberes o a su vida en general. Pero entonces yo no sabía, solo intuía. Y respondí de forma intuitiva.

Envié un mensaje a uno de mis ex amantes para que me llamara. Si él permitía que tú llamaras, yo permitiría que otro llamara. Si tú ibas a invadir nuestro espacio de intimidad, yo permitiría que un tercero lo invadiera también. Así se inició una guerra de celos. El principio del fin de nuestra relación, que nació ya enferma de muerte.

Es imposible resumir nuestros años aquí. Lo curioso es que yo fui muy feliz, pese a todo. Muy feliz. Es curioso como la extrema felicidad estuvo allí. Jamás habría dependido tanto si no le hubiera amado profundamente, admitámoslo. Y nunca estuve tan guapa. Había sido más guapa antes, por supuesto, de joven había sido una belleza, pero esa aura radiante que tuve entonces, la primera vez en mi vida que estuve enamorada de verdad, creo que no la voy a volver a tener. El deterioro físico al que he llegado es casi aterrador. Pero bueno, tampoco iba a ser guapa toda la vida. Para una mujer tan vanidosa como yo, es difícil aceptarlo.

Hay cosas que no sabes. Por ejemplo, tú sospechabas que te era infiel con hombres. Ahora lo sabes. La excusa que a mí me dio era que "estaba con ellos solo al final, cuando ya estaba mal con ella". Nunca me dijo que era gay, ni siquiera bisexual. Me dijo que había probado aquello por simple curiosidad, y porque era fácil, porque siempre es más fácil conseguir sexo gratis de hombres que de mujeres.

Nunca dijo "estaba mal con ella porque ya estaba con aquellos hombres, porque le mentía". Yo fui tan ingenua que no me di cuenta de que, si había podido mentirte a ti, también me mentiría a mí. No sé qué arranque de vanidad me envolvió como para pensar que yo era especial, distinta, que no me haría lo que me hizo a ti.

Qué narices, sí lo sé.

Competía por el amor de él (tu ex, mi ex, nuestro ex) como antaño competí con mis hermanas por el amor de mi padre. En realidad, la competencia era un combustible que me aceleraba. Él lo sabía, por eso te permitía que llamaras a todas horas, que estuvieras siempre presente, por eso no rompía su insano vínculo contigo.

Estoy segura de que lo hacía de forma inconsciente. No creo que se sentara a maquinar "Si dejo que Emma llame, mi nena se sentirá celosa". Simplemente actuaba por estímulo-respuesta. Mi perra sabe que, si yo cojo las llaves, es que voy a salir a la calle, Y por eso, cada vez que cojo las llaves, se levanta del sofá. Él sabía que cada vez que tú llamabas, yo sufría. Y por eso permitía que llamaras, no te colgaba el teléfono, no te decía que bastaba con llamar una vez al día. Y por eso, si no llamabas tú, él encontraba alguna excusa absurda para llamarte.

No sabes la de veces que me he torturado con la idea de ¿hubiese podido ser de otra manera? ¿Si yo no hubiese hecho esto o lo otro, las cosas habrían sido diferentes? Por eso quería llamarte. Quizá tú me hubieras dicho, tú que le conocías mejor, tú que estuviste veinte años con él, que la cosa no tenía arreglo. Que sus arranques de rabia no había quien los cambiara. Que era celoso, manipulador, difícil, orgulloso. Que no era mi culpa, que no hubiera podido cambiar.

En el corazón no se manda, muchos olvidan esta verdad sencilla y muy sabia. Nunca trates de ganar un lugar en la vida de otra persona. Después de todo, no se puede saber si lo necesita o no. Yo quería estar en su vida, como fuera, y por eso me adapté a cosas que no me gustaban. No me gustaba cómo educaba a su hijo, no me gustaba la coca, ni la extrema frivolidad, ni la dependencia. Me impuse en su vida como él se impuso en la mía, cuando en realidad teníamos vidas muy distintas.

Porque cuando vi tu historial médico (y lo vi porque tu abogada lo aportó en el juicio por custodia de vuestro hijo) me quedé estupefacta. Fue como una revelación. Trastorno de personalidad por dependencia. No era simplemente "personalidad dependiente", no. No era "depresión reactiva", no era "apego desorganizado", no era "estrés postraumático", no era cualquiera de esos términos que los psicólogos me aplicaban cuando yo iba a visitarles. No. Trastorno. Clúster C. Con su medicación, su terapia, su diagnóstico.

Por fin, había una prueba fehaciente de que lo vuestro no era sano. De que tus llamadas obsesivas no eran sanas, de que tu control sobre tu hijo no era sano. Era un trastorno. Eso era. No era que yo lo intuyera, era que lo había firmado un psiquiatra.

¿Y quién convive veinte años al lado de una dependiente? Otro dependiente. Un dependiente dominante y una dependiente sumisa, que a veces pueden intercambiar roles. Y si yo convivía con un dependiente ¿qué era yo? Otra dependiente.

Mi miedo era acabar como tú. Acabar encerrada en casa, anulada, bebiendo sola, incapaz de dormir sola. Creo que durante años no hice otra cosa que fijarme en ti, de forma compulsiva. Tú eras un espejo. Yo iba a acabar como tú. Mi miedo era acabar como tú.

Tú eras un espejo que multiplicabas, misterioso, el movimiento de mi mano y el incremento de mi angustia. Tú eres un espejo en el que se reflejaba mi figura imperfecta y las desarmonías patentes de mi rostro y de mi espíritu. Tú eras un espejo en el que podía reconocer lo que me afectaba como quien declara una verdad.

Como un doble sueño inserto en un doble eco, hasta llegar a la primera orilla del silencio. Estaba junto a mí misma, frente a ti, y tú imagen se asomaba alargando los brazos, buscando asir lo inasible. Lo que yo escondía dentro de mí, como sombra apresada en las tinieblas Estaba frente a la sombra que proyectaba mi sombra, sitiada en mi interior. Buscaba una luz para poder escapar de aquella cárcel de cristal.

Me miraba en ti, rendida, escuchando el latir de mi sangre y de mi amor. Frente a los fuegos fatuos del espejo, veía mi yo último, la evidencia de sangre de la herida. Y veía otro yo, mi yo penúltimo, el fingido, el que mentía para conservarle a él (tu ex, mi ex, nuestro ex).

De una máscara a otra me iba hundiendo entre yo misa y mi reflejo.

Y acabé por no saber quién era.

Y mi otro miedo era equivocarme. Abandonar una historia que quizás no estaba condenada a repetir exactamente el esquema de vuestro matrimonio.

Y entre los dos miedos me quedé paralizada. En aquella tierra de nadie, en la línea divisoria entre el miedo a quedarme y convertirme en una segunda tú o irme. Entre ser yo misma o perderle.

Elegí la segunda opción, y le perdí.

Y entonces descubrí que de la misma manera que en los últimos momentos de su relación contigo ya estaba acostándose conmigo, casi con seguridad en los últimos momentos de su relación conmigo ya había otro hombre. No tengo la constatación absoluta, pero estoy casi segura. Da igual, ya no importa.

La verdad es que desde entonces no he levantado cabeza. Mi vida no es, en absoluto, mejor ahora. Era más feliz con él. Estaba más guapa. Sin duda. Pero soy mucho más creativa ahora. Es un triste consuelo, vale.

Igual que El Hombre de la Voz Profunda no quería que conociera a sus amigos porque entonces se descubrirían muchas cosas, de la misma manera nuestro marido (tu ex, mi ex, nuestro ex) cortó todo contacto conmigo porque no quería que yo descubriera muchas cosas. No quería que yo descubriera que siguió consumiendo cocaína mientras estábamos juntos, incluso si a mí me decía que ya no lo hacía. No quería que yo descubriera que en los últimos tiempos flirteaba con hombres tanto como pudiera hacerlo yo. No quería que yo descubriera que apenas dos meses después de que yo me fuera, ya había alguien que ocupaba mi cama. Un hombre.

Pero él no podía reconocerlo abiertamente. Tenía un miedo atroz a ser homosexual. Quizá se drogaba, precisamente, para acallar esa voz interna.

Nunca negaba que había tenido historias de adolescencia con hombres, pero aseguraba que habían sido aventuras, experimentos, niñerías, que en realidad a él le gustaban las mujeres. Se mentía a sí mismo y por eso nos mentía a los demás. Quizá me mintió en más cosas, pero a estas alturas ¿qué importa ya?

El Hombre de La Voz Profunda repitió en apenas cuatro meses una secuencia que en el caso de mi marido duró cuatro años:

Persecución → seducción → bombardeo de amor → sexo, mucho sexo, mucho sexo → desvalorización, mentiras, arranques de rabia → enfatización de la dependencia.

La cuestión es que destrozamos una historia que hubiera podido ser muy bonita, ahogándola en el lodo del miedo y asfixiándola con las exigencias de la dependencia. Cuando dependes de alguien le exiges a ese alguien demasiado, y nunca puede estar a la altura. Yo quería que él no consumiera, que no dependiera de otros, que se adaptara a mí. Él quería que yo viviese exclusivamente para él.

Pero todas las personas son diferentes y también lo es la vida y las circunstancias de cada uno. Uno debe aprender a mantener su propia vida y establecer sus propios parámetros, metas y objetivos. Basados en lo que uno quiere y no en lo que los demás desean de él. Y desde luego, uno no puede esperar que otro cambie.

No se puede exigir que otro cambie según mis propios deseos, manipularlo para conseguir mis fines, interferir en su camino, adueñarme de una parte de su función, de su sitio.

Tampoco se puede cargar el fardo del otro sobre las propias espaldas, convertirse en lo que una no es, llevar un disfraz que pesa, unos tacones sobre los que no se puede caminar

Pero todo eso ha pasado. Es hora de mirar al futuro.

No queda otro remedio que tener Fe. En mayúsculas.

En realidad, los dos llegamos el uno al otro con una defensa acorazada de misiles. Y lo que sucede cuando tienes una defensa de misiles es que disparas a cualquiera que interfiera en tu espacio aéreo y a veces acabas derribando, por equivocación, a un avión comercial. Pero él quería ver las cosas de otra manera. En términos de buenos y malos. Y si yo era mala, él era bueno. Su forma de ver la vida en blanco y negro, le incapacitaba para estableces un continuo estético, y le impedía una evaluación realista.

Pero ni todo es blanco ni todo es negro, yo veo infinitos matices de gris. Aunque para él sí fuese así. Blanco o negro. O yo era buenísima, la octava maravilla (cuando estuve con él) o soy un monstruo de maldad (ahora que no estoy). Esa guerra que mantiene fuera es la misma que sostiene dentro, es decir, en referencia a la percepción de sí mismo. Nunca ha dejado de ser un adolescente que en plena búsqueda de su identidad viaja entre lo magnífico y lo penoso.

Lo que él buscaba en su fantasía era lo que no había tenido, el amor que no había tenido. Lo que en el fondo buscamos todos. El padre o madre generosos y perfectos que estén allí cuando se les necesita y ausentes cuando el niño necesita espacio.

Pero eso no es posible ni siquiera en la infancia. En la vida adulta, es aún más complicado.

Es duro para cualquiera que todos los sueños que había construido en su interior con respecto a las posibilidades de las relaciones humanas no se acerquen, ni de lejos, a la dolorosa realidad.

Por eso yo no le juzgo. A veces me duele, todavía, pero el rencor ata. Y yo no quiero atarme.

Si una rosa te hiere con su espina apártate de ella, pero no la odies. De qué sirve el rencor si ni restaña heridas ni corrige el pasado. A veces me caigo, lo reconozco, y me hundo en un agujero de nostalgia y rabia, en un abismo de cólera orgullosa Y cuando regreso a la superficie emerjo con jirones de lo que hallé en la profundidad de mi vacío, de mi pozo cerrado.

Pero yo me merezco el aire y la altura, sacudirme de todo aquello y dejar que también vuele. Sacudirme de rencores oxidados e inútiles y de angustias ya secas como costras de herida.

Por eso te pido perdón, Emma, por todo lo que te hice sufrir.

Espero que te sirva de consuelo saber que sufrí tanto como tú, y que no gané nada.

Mi Muy Querido Martin,

No, no me des explicaciones sobre Anne. No las necesito. Me parece mal que no me hablaras sobre ella, pero lo entiendo. Entiendo tu necesidad de esconderte, o de proteger tu intimidad. O quizás, a ella. Me dices que no me contabas nada porque ella no quería que vuestra historia se hiciera pública... No cuela, Martin. Ella misma publicaba vuestras fotos juntos. En fin, da igual, no voy a preguntar más.

Creo que cada uno nos defendemos a nuestra manera. Los hay que nos volcamos hacia fuera. Buscamos alivio en ayudas externas: sexo, alcohol, drogas, adrenalina, deportes extremos... En mi caso sexo, alcohol, música, cine, teatro, deporte, actividad. Siempre tengo que llenar el vacío con algo, y si no tengo lo anterior, entonces me pongo a escribir compulsivamente.

Pero volcarse hacia afuera conlleva riesgos: Te puedes enamorar de quien no debes, te pueden agredir cuando vuelves borracha a casa, pueden insultarte, pegarte, hacerte daño. Puedes perderte por barrios que no conocías. O en conciertos abarrotados de gente con hordas de gente borracha circulando a tu alrededor. Te pueden meter rohipnol en una copa. Puedes pillar ladillas, u hongos, el VIH, el virus del papiloma humano, la nueva cepa de supergonorrea que resiste a todos los virus. Puedes perder dinero, tiempo, amistades, reputación o incluso, en un país como el mío, la custodia de tu hija. Te pueden romper el corazón y lo harán a menudo. Y te sentirás vacío. Muchas veces. Eso sí: cuando lo pases bien, lo pasarás verdaderamente bien.

A eso se refería ése que tú llamabas mi "novio" y que nunca lo fue cuando se quejaba de mi intensidad.

Hay otro sistema para sobrevivir. Acorazarse. Mi "novio" de Barcelona lo intentó. Acorazándose en su pequeño apartamento blanco. Los libros alineados por tamaños. El cuarto de baño hecho una patena. La cama perfectamente hecha. Y tú te has acorazado en Fougères y en las cosas que no cuentas, y me escondías tu historia para que no la juzgase.

Creo que podría ir a Fougères en verano. Mi hija pasará el mes de julio entero con su padre. Entonces tendré tiempo.

Verdaderamente, necesito relajarme y dormir.

Intenta al menos que no me encuentre muchas cosas de Anne en tu casa.

Es broma.

Siempre tuya.

Cuando deseas morirte

Cuando el padre de mi hija presentó una demanda para intentar obtener su guarda y custodia, uno de los documentos que se adjuntaban en la misma era un email que le había enviado hace años, en el que le explicaba que estaba deprimida y que tenía que luchar constantemente contra la tentación del suicidio. Esta carta se adjuntó argumentando que una mujer que pensaba en suicidarse no estaba capacitada para cuidar de una niña.

Desde entonces supe que tenía que tener mucho cuidado con lo que contaba.

La idea del suicidio me ronda constantemente la cabeza. Pero se trata de una fantasía. En la vida real, yo sé que no puedo suicidarme. Tengo una hija, quiero a mi hija, y si yo falleciera mi hija tendría que ir a vivir con su padre, con el que no se lleva muy bien. Por no hablar de lo mucho que sufriría si me perdiera. Soy su madre, soy su referente, depende emocionalmente de mí, me adora. Así que tengo que esperar a que la niña tenga veinte o veinticinco años y para entonces suicidarme de alguna manera que no resulte demasiado obvia.

A veces me imagino con sesenta años, alquilo un coche, viajo a casa de algún amigo y lo hago a través de una carretera escarpada. Mi coche sale disparado por un barranco. Soy tan mala conductora que nadie pensaría en un suicidio. Darían por hecho que giré el volante hacia la derecha en lugar de hacerlo hacia la izquierda. Porque, como la gran mayoría de los kinestésicos, tiendo a confundir la derecha con la izquierda.

Lo que me aterra en esta fantasía es una duda perenne que empaña la imagen que en teoría debería aliviarme, concederme una oportunidad de salida del infierno. ¿Y si sobrevivo? ¿Y si me quedo parapléjica o desfigurada? ¿Y si resulta ser una muerte lenta o dolorosa? Luego pienso que ya se me ocurriría una manera de hacer pasar un suicidio por muerte accidental. Una sobredosis de heroína, quizá. Lo malo es que a mi alrededor todo el mundo sabe que no me drogo. En cualquier caso, tengo tiempo para preparar mi plan perfecto.

Evidentemente, no le cuento esto a casi nadie, pese a que cada noche paso horas dándole vueltas al tema. Pero varias personas lo saben. Bernat, por ejemplo. Y El Hombre Taciturno. Y El Hombre de La Voz Profunda. Y El Hombre Que Iba A Salvar a Cataluña.

"¿Pero por qué piensas eso?" –me dicen–. "Tú no tienes una vida infeliz. Tienes una hija preciosa y que te quiere, una casa grande, no tienes problemas económicos". La respuesta a eso es fácil. Actualmente en mi casa viven dos perras. A la primera la adopté siendo un cachorrito. Había nacido en una casa donde fue muy mimada. Los dueños esperaban poder venderla, pero con la crisis no resulta tan fácil vender perros. Cuando se dieron cuenta de que no iba a ser fácil que alguien la comprara, me la regalaron a mí. Esta perra nunca ha sufrido hambre, frío o abandono. Es una perra feliz, vivaz, despierta.

La segunda perra fue rescatada de una perrera. Cuando llegó a Madrid estaba tan desnutrida que se le marcaban los huesos. Era evidente que había sido maltratada. Durante días, se quedó inmóvil debajo de una mesa. Temblara si yo me acercaba.

A día de hoy vive bien, mimada. Duerme con mi hija en su cama, come todos los días, no pasa frío, nadie le pega. Y, sin embargo, no es una perra feliz. En la calle no mueve jamás el rabo. Sale pegada a mí, no se atreve a alejarse, no se acerca a extraños. En casa sestea cerca de donde yo me encuentre. Si escribo, se tumba a mis pies. Si voy al baño, espera en la puerta a que salga. No quiere estar sola. Siempre tiene una expresión triste en los ojos. Los perros no piensan jamás en el suicidio, supongo, pero es evidente te que tampoco olvidan.

Cuando le conté algo de esto a El Hombre de La Voz Profunda, él me dijo que él, nunca, jamás, había pensado en suicidarse. Me sorprendió porque todos hemos pensado alguna vez en el suicidio. Todos. Alguna vez. De hecho, hay test psicotécnicos que incluyen esa pregunta como trampa. ¿Ha pensado usted alguna vez en el suicidio? Si la respuesta es "nunca", usted miente.

Pero lo cierto es que el Hombre del La Voz Profunda mentía a todas horas. La mentira era su estilo de vida. También se mentía a sí mismo. Estoy segura de que cuando me dijo que nunca lo había pensado, se lo creía.

El Hombre Taciturno me dijo que sí que lo había pensado, por supuesto. Que lo había pensado pero que no podía hacerlo porque pensaba en sus dos hermanos. Y en su madre. Su madre no podría superarlo. Eso me hizo sentir muy cercana a él. Me sentí, por una vez, comprendida. Pero sentirte comprendida no te hace sentir deseo. Más bien al contrario. Te ves en el espejo y sientes miedo. Entiendes por qué debes de callarte ese tipo de cosas. Por qué provocas rechazo.

En otro caso alguien intentó argumentarme que, si acababa antes de tiempo, no podría nunca saber cómo terminaba todo esto. Me decía que en los campos de concentración muchas personas se suicidaban arrojándose contra la valla electrificada y que el argumento era "¿no te interesa saber cómo acaba todo esto?". Pues no, no me interesa saber cómo acaba todo esto.

Este hombre era El Hombre Que Iba A Salvar a Cataluña. Este hombre era frío, muy frío. A niveles que yo nunca había visto antes. Compartía con el Hombre de la Voz Profunda ciertos rasgos: ser muy metódico, muy organizado. A diferencia del Hombre de la Voz Profunda no era intenso, no sabía ser cariñoso, pero tampoco perdía la calma. Era el hombre más contenido que he visto jamás. No me dedicó nunca un piropo. Y yo suelo recibir muchos. No han sido muy originales, mis amantes. Se suelen repetir, en realidad: "Me encanta cómo hueles. Tienes una piel excepcional. Me encanta cómo te corres. Tus tetas me vuelven loco. Me encanta tu culo...". Lo de "me gustan mucho tus ojos" o "tienes un pelo precioso" va en último lugar, pese a que aquel chico tan joven que me líe me dijera a la mañana siguiente que no me iba a decir lo bonitos que tengo los ojos porque estaba seguro de que era lo primero que me decía todo el mundo.

Une vez, recuerdo, El Hombre Que Iba A Salvar a Cataluña me dijo que la persona que te podía hacer más daño en la vida era precisamente la persona que más habría debido amarte: tu madre. Entendí muy bien la afirmación. No en vano he dicho antes que entre mis pesadillas nocturnas un tema que tiende a repetirse son los gritos de mi madre. De pequeña yo tenía miedo a mi madre. A mi padre también. De mayor, mi madre aún me da miedo. No puede herirme físicamente, pero me hiere de muchas maneras. Por qué no adelgazas, por qué no te cortas el pelo, por qué llevas a la niña vestida así... Siempre reproches, nunca una palabra amable. De mayor no duele tanto. De niña, sí. Como duele la constante intrusión, el control y los chantajes sentimentales.

Estoy deprimida, es evidente, y desde hace tiempo. Y me estoy convirtiendo en una adicta a las pastillas. No voy a terapia. Vivo con ello y punto. Intento que le gente no lo sepa, pero me es imposible mantener una relación de intimidad con alguien sin acabar confesándolo. Pero amigos superficiales ni siquiera lo imaginan. Tengo una red de amigos muy grande. Tengo amigos en todos sitios, como Don Juan, que a los palacios subió y a las cabañas bajó, pero nunca les muestro más que la superficie.

El centro solo aparece en momentos de intimidad.

Mi Muy Querido Martin,

Ayer sufrí otro ataque de ansiedad. No te describo los síntomas porque ya los conoces de sobra.

La razón es difícil de explicar. Fui a visitar a mi madre y mi madre trató de convencerme de que debíamos juntas al cementerio, a visitar la tumba de mi padre. Yo nunca, jamás, he vuelto allí, después del entierro. Nunca. Eso a mi madre, católica como ella es, le parece una herejía. No puede entenderlo. Le intenté explicar que el cementerio es enorme, y que tenía miedo de perderme. Pero ella sabía que ésa no era la razón. En fin, no te voy a contar la conversación entera, que degeneró en una discusión. Yo a ella la llamaba supersticiosa, ella a mí descreída. Acabé llorando.

Cuando subí al metro, se repitieron todos los síntomas que ya conoces.

Cuando uno se encuentra así de mal tiene dos opciones: O aplica los principios de la psicología cognitivo conductual y cambia inmediatamente de actividad para cortar el flujo de pensamiento (llama a otra persona, se pone a hacer ejercicio, se pone a bailar), o aplica los principios del psicoanálisis e intenta explicarse cuál es el motivo último, el más profundo, de lo que le está pasando.

El segundo sistema es muy arriesgado porque uno corre el riesgo de enfondarse en los lodos de su propia depresión y no salir nunca más.

Pero a mí me gusta bucear.

Y también quería mirar al monstruo a los ojos.

Era bastante evidente lo que me estaba pasando. También sé por qué estoy así. Primero infancia. Esa infancia que te destroza. Cuando sales al mundo sales destrozada ya, tocada de serie. Y, más tarde, sobre la base de que tuviste una infancia dolorosa, vas añadiendo nuevas capas de barniz, porque te vas enredando en relaciones dolorosas que van repitiendo los esquemas que viste en tus padres. Te sientes atraída por lo familiar y por lo tanto te sientes atraída por relaciones insanas.

Y entonces, desmadejando la madeja, llegué al punto ciego.

A mi padre supongo que le quise de pequeña. Estoy segura. A partir de cierta edad decidí conscientemente no quererle. Él no me quería a mí, yo no iba a perder mi tiempo queriéndole a él. Creo que, en aquél momento, inconscientemente, fue cuando empecé a buscar sustitutos. Y en aquel momento inauguré la que iba a ser mi sucesión de relaciones encadenadas con hombres muy altos y de alguna manera inaccesible. O bien fríos y distantes o bien casados o ennoviados con otras mujeres. Respecto a los segundos, hace tiempo que me dije que jamás volvería a estar con alguien que estuviera liado con otra persona. Pero no he conseguido sentirme atraída por los hombres que me persiguen y que se muestran absolutamente dispuestos a hacer lo que yo quiera, a no ser que estén casados. A mi edad, es posible que ya no lo consiga. Porque todos acabamos por amar lo que alguna vez amamos.

Sería tan tópico decir que me sentí atraída por ti porque eres alto, porque estás en una situación de superioridad, porque representas una figura paterna...

Mejor te diré que es fácil sentirse atraída por ti. Eres uno de los hombres más atractivos que conozco, y desde luego, el que mejor escribe.

Siempre tuya.

Un poco de esperanza en el futuro

Regreso al Festival de Electronica Alternativa. No sé si ustedes se acuerdan de una de mis Historias Vulgares, la del Hombre Que Olía a *Egoiste.* Sucedió hace años. Yo me acababa de divorciar.

Durante este tiempo él me ha escrito alguna vez y yo le he respondido amablemente, pero no nos hemos vuelto a ver. Él tiene su novia, yo tengo mi vida. Tampoco he pensado mucho en él hasta hoy. Me ha sorprendido no verlo pulular por el *backstage.* Me extraña. Es íntimo amigo de uno de los organizadores, y por esa razón ha acudido a cada edición de las diez ediciones que ha habido del festival. Probablemente, pienso, está enfermo.

Cuando acaba el festival nos dirigimos todos al *after party* en el Razzmatazz, un *club* de Barcelona. Yo tengo que pinchar a partir de la una de la mañana. Soy lo que llaman una *Celebrity DJ.* Un rostro popular que pone música. Voy a la barra y pido el gin tonic de rigor. Entonces aparece, por fin, El Hombre Que Huele a *Egoiste.*

El Hombre Que Huele a *Egoiste* habla y habla y habla y no deja de hablar. Deduzco que se ha metido por esa nariz grande coca suficiente como para aguantar toda la noche. El Hombre Que Huele a *Egoiste* cree que estoy a sus pies. Si me acosté una vez con él ¿Por qué no me voy a hacerlo hoy ? La misoginia campa a sus anchas por Barcelona, incluso en ambientes presuntamente *arty, trash, avant-garde, undergound* o como quieras llamar a éste el que nos movemos. Somos una subcultura (o pretendernos serlo) pero nos regimos según los códigos de la cultura dominante.

La droga también campa a sus anchas. El Hombre Que Huele a *Egoiste* me recuerda de pronto al Hombre que Iba Salvar a Cataluña.

La noche de las elecciones catalanas el Hombre que Iba Salvar a Cataluña apareció en la televisión. Evidentemente, él no esperaba ser entrevistado. Tenía los ojos brillantes, la mandíbula desencajada. Era evidente que iba puesto. Muchos nos dimos cuenta. Muchos de entre los que le conocemos. Algunos de entre los que no. Pero por supuesto, nadie puede decir en alto que El Ilustre Político se droga. Porque la hipocresía es una gran virtud política, aunque sea un pecado moral. La hipocresía es el pegamento que cohesiona todo Barcelona. El honesto político que en público condenará la droga y en privado se la mete, los modernos *underground* que son tan machistas como lo eran sus padres.

–Bueno, cariño –le digo a El Hombre Que Huele a *Egoiste*– tengo que pinchar.

A las seis estoy completamente agotada. No sé si tengo ya cuerpo para hacer esto. Me temo que soy muy inmadura. Me temo que no sé afrontar la vida real.

Salgo del garito y recuerdo una canción de Sidonie: *Es la última canción/Van a dar la luz/ Fin del hechizo/ Sal afuera y bajo el sol/ hay cadáveres exquisitos/ Y sé / que todos quieren llegar al Edén.* Justamente, salimos afuera. Cadáveres exquisitos, gente delgada, cadavérica, demacrada, con aspecto de zombi, todos buscando algo, alguien con quien follar, algo más que meterse. O, simplemente, un taxi. Conseguir un taxi a estas horas sería mucho más difícil que conseguir una pastilla, una raya o un posible amante. Pero tengo la inmensa suerte de que a mí me llevan a casa. A casa de Bernat, quiero decir.

Porque El Hombre De la Moto Naranja se ofrece a llevarme. En su moto naranja.

De camino a casa de Bernat pasamos por delante de la playa. Ahora está desierta. En unas horas no cabrá un alfiler. Entonces me viene una idea, como una iluminación. Me doy cuenta de lo inconsciente que soy al haber subido en una moto con alguien que probablemente va borracho y puesto de coca. Soy idiota. Una no se puede jugar la vida cuando tiene una niña a su cargo. Le pido a El Hombre De La Moto Naranja que pare. Le explico que quiero ver la playa.

–Pero no me puedo quedar contigo –me dice–. Mañana tengo que comer con mis padres y al menos quiero dormir unas horas antes.

–No hace falta que te quedes conmigo, no te preocupes. Pero quiero disfrutar de la playa desierta. Recuerda que vivo en Madrid, y no veo mucho el mar.

–Tú sabrás, guapa. Si te quieres quedar aquí, por mí estupendo.

Le doy los dos besos de rigor y él desaparece.

Los nombres que usamos para designar las cosas a veces nada tienen que ver con una imagen. Yo digo sol o playa o azul y no puedo explicar lo que sentía. Existe una zona muda que los nombres no alcanzan.

Pisadas, huellas. Arena suave que cruje a ese destello de luz cuando la pisan. La huella que mis pasos dejan se mezcla con la huella que el sol recién despierto deja en el azul. Cuántas veces ha trazado mi silueta la misma luz primera en esta misma playa. Pendiente del sol, la arena recibe un calor que cae a plomo. Pero las olas murmuran a lo lejos, tentadoras y móviles, prometiendo refresco y consuelo. El paisaje se aparece como a través de un tul. La eternidad se concentra en un segundo y el infinito en un grano de arena. El presente se hace pasado. En esta luz de amanecer que me recobra, los recuerdos huyen heridos hacia el horizonte y viajan de lo visible a lo invisible. Y de pronto, la playa casi vacía se llena de su imagen. El fin de año que acabamos aquí, al amanecer, y nos bañamos en el mediterráneo, en pleno treinta y uno de diciembre. Las olas a lo lejos murmuran su nombre. Le he perdido para siempre. Le quise más que a nadie. Por eso me casé con él.

Miro al horizonte azul y espero. Porque la esperanza es la nodriza de los nostálgicos. Y vuela, y navega. Imagino lo que esta agua podría llevarse o traerme. He venido al mar, he venido a zambullirme en sus ondas de armonía y a respirar su aliento en la brisa. A que su reflejo azul me envuelva en el agua de olvido. He venido buscando su sal, su yodo y su espejo. Su cuerpo que en luz abre ondas. Su oleaje que se disuelve en luz. Sus espumas, sus peces, su indiferencia. He venido buscando un milagro de olvido que ilumine el fondo de todos mis mares íntimos.

Sobre todo, su indiferencia.

Tengo el corazón radiante de esta luz primera que me entra por los ojos Por esa luz espero y en todas las horas espero.

El cielo está también tejido de azul y luz. En el silencio y en este ahora de secreta extensión indago en la vida de las cosas. Y me busco en el cielo y en el agua. Ya volverán los días de vértigo. Ahora no. Ahora disfruto ese dulce equilibrio de sol y cielo en calma. En esta pausa azul sin disciplina de calendarios o relojes, el pulso de la sangre no reclama su memoria de tormenta.

El futuro está allí. Más allá de los cielos azules y las nubes blancas. Aún no lo entendemos, pero viene.

Pero yo no te dejo, Barcelona, con la resignación de los viajeros. Me dejo atar, fascinada por ti, al presente. Me voy habiendo amado. Lo que me ata a ti es tan irreal como tus noches de locura. Dejo una memoria de la que mi memoria se hace cargo en rincones y apartamentos que no volveré a ver. Recuerdos sin objeto y con sujeto. No escribo para matar el tiempo ni para revivirlo. Dentro de ti hay otro tiempo quieto. Sin pasado, presente ni futuro. En tus arenas blancas y en tu calma.

Tengo que volver a casa. Ya he abierto muchos caminos. Desiguales, pedregosos y estrechos. Y no he cerrado ninguno. Porque quiero pensar que puedo volver.

El tiempo antes del viaje no es tiempo sino ofrenda El tiempo que ha pasado es torpe en el recuerdo. Este distinto tiempo que me espera tiene un lugar para creer posible una historia mejor en otro sitio.

Porque cuando todo se ha perdido queda todo por ganar.

Cada grano de arena es el soldado de un inmenso ejército. Su destino es arena, su silencio es arena. Pero cada grano de arna sabe que, dentro de unos años, si se va desplazando poco a poco, si persiste, quizá, algún día, llegue a tocar el mar.

Su destino es de arena, su silencio es de arena.

Su paciencia es de arena.

Mi Muy Querido Martin,

Tengo el billete. Madrid-Barcelona- Béziers. Llego a Béziers a las cinco de la tarde. Me recoges allí y desde allí y desde allí vamos a Fougères, ¿verdad?

Es curioso. Ha pasado casi un año exacto desde la última vez que nos vimos. Hemos pasado un año intercambiando correos, llamadas de teléfono. Has estado más cerca de mí en este tiempo que ningún amigo o amante. Quizá eres lo único estable que he sentido últimamente, la intuición de una felicidad que se siente siempre a punto de llegar, pero nunca conseguida.

No sé si me entiendes. Lo que quiero decir es simple. Tengo muchas ganas de verte.

Y lo sabes.

Siempre tuya.

Martin Lavigne recobrado

No recuerdo exactamente cuándo conocí a Martin. Lo había conocido mucho antes de aquel día en que se sentó a mi lado en el concierto de música sacra. Me lo había presentado Elo hace muchos, muchos años. Elo era algo así como su hermanastra. El padre de Elo se casó con la madre de Martin: era el padrastro de Martin. Para cuando yo conocí a Elo, ella tenía diecisiete años y apenas se hablaba con su padre, ni le mencionaba.

De niños, Elo iba a pasar a veces las vacaciones a la misma casa de Fougéres a la que yo fui después, la casa en la que Martin se recuperaba de su ataque al corazón. Pero a partir de los once o doce años, algo cambió. La madre de Elo cortó todo contacto con el padre de Elo, el padrastro de Martin. Elo no volvió a pisar aquella casa.

No sé exactamente lo que pasó. Algo me han dejado caer, pero no mucho. El padre de Martin era alcohólico, abusivo. La madre de Elo pensaba que la niña corría peligro allí. Ni Martin ni Elo me han dado más detalles. He supuesto que quizá habría otra historia de abuso sexual por medio. Solo lo he supuesto. Elo no habla del tema. Y como no habla jamás del tema, eso me hace imaginar cosas terribles. Pero siempre he pensado que quizá a Elo nos unió eso. La intuición de un mismo secreto que ambas ocultábamos en el fondo de un estuche. Algo de lo que nunca hablábamos, y que nos definía precisamente por eso. Porque lo que se instala permanentemente en el silencio nunca se mueve de allí, y nunca deja de acosarnos.

Elo y Martin se reencontraron años después en La Sorbonne, ambos estudiaban literatura. Nunca fueron amantes. Martin, que no tiene hermanos, consideraba a Elo su hermana, pese a que no compartieran el mismo ADN. Decía de ella que su mejor amiga.

Yo viajo a París al menos una vez al año, en algunas ocasiones dos. Desde hace al menos veinte años. De vez en cuando nos encontrábamos con Martin por bares o por fiestas. Al fin y al cabo, el entorno de Elo es muy endogámico. Él era muy guapo, yo también lo era. Martin es rico, y famoso. Yo no lo sabía cuándo le conocí, no estaba muy al día en cuanto a escritores contemporáneos franceses. Más tarde, yo me hice tan visible como él.

Nuestras conversaciones siempre fueron de circunstancias, protocolarias. Sonrisas, flirteos. Yo no sabía lo que él se metía ni me interesaba. Yo tenía fama de meterme mucho. Y, sin embargo, no me metía nada. Bebía, eso sí. Bebía muchísimo. Pero era una mujer guapa, admirada, soltera. Era fácil que hablaran de mí, para mal.

Durante estos últimos meses en los que intercambiábamos correos, Martin me ha enviado fotos de su retiro en el Languedoc. Parecían postales. Calles empedradas, arcos de medio punto, playas de acuarela, de arena fina y aguas turquesa. Martin me explicaba en sus cartas que aquello era el paraíso, que había encontrado allí la paz, la tranquilidad, al fin.

Martin no mintió nunca sobre su pasado, aunque tampoco contó toda la verdad. Me contó la historia de las palizas de su padrastro, me dijo que de joven había sido heroinómano. No precisó que fueron ocho años, ni que a esos ocho años les siguieron ocho años de cocaína. Evidentemente, omitió los detalles más salvajes. Juergas de varios días, ganarlo todo, perderlo todo, despertarte en casas en no sabes dónde al lado de no sabes quién, sin saber cómo has llegado allí, ni qué día es ni en qué ciudad te encuentras; fumar crack en latas agujereadas en la *banlieu* de París, en desechos de coches o antenas de televisión, esnifar cocaína adulterada con ácido sulfúrico, queroseno, cafeína, ácidos, herbicidas, amoniaco, plomo, residuos de hidrocarburos... La de veces que le ingresaron, aquella vez en la que le dieron por muerto y en la que milagrosamente resucitó, las paranoias, las alucinaciones, los pequeños hurtos o los robos serios (le robó las joyas a su propia madre). No me contó nada de eso, claro. No me dijo que aquel no había sido su primer ataque el corazón.

Solo me contó que había sido drogodependiente. Que ya no lo era. No hablaba mucho de ello.

Y me invitaba a visitar una de las zonas más bonitas de Francia. Del mundo quizá.

Yo no pregunté. No pregunté a Elo. Ni a ningún conocido en común. No indagué a fondo por los motivos que le habían hecho dejar su vida en París.

Eso sí, por si acaso, y como no estaba segura del todo, mi billete de tren Madrid-Béziers tenía la vuelta abierta.

En un primer momento no noté nada raro. Era amable, dulce, un poco distante quizás, un poco pedante también. Tal y como había sido siempre. Hablaba demasiado de sí mismo: Yo, yo, yo, yo y después yo. Pero eso les pasa a todos los escritores, no me sorprendió demasiado. Además, ya le conocía.

Hubo, eso sí, otras varias cosas que me extrañaron cuando por fin compartimos casa e intimidad. Pequeñas alertas, minúsculas banderas rojas… Se negó a dejarme conducir su coche, sin darme razón ni explicación. Se ponía histérico con el orden de su casa: en cuanto yo movía algo de sitio (un cenicero, por ejemplo), lo tenía que recolocar. Su casa estaba limpia a niveles de trastorno obsesivo compulsivo. Todo me recordaba mucho, demasiado, al Hombre De La Voz Profunda.

En ocasiones, de repente se le iba la mirada: estaba hablando conmigo y sin venir a cuento desviaba los ojos, tensaba la mandíbula y rechinaba los dientes de forma inconsciente. También cambiaba constantemente los pies de postura, como si quisiera huir. Por no hablar de su voz, tan dulce y hermosa como siempre, pero que de pronto se volvía plana y átona, con pocas frecuencias altas, sin vida, vacía.

Mi intuición me decía que algo fallaba. Pero en la superficie, todo iba bien. Se comportaba como un perfecto caballero. Era amable, educado. El sexo (porque volvimos a acostarnos juntos, por supuesto) como siempre, era dulce y pausado. Después de su ataque, él no podía permitirse grandes ejercicios gimnásticos.

Habíamos pasado varios días con sus noches, en una calma civilizada que presagiaba la tormenta. Paradójicamente, era una calma tensa. Se suponía que en ese entorno tan bonito que parecía pintado yo debía sentirme en perfecta paz, relajada y tranquila. Pero no me sentía así. No me sentía bien si cuando salía del baño él entraba inmediatamente después para volver a recolocar los frascos de champú en el orden que él consideraba adecuado (y esencial). No me sentía bien si movía un cenicero de sitio y acto seguido él volvía a ponerlo donde estaba (el cenicero era simbólico, había dejado de fumar cuando dejó París). No me sentía bien cuando él se perdía en monólogos hablando sobre sí mismo con su voz rasa y uniforme, sin inflexiones ni ritmo, en la que no se detectaba una emoción de fondo. Por mucho que fuera una voz aterciopelada. No me sentía bien con esa mirada tan fija que nunca parpadeaba y que de pronto se desviaba sin venir a cuento, por mucho que sus ojos bicolores fueran de los más bonitos que he visto en mi vida.

Se convirtió, en mi cabeza, en El Hombre Excesivamente Rígido.

Pasada una semana, yo leí que había fiestas en un pueblo cercano. Quizá lo leyó él. Yo tenía ganas de ver a otra gente, de hablar con otras personas. Habíamos visto playas de ensueño, calas de postal, pueblecitos con encanto, habíamos probado vinos en bodega, paseado por bosques de pinos, habíamos visitado el interior de un molino medieval, nos habíamos bañado en las aguas transparentes y tranquilas de un río cercano a su casa. Pero, aun así, estaba cansada de su compañía. Quería hablar con alguien distinto, aunque solo fuera una charla banal y de circunstancias. Él me suponía demasiada presión.

Esa noche se celebraba una tradición en el pueblo. No tengo ni idea de cómo se llamaba la fiesta. La cuestión es que había puestos de vino por todo el pueblo, y también pequeños escenarios con un micrófono en los que cualquiera se podía subir a cantar. La gracia del asunto es que a los valientes que subían al escenario se les ofrecía un tema y cada cual tenía que improvisar como pudiera sobre el mismo, rimando sobre una melodía que se establecía de antemano. Todo era en un francés muy particular, que recordaba al catalán. Algunos cantaban en occitano. Como yo no entendía bien lo que decían, lo cierto es que me aburría bastante.

Y la rigidez de Martin no ayudaba en nada a que pudiéramos divertirnos. No entendía mis bromas, ni mis ironías, y si yo intentaba hacer chistes sobre los vecinos sobre lo que veíamos él se lo tomaba como si yo estuviera insultando personalmente a alguien de su familia, así que al rato me di cuenta de que lo mejor era mantener la boca cerrada y fingir una sonrisa.

A la hora y pico de haber llegado, cuando yo estaba a punto de sugerir que volviéramos, nos encontramos con unos conocidos suyos. Él era el albañil que había reformado su casa, me explicó Martin. Venía con su hija, una chica de unos treinta años. Ni guapa, ni fea, sino todo lo contrario. Empecé a hablar con ella. Al contrario que Martin, ella sí cogía al vuelo mi sentido del humor y entendía mis chistes irónicos, incluso los seguía. Nosotras nos enzarzamos en una conversación que iba de todo y de nada. Me contó que trabajaba en un estanco. Me dijo que era un trabajo aburrido y que le cansaba, pero me narró anécdotas muy divertidas. Martin, El Hombre Excesivamente Rígido, entretanto, hablaba con el padre de ella. Ambos adoptaban expresiones serias. Nosotras dijimos que nos desmarcábamos. Nos íbamos a otra plaza, a otro escenario, les esperaríamos allí.

Es cierto que yo iba bebiendo en cada puesto, pero también es cierto que el vino no me gusta tanto, así que me bebía la mitad de la copa (vino rosado, típico de la zona) y dejaba la otra mitad. No estaba borracha. Estaba alegre, achispada, en el mejor de los humores. Aquella chica y yo nos estábamos riendo mucho. No creo que estuviéramos flirteando, nunca lo sabré, pero se notaba que estábamos cómodas la una con la otra. Y cuando El Hombre Excesivamente Rígido llegó con su padre al puesto en el que estábamos sentadas advertí en su expresión que aquello no le estaba haciendo ninguna gracia.

Entonces llegó el grupo de los alternativos. No hacía falta que nos dijeran en alto su adscripción política. Se visten igual en Francia, en Cataluña o en Euskadi. Los reconocimos inmediatamente, con sus camisetas, sus botas, sus crestas, sus piercings, sus zapatillas de tracking, sus peinados de clics de playmobil.

"Odio a esta gente", dijo él, en su tono monocorde de costumbre, ese elegantísimo acento de pijo francés. No me sorprendió, porque odiaba muchas cosas.

Una de las chicas agarró el micro y arrancó a cantar. Yo no entendía muy bien lo que decía. Mi francés es muy bueno, pero ella cantaba con un acento que no podía reconocer. Occitano, supuse de nuevo. Yo empecé a hacer chistes sobre su pelo. Sobre el peluquero que se lo había cortado con unas tijeras de pescado porque ella salía con el chico del cual el pobre rapabarbas llevaba toda la vida enamorado en secreto. Joana (así se llamaba la hija del albañil) hizo bromas sobre los agujeros de su camiseta, sobre el hecho de que parecía que, con aquel pobre aliño indumentario, la pobre chica se iba a coger una pulmonía de un momento a otro, con la brisa nocturna que empezaba a arreciar. Nos estábamos riendo mucho. Los chistes eran bastante tiernos en el fondo y carecían de cualquier contenido político. Pero funcionaban bien: Joana era lista y me daba réplicas muy ingeniosas.

Y entonces Martin anunció en tono solemne que se hacía tarde y que nos íbamos a casa, con una cara tan de funeral en un día lluvioso que a nadie se le ocurrió llevarle la contraria. Su acento de pijo francés convertido en un tonillo despreciativo. Joana me dio su teléfono e insistió mucho en que nos llamáramos al día siguiente, me dijo que me podía ir a buscar para enseñarme calas maravillosas. Yo estaba encantada con la idea, pero al mirar a Martin me di cuenta inmediatamente de que él no. La expresión de su cara (mandíbula tensa, ojos fijos) no dejaba lugar a dudas. Pero yo seguía contenta, había bebido lo suficiente para estar eufórica y no lo suficiente para ir borracha.

Subíamos por una cuesta adoquinada del pueblo medieval. El llevaba una copa de vino en la mano, de cristal, no sé de dónde la había sacado. Yo seguía haciendo bromas: "Menudo aburrimiento nos hemos comido con las cancioncitas estas, la verdad, menos mal que estaba Joana, porque si no... Ya sé que es tradición, pero la cliteridectomía es una tradición también". "Joana es muy inteligente", me dijo. "Lo he notado. Es una pena que haya tenido que acabar aquí..." "Vendiendo tabaco", iba a añadir, porque yo pensaba que una chica así debería haber ido a la universidad, estudiar una carrera, haber hecho algo más interesante con su vida... Pero él no me dejó acabar.

Antes de que me diera cuenta, él había estampado la copa de cristal contra el muro de piedra de una de las casas y estaba vociferando como un loco. Que si quién me creía yo que era, que por qué despreciaba yo las tradiciones populares, que el pueblo era maravilloso, que vivir en ese pueblo era mucho mejor que vivir en una ciudad de mierda como Madrid. A gritos.

Todo el rostro se le había desencajado. Las cejas se habían desplazado hacia abajo y estaban unidas, y entre ellas aparecían unas líneas verticales. Los ojos se me clavaban de manera fija y penetrante. Los parpados inferiores estaban tan tensos que la mirada se le había quedado congelada. Las fosas nasales se habían ensanchado, como un toro a punto de embestir. La boca presionaba firmemente las esquinas de los labios. La mandíbula inferior sobresalía de una forma tan prominente que parecía una gárgola.

Conocía a Martin desde hacía muchos años, pero nunca le había visto así.

Me inspiró auténtico terror. Pensé que me iba a agredir. Retrocedí instintivamente, preparada para salir corriendo.

A grito pelado me advirtió: "¡No salgas corriendo!, ¡no me hagas perseguirte! ¡Si sales corriendo tiraré toda tu ropa al río!".

Barajé llamar a Joana para pedirle que me alojara en su casa. Si él quería tirar mi ropa, allá él. Pero es que en su casa estaba también mi ordenador, y dentro de él muchísima información importante. También me había dejado allí las llaves de casa, mi tarjeta de la seguridad social, y las tarjetas de crédito. Como en aquel pueblo preveía que no iba a haber cajeros, había salido con lo mínimo indispensable y solo llevaba en el bolso una pequeña cantidad de dinero en efectivo y un lápiz de labios.

Me jugué el todo por el todo y decidí acompañarle creyendo que quizá estaba borracho pero que no sería muy peligroso. Fui una loca, lo veo a posteriori. Nunca debería haberme subido a aquel coche.

Desde aquel pueblo hasta su casa, una maravilla de casa antigua reconstruida, había media hora de trayecto por una carretera que recuerdo como infernal, llena de curvas. Traté de hacerle razonar. Le dije que estaba asustada por lo desmesurado de su reacción, que intentara tranquilizarse, que me daba miedo. Y entonces sí que se volvió loco. Empezó a gritar como un poseso: "¿Cómo te atreves a proferirme eso?". En mitad de aquella situación tan surrealista solo se me ocurrió pensar que la palabra "proferir" (*proférer*) estaba mal utilizada en aquel contexto. Y que era un pedante de tomo y lomo.

Y entonces lo hizo.

Soltó las manos del volante.

En una carretera con curvas.

Se me vinieron muchas cosas a la cabeza.

Pensé que nos íbamos a matar.

Pensé en mi hija, que se iba a quedar sin madre, y que nunca ha querido irse a vivir con su padre.

Después pensé que probablemente todo era una actuación, que él sabía perfectamente a lo que estaba jugando, que tenía la situación controlada, que solo quería asustarme. Hacer que llorara, que gritara, que le insultara, acusarme de histérica después.

Mantuve la calma y la mirada fija en la carretera y empecé a rezar para mis adentros. Elegí rezar a la Virgen María, aunque no creo en ella, pero me parece la representación visible de algo invisible de algo mucho más grande, inabarcable e inexpresable. Le pedía que por favor no nos matáramos. Todo esto, por supuesto, en silencio, orando en mi cabeza. No abrí la boca ni moví un músculo.

Al rato dejó de gritar, volvió a poner las manos en el volante como si no pasara nada y se calló. En media hora estábamos en su casa.

Cuando llegamos a la masía, aparcó el coche y, detalle curioso, me abrió la puerta del vehículo antes de que yo pudiera salir, como un caballero machista. Abrió la puerta de la masía, y también me dejó pasar a mí primero.

Luego, ya en el salón, empezó a gritar de nuevo. "Y ahora dirás lo que dicen todas las demás. Que Martin Lavigne está loco, que es un agresivo…".

"Pues claro que lo diré", pensé para mis adentros. "En cuanto salga de aquí, si lo consigo".

Yo no sabía bien qué hacer. No dije nada. Subía las escaleras y me dirigí al cuarto que él me había asignado al llegar. En su casa, las habitaciones no tenían cerrojo. Su comportamiento había sido tan impredecible que me podía esperar lo peor. Que entrase y me pegase, por ejemplo. Pensé en llamar a la policía, pero no él me había hecho nada. Así que me metí en el cuarto de baño (éste tampoco tenía cerrojos, pero supuse que con lo escrupuloso que él era no se atrevería a entrar) y tuve la inmensa suerte de que encontré a un amigo despierto. Al Hombre de la Moto Naranja.

Le conté todo lo que había pasado por mensajes de *WhatsApp*. No me atrevía a hablar por si acaso Martin subía y escuchaba detrás de la puerta. Le envié la ubicación del sitio. Le dije que tendría el teléfono todo el rato a mi lado, que si en algún momento recibía una llamada perdida de mi parte, que llamara inmediatamente a la policía francesa y que se personaran en la bonita casa de piedra rehabilitada. Gracias a Dios, en el Languedoc entienden catalán. Es parecido al occitano.

Abría la puerta del baño. Calibré mis opciones. La única forma de salir de aquella casa allí era coger su coche cuando él se quedará dormido. Pero él tenía las llaves. Y entonces vi que, en lugar de irse su habitación, se había puesto a dormir en el sofá del salón, justo frente a la puerta de entrada, de forma que no había manera de que yo me fuera sin despertarle, ya que no existía otra puerta de salida. Debía dormir allí dentro, rogar porque no se despertara, esperar a la mañana siguiente y convencerle de que me llevará a la estación de tren.

Pensé que en cualquier momento podría levantarse y agredirme. La ansiedad me iba a tener despierta toda la noche. Opté por tomarme dos pastillas para dormir. En ese momento, agradecí de corazón ser una adicta y viajar siempre con el Trankimazín. Si él quería subir a gritarme o a pegarme me iba a encontrar tan drogada que yo no me iba a enterar absolutamente de nada.

Me tragué los dos comprimidos y todo entró en un fundido en negro.

A la mañana siguiente me desperté tarde, debido a la resaca química de las pastillas. Tardé mucho rato en recordar dónde estaba, lo que había pasado, los acontecimientos de la noche anterior. Cuando por fin logré poner mi cabeza en orden, me asomé al salón. Martin seguía allí –se veía que no se había movido– vigilando la puerta, no fuera a ser que yo aprovechara un descuido suyo y me escapara.

Tomé una ducha larga, ahora más calmada. Bajo el agua caliente, decidí mis pasos. Hice mi maleta y bajé al salón, maleta en mano. Le dije que había decidido volver a Madrid, que quería que me llevara a la estación de Béziers, que iba a coger el primer tren que saliera. Lo dije con miedo, por supuesto. No sabía cómo podría reaccionar.

Le encontré extrañamente calmado. No gritó. Pero enseguida me di cuenta de que estaba tan mal como antes. Me dijo que yo tenía problemas con el alcohol, que yo le había montado un escándalo en la calle. Pensé que o bien no recordaba nada o bien quería que yo le contradijera para así poder tener, por fin, esa bronca que tanto deseaba. Pues no le pensaba dar el gusto. Muy tranquila, le dije que aquel era un tema que prefería reflexionar en Madrid y que, además, si le había montado una bronca en la calle era evidente que lo mejor que podía hacer era irme. No supo cómo responder a aquello y no le quedó otra que llevarme a la estación.

En el camino intentó convencerme de que me quedara. Me dijo que no era para tanto, que lo de la noche anterior había sido una discusión sin importancia, que podíamos arreglarlo. Percibí ansiedad en su voz. Casi, casi, me dio pena. Desde luego, me dio pena dejar su maravillosa casa de campo rehabilitada, y aquellos increíbles paisajes de cuento, en aquel verano espléndido, con aquel sol de miel. Lo podíamos haber pasado tan bien, me estaba diciendo. Era justo lo que yo pensaba.

Conseguí billete para el primer tren que salía para Madrid, haciendo escala en Barcelona. Tenía que esperar dos horas en la estación de Béziers. Se ofreció a quedarse allí conmigo. Le dije que no, que prefería leer un libro.

Intentó darme un beso para despedirme y entonces sí que fui lo suficientemente fuerte para decir la verdad. No podía agredirme en una estación llena de gente, no podía amenazarme con tirarme mis cosas si yo ya tenía la maleta bien asida. No podía hacerme nada

Con la mayor calma del mundo se lo dije: "Ahora mismo no podría besarte. Ahora mismo, Martín, no sé si siento por ti pena o asco".

De nuevo se le desencajó el rostro Las cejas se habían desplazado hacia abajo unidas por líneas verticales. Los ojos bicolores clavados en mí, inyectados en sangre. Mirada congelada. Fosas nasales dilatadas. Mandíbula prominente. Rojo de ira, apretó los puños. Pero no se atrevió a gritarme en público porque, en el fondo, era un cobarde.

Pese a todo, seguía siendo insultantemente guapo.

Se dio la vuelta y se fue.

En ese momento no pensé que él fuera mala o buena persona. No dejé de admirarle o de quererle. Sigo sin verlo así. Analizo las cosas sin moral, solo en términos de causa y consecuencia. El vino a mí herido, yo llegué a él herida. No hay culpas, solo causas. Si pierdes una jugada de ajedrez, no crees que el otro jugador sea mala persona.

Él era más fuerte, yo resulté ser más débil. Esa es la teoría. En realidad, yo era mucho más fuerte que él. Él podía gritar y amenazar, yo podía resistir pasivamente.

No le odiaba en absoluto. El odio crea un vínculo toxico. Entendía perfectamente sus razones. Sabía cómo había llegado a convertirse en lo que era. Comprendía su pánico al abandono, su rabia acumulada, su frustración, su terror a la invasión y a la intimidad. Porque yo también los he sentido y a veces aún los siento. Pero, precisamente porque le entendía, no quería quedarme. Sabía que yo no podía salvarle, que mi amor no le haría cambiar. Que solo podía salvarse él solito. Y que si yo me quedaba allí me convertiría en su complementaria, en su accesorio. En algo que ya había sido. En un guiñapo, en la peor versión, la más triste y desolada, de mí misma. Y yo había recorrido ya un camino muy largo. No el camino desde Madrid a Béziers, sino el camino desde la adicción, desde la dependencia emocional, hasta un lugar dentro de mí misma en el que intuía que podía haber una luz al final del túnel.

Con el tiempo he sabido más de él. He tenido largas conversaciones con Elo. Es un hombre maravilloso, un auténtico encanto, me decía Elo, pero sus ataques de rabia son legendarios. Porque lo ha aprendido de su padrastro. "¿Y por qué no me lo dijiste antes?", le dije yo. "No sé", me dijo, "te veía tan embobada, y pensé que lo vuestro nunca iba a ir más allá, que nunca llegaríais a mucho más. Es un escritor excelente, nadie ha dudado jamás de su talento o de su capacidad. Y lo de su carácter mercurial se le perdona porque todo el mundo cree que es un genio".

Por lo visto, en el mundo de Elo, los genios tienen carta blanca para hacerle la vida imposible a sus mujeres. Y para que nadie lo comente en público. Quizá no se trate solo del mundo de Elo. Quizá es el mundo en general. Ya se sabe, de estos temas no se habla, son cosas de pareja, privadas. Y los trapos sucios se lavan en casa.

Me fui enterando de más historias que no conocía. Su segunda mujer tuvo varios intentos de suicidio. La tercera acabó medicada y viviendo con sus padres. Anne, la actriz y modelo, la del botox, la que yo había visto en fotos, que no se casó con él, pero que convivió a su lado en la preciosa casa de piedra rehabilitada, apenas había resistido allí tres meses y también acabó medicada y en tratamiento. De la primera mujer, que vivió con él sus ocho años de adicción a la heroína, nadie sabía gran cosa. Él iba de la una a la otra enganchándoles como quien se agarra a una liana para soltarse de la anterior.

Elo no se explicaba cómo yo había conseguido resistir a su encanto. Según ella, Martin tenía algo especial que volvía locas a las mujeres. De hecho, como bien me había contado ella, cuando él sufrió el ataque al corazón, todas sus ex fueron a visitarle al hospital.

Ellas se impresionaban, como yo, porque él era guapísimo, famoso, rico. (¿Soy así de superficial? Sí, probablemente). Casi todas eran muy jóvenes y venían de familias rotas. No, él no seleccionaba a sus mujeres a la ligera. Elegía a personas con una gran necesidad de cuidar, de dar, de querer y de sentirse queridas. Chicas que basaban su autoestima en las respuestas de los hombres, que buscaban desesperadamente el amor y que con frecuencia lo basaban en estereotipos poco reales. Chicas que venían de hogares rotos, que no habían conocido un modelo de amor estable o sano. Chicas con un enorme instinto protector. Chicas con dependencia emocional y autoestima deficitaria.

Chicas demasiado jóvenes que tendieron a disculpar o a disculpar o a interpretar erróneamente sus primeros ataques: "Habré entendido mal", "son cosas mías"... Eran ataques sutiles, escondidos, la mayoría de las veces, tras un tono suave y una agradable sonrisa. Al principio sus arrebatos de rabia eran relativamente esporádicos; poco a poco su frecuencia fue aumentando. Les fue minando su confianza de forma imperceptible, aniquilándoles su estabilidad emocional, y así él logró auto afianzar su orgullo, su amor propio, su sentimiento de fuerza y dominio.

Cuando ellas empezaban a dudar, a desconfiar de su buena fe, de sus promesas de amor, les corroía la conciencia y se autoconvencían de que estaban equivocadas. Se iban haciendo cada vez más débiles, más dependientes: habían caído de lleno en su dominio y manipulación, sentían vergüenza por los sentimientos que les asaltaban y ante todo culpa, mucha culpa. Culpa de traicionarle, de no quererle, de no estar a la altura.

Chicas que tomaron como un reto personal ayudarle, rescatarle, compensar todas sus frustraciones, miedos y carencias (las de él). Chicas cuya empatía y compasión las convirtieron en el eslabón más débil de la cadena.

Chicas que se convencieron de que los problemas de Martin eran el producto de una infancia difícil (lo cual era cierto, él no me mentía respecto a su padrastro, debió ser una auténtica tortura) y de que ellas podrían ayudarle a superarlos (lo cual era completamente falso) Chicas que compartían con él dos de los patrones fundamentales de la adicción: la obsesión y la compulsión. Chicas que le perdonaban sistemáticamente. Chicas que no sabían decir que no, que hacían por él cosas que nunca quisieron hacer. Chicas que hasta que le conocieron nunca habían probado las drogas, que apenas bebían hasta entonces, pero que acabaron enganchadas no ya a la coca o al alcohol, sino a los tranquilizantes. Pero enganchadas, sobre todo, a él.

Chicas que se consumieron en su intención de intentar salvarle, protegerle, curarle.

Chicas que llamaban a Elo en la mismísima situación en la que yo escribía a mi amigo. Encerradas en el cuarto de baño, aterradas. Pero que, al día siguiente, en lugar de escapar, seguían a su lado, convencidas de que podían ayudarle.

Chicas como yo, en suma.

Yo respondía al modelo, en realidad, por eso me buscó, y por eso consiguió, con sus mensajes, con sus largos emails, que fuera a verle. Pero él ya no era tan guapo (aunque seguía siendo rico) y yo ya era mayor y tenía una cierta experiencia de vida. Si me llega a pillar más joven, quizá yo hubiera caído, nunca se sabe. Ya había caído antes en trampas de hombres parecidos. Incluso me había casado con uno.

Precisamente la experiencia fue la que me ayudó a escapar tan pronto, la que no me hizo creerme las promesas que me hacía en el coche, la que me mantuvo firme en mi postura, la que consiguió que ni por un momento dudara de lo que había presenciado, por mucho que él se empeñara en decir y repetir que yo lo recordaba todo mal, que estaba borracha aquella noche, que había reconstruido mal los hechos.

¿Quién es más adicto, el adicto o la que se engancha al adicto? La adicción al amor engañaba a las mujeres de Martin haciéndoles pensar que aquello valía la pena, que acabaría algún día, que él cambiaría.

La dependiente intentará volver una y mil veces con su expareja, de la misma manera que el drogadicto se las ingenia para obtener la sustancia y volver a consumir. La dependiente necesita permanecer en contacto con su pareja, y si el vínculo se rompe del todo, surge el mono, una suerte de síndrome de abstinencia emocional. Las adicciones de Martin y las de sus mujeres se parecían mucho, y se complementaban. Adicciones del pasado, me refiero. Martín dejó la cocaína tras el ataque al corazón, y por eso precisamente, para conseguir dejarla, se había retirado en Fougères.

Lo mismo sucedía con las adicciones de mi marido (al alcohol, a la cocaína a internet) y la mía. Yo era adicta a él, y a la angustia.

Yo era adicta a la angustia, a la infelicidad. Era tan insegura, me quería tan poco, que creía que no me merecía nada mejor. Para colmo, toda mi niñez la viví llena de angustia, y había asimilado ese estado como algo tolerable, normal, cotidiano. Quizá sentía, de forma muy inconsciente, un deseo de volver a lo que experimentaba en la infancia, porque aquella era mi zona de confort, lo malo conocido. Porque no sabía ser feliz.

Los infelices llegamos a alcanzar cierta paz en nuestra infelicidad, aunque para los demás esto que estoy escribiendo no tenga sentido. Y planeamos metas imposibles de lograr –ser feliz al lado de un adicto, por ejemplo–, y luego nos quejamos de nuestra mala suerte o nuestro fracaso.

La adicción no negocia y poco a poco se va extendiendo dentro de una, como la niebla. Una niebla emocional que te impide ver más allá de la adicción.

Durante años he sido una adicta a la angustia. Y durante los últimos años he sido también adicta a las relaciones tormentosas, y adicta a las ideaciones suicidas. Me he pasado años pensando en la forma de matarme. A veces simplemente deseaba morirme. En otros, fantaseaba con planes concretos: alquilar un coche y estrellarme. Ir a un hotel, elegir una habitación bonita, a poder ser con vistas al mar, y meterme entre pecho y espalda un cóctel de *champagne* y pastillas para dormir. Lo haría a las doce de la mañana, sabiendo que durante veinticuatro horas nadie entraría en aquella habitación. Quizá, mejor, me metería una sobredosis de heroína, para que nadie creyera que había sido un acto voluntario. Tampoco lo creerían si estrellaba el coche, porque apenas conduzco y cuando lo hago, lo hago mal. A veces fantaseaba con tirarme del Viaducto, pero en ese caso no dejaba abierta la posibilidad de que fuera un accidente.

Yo sentía que independientemente de lo que hiciera nunca iba a a poder modificar el motivo de mi sufrimiento. No me sentía capaz de dar con la solución, sino que me veía impotente y, en ausencia de todo control, secuestrada por una honda sensación de desesperanza. Lo cierto es que no quería acabar con mi propia vida en sí misma, sino terminar con aquel estado de dolor e indefensión.

Pero cuando estaba en aquel coche, cuando de verdad pensé que iba a morir, en lugar de agradecer a la providencia, al azar o al destino, que me hubieran puesto en bandeja la ocasión, en lugar de provocar a Martin, en lugar de ponerme a gritar o a insultarle para que definitivamente perdiese el control y nos estrellara, me puse a rezar a la Virgen, en la que en principio no creía, y descubrí por sorpresa que, en lo más profundo de mí misma, desde lo más profundo de aquellos miedos ciegos que me asedian y me agobian, en mi abismo más profundo, en lo más profundo de mi pecho helado y aterrorizado, en las más recónditas profundidades a las que nunca había descendido yo –profundamente– quería vivir.

Quería vivir.

Por mí y por mi hija.

Regresé a Madrid decidida a tomar de una vez las riendas de mi vida.

Pero para disfrutar de la vida, necesito utilizar todos mis sentidos de manera consciente. Prefiero quedarme con un solo recuerdo lúcido que tener miles de ellos borrosos. Poco a poco yo he ido ganando la batalla y ahora sencillamente me parece que la vida se alarga segundo a segundo, no me pongo objetivos, no intento rescatar lo irrescatable ni obtener triunfos imposibles.

Quien lea el libro se preguntará ¿cómo es que todos los hombres que esta mujer conocía se parecían tanto? ¿Por qué eran todos tan egoístas, tan mentirosos, por qué tenían todos tan mal carácter, por qué la mayoría eran infieles?

Simple.

Por el lugar en que yo me colocaba.

Yo nunca me daba a mí misma el tiempo de conocerlos, yo me iba a la cama con ellos a la primera de cambio. Me situaba en el lugar de la presa, y ellos en el del depredador. Les conocía en ambientes en los que corría la cocaína, les conocía a muchos con una copa en la mano, los elegía con un perfil claramente narcisista. Muy conscientes de sí mismos, muy carismáticos, muy encantadores, situados en profesiones en las que tenían que mentir (político, publicista, escritor) o desde la que podían ejercer poder (profesor, político, artista reconocido). Famosos, y que habían luchado mucho por serlo, obsesionados por brillar. En muchos casos, bebían de más y probaban drogas.

Yo iba repitiendo uno tras otro el perfil de mi marido. Encantadores de serpientes con buena imagen social.

El narcisista es con frecuencia una persona aparentemente encantadora que vive cerca de nosotros, que está integrado y que aparenta ser buena persona a los ojos de cualquiera. El tipo de hombre que yo buscaba se iba repitiendo en diferentes hombres que se parecían mucho entre sí. Tiene un trabajo brillante y reconocido, a veces un cargo de responsabilidad, otras un trabajo artístico muy visible, y, en general, da una buena imagen social, una fachada que cuida con esmero y que va a ser la guía de todas las acciones de su vida. Una proyección que le dota de prestigio y poder. Y que atrae a niñas atrapadas en cuerpos de adultas, como yo. Que buscan un hombre fuerte que las proteja.

Y a esas niñas las roba la autoestima, sin empatía ni compasión, con el objeto de aumentar la suya propia. Ellos son personas que necesitan destacar, controlar, y nosotras somos lo suficientemente inmaduras como para buscar a alguien que destaque mucho. Ellos creen que, si se juntan con personas que aman la vida, podrán contagiarse de ese sentimiento, como el que se cambia con su amigo una chaqueta. Nosotras buscamos, en general, a réplicas de nuestros padres.

Jamás me fijé en hombres que no fueran exageradamente atractivos, carismáticos y brillantes. Nunca me fijé en hombres tímidos, o gordos, o mal vestidos, o poco carismáticos o que no tuvieran un trabajo muy brillante. Nunca le di una oportunidad al Hombre Taciturno que evidentemente llevaba años enamorado de mí y que fue siempre lo suficiente respetuoso como para no intentar imponerse. No le di una oportunidad porque no encajaba con el patrón de hombre por el que me sentía atraída. Altos, poderosos, exóticos.

No siento el más mínimo rencor hacia Martin. Yo ya sabía que era un hombre complicado. Sabía que había sido maltratado de pequeño, conocía su historia (más o menos), sabía con lo que me podía encontrar. Sabía que me mentía. Conocía su pasado problemático con las mujeres. Yo fui la que me metí en la boca del lobo.

Sentí, a mi vuelta de Fougères, una profunda compasión por él. Sabía que él sufría. Pero no iba a quedarme a su lado. Por fin, había aprendido.

A veces aún siento cómo la dependencia me tienta con su conocido abrazo. Pero, aun así, resisto como puedo. No miro hacia atrás con arrepentimiento o con nostalgia. Intento mirar adelante con valentía y con esperanza. Él y todos los que fueron como él –todos esos Hombres sin nombre– son un capítulo del pasado.

No he cerrado el libro. He pasado página.

Una hermana caída en el campo de batalla

Uno de mis trabajos *free lance* es el de escribir la contraportada de un periódico catalán. Los artículos se envían el jueves y se publican el domingo. A la vuelta de de Fougères escribí un artículo inspirado en Fulanita X.

El artículo trataba de una *influencer* con un perfil de Instagram de 250.000 seguidores en el que se mostraba siempre feliz y positiva. En su perfil ocultaba la verdad: que bebía demasiado, que era infeliz, que su vida no era ni de lejos tan maravillosa como ella la presentaba. Hice un cuento inspirado en ella. Intentaba explicar que cuando estás deprimida no hay nada peor que estar obligada a esconderlo. Lo cierto es que hablaba de mí, aunque usara a Fulanita como pantalla para poder hacerlo. La protagonista de mi cuento en teoría era una *influencer* famosa, pero su espíritu era el mío. Ella se intentaba suicidar, se recuperaba y decidía mandar al carajo su trabajo. Cambiemos "trabajo" por "marido" y se verá que yo contaba mi vida y no la de Fulanita.

Lo escribí un jueves, a las diez de mañana. Mientras lo escribía, no sabía que esa madrugada, en la madrugada de miércoles a jueves, Fulanita la *influencer* se había suicidado.

Apenas la conocía, pero yo creía que ella lo tenía todo. La belleza, la clase, el estilo, el novio estupendo, el trabajo bien pagado.

Pero cuando estás sufriendo y tu trabajo te obliga a fingir que estás siempre feliz, te sientes avergonzada de quién eres. Y eso agudiza una depresión. Yo lo sé demasiado bien.

Ella estaba enferma, como yo. Pero, sobre todo, vivía en una sociedad enferma. Ese pequeño micro mundo en el que vivo yo, atrapada como un pez en su pecera. Del que no he sabido salir.

En esta sociedad de gimnasios, de torres de oficina, de laboratorios genéticos, de niños a la carta, de cirugía estética, de bancos faraónicos e inmensos centros comerciales, en esta sociedad de rendimiento hay que ser feliz, guapo, joven, *cool*, bien vestido y atlético. Las motivaciones, el emprendimiento, los proyectos y la iniciativa han reemplazado la prohibición, el mandato o la ley.

Nadie te prohíbe nada. O eso parece. Pero vives mucho más presionado que si vivieras bajo prohibiciones estrictas.

Nadie te prohíbe estar gorda o tener arrugas. Pero sabes que unos kilos de más, o unas patas de gallo, o un bolso fuera de temporada puede suponer que no te acepten en una entrevista de trabajo, o que no se te considere sexual o afectivamente atractivo.

Ya no la llamaré Fulanita. Por respeto, tampoco daré su verdadero nombre. Ella no aguantó la presión. Y no porque fuera tonta, que no lo era. Simplemente, porque era demasiado sensible.

La primera vez que coincidí con ella no supe ver que aquella borrachera tan exagerada no había sido otra cosa que una desesperada llamada de auxilio.

Después de su muerte aparecieron muchísimos artículos sobre ella. Cómo vivía pendiente de la hora ideal para colgar sus fotos en Instagram y conseguir más *likes*. Cómo escenificaba una vida una vida de color de rosa y de amistades perfectas. Cómo se dedicaba a retransmitirla a través de su cuenta de Instagram para lograr más *followers*, más *likes* y así conseguir subir su caché: entre quinientos y mil euros por cada foto que le encargaba la firma de turno. Cómo una foto podía requerirle hasta veinticuatro horas de preparación hasta pasar el visto bueno de los responsables de la marca.

Al parecer fue su padre, el hombre al que yo había confundido con uno de sus amantes en aquel restaurante en Barcelona, quien se la encontró. Era la tercera vez que lo intentaba. Como Chester Bennington, como Chris Cornell, no dejó nota alguna. Como ellos dos, se ahorcó. No con un cinturón. Con un par de medias.

Horas antes había subido una foto en Instagram en ropa interior de *Bordelle*, para delicia de sus seguidores y seguidoras, que jamás se habrían imaginado un final parecido. Porque ellos pensaban que ella llevaba una vida idílica. De cuento de hadas. Con alfombras rojas, posados en *photocall*, eventos del papel cuché, desayunos en spas y cenas en restaurantes de lujo.

Ella llevaba su infierno por dentro y no se permitía exteriorizar sus debilidades, sus miedos, sus dudas, su angustia, su inseguridad. O sí. Lo hizo aquella noche en la que me la encontré inconsciente en el suelo de un cuarto de baño. Pero yo no supe ver lo evidente.

Ella tenía que aparentar, simular una vida en merengue y pastel. Enjaularse en una cárcel de sonrisas falsas. Porque sabía que las marcas sólo quieren a *instagramers* que vendan felicidad. Que finjan una felicidad de tramoya que inspire a miles de jóvenes a comprar sus productos.

Jóvenes que miran perfiles y se sienten gordos, sosos, aburridos, poco estilosos. Pero piensan que si imitan al *influencer* de turno su vida cambiará, y se les abrirán las puertas del paraíso.

Ella sabía demasiado bien que las marcas huyen de los perfiles tristes.

Al parecer el novio al que yo conocí la había dejado hacía tiempo. Ella, sin embargo, mantenía en su perfil de *Whatsapp* una foto en la que posaba con él, con la Torre Eiffel de fondo. No quería reconocer que estaba sola. Pero la foto era un montaje, hecho con photoshop. Ellos dos nunca habían viajado juntos a París. Era toda una fantasía. Como su vida de *instagramer*.

Yo habría podido ser ella, eso lo tengo claro. Sentí al leer la noticia la misma identificación que experimenté con las historias de Cornell y Bennington. Otro soldado caído en la batalla por ser uno mismo.

Me dije que de alguna manera tenía que superar todo aquello.

Casi curada

Han pasado meses desde aquella noche con Martin conduciendo borracho y dando bandazos en la sinuosa carretera del Languedoc.

Durante estos meses no he vuelto a sufrir un ataque de ansiedad. He dejado los gin tonics, y he dejado las pastillas.

Hace dos noches, tuve un sueño. Vi mi vida representada por una línea dorada que se extendía infinitamente hacia adelante y hacia atrás. Había una pequeña hendidura en la línea y me di cuenta de que representaba mi vida actual.

Ese minuto era tan pequeño, una hendidura tan imperceptible, que en realidad no representaba nada. Y sin embargo era todo lo que yo tenía. Siempre es ahora. El futuro aún no ha llegado, el pasado ya no está.

Durante varios minutos esta comprensión se me hizo tan patente como una revelación y sentí como si me hubiera quitado un enorme peso de encima.

Como absolutamente todo el mundo yo me he encontrado en la vida con problemas, con dificultades, con enfermedades, con desesperación, con ansiedad. Y también con amor, con éxito, con euforia, con dinero.

Han abusado de mí, me han maltratado, me han humillado, me han abandonado... Pero también he vivido momentos maravillosos, tengo una hija increíble, unos amigos fieles, una vida sin pobreza.

Pero en esta vida todo pasa. No todo lo que ahora tenemos será para siempre. No todos esos problemas que ahora están presentes serán eternos.

Hay que armarse de valor para perder confianza en el miedo y recuperar la confianza en la vida, hay que regresar al día en que abortaste la sonrisa a flor de labios, hay que cerrar los ojos y recuperar la sonrisa, hay que desdibujarse para poder retratarse de nuevo.

Por mucho que todos hayamos cruzado zonas que parecen vacías de sentido, tenemos que entender que hasta el vacío tiene un ritmo.

Que detrás de todas las caídas hay algo más.

Crees que conoces el camino de memoria, pero no.

Mi Muy Querido Martin,

Para ti yo no he sido nunca muy importante. Jamás pensaste que tú destino estaría ligado al mío. Ni siquiera podías imaginarlo. Ni siquiera sabes que ya se ha cerrado un nudo y que ya vives para siempre ligado a mí, como vives ligado a tantos otros y otros.

No, Martin, no llegaste a mí por casualidad. No hay casualidades. Todo tiene su razón de ser. Las personas no llegan a nuestra vida por suerte, juegos de azar o caprichos divinos. Llegan porque tienen que llegar. Aparecen de las formas más extrañas, raras, románticas, curiosas o simpáticas. A lo mejor no en el momento que más esperábamos, pero sí en el más adecuado.

Y como tú, muchas veces no se quedan.

Simplemente porque no tenían que quedarse.

Pero tenían que aparecer. Porque cada encuentro tiene fecha de caducidad o vigencia. Hay quien llega para establecerse. En tu caso no fue así. Pero eso no te hace menos importante.

No es cuestión de tiempo, sino de intensidad y del impacto. Nadie llega a tu vida sin motivo. Eso es lo realmente importante.

Hace un año, en París, tú te acostaste conmigo y para ti, supongo, la historia no tuvo mayor importancia. Y sin embargo ese momento puntual desencadenó un torrente de páginas. Porque tú representabas muchas cosas, todo lo que Francia representaba para mí. La posibilidad de escape. De escapar de una tierra quemada. En mi país, demasiada gente me conoce. No puedo emborracharme en público ni besar a una persona en público porque siempre hay alguien que quiere sacar fotos. Tengo que tener cuidado con los desconocidos. En mi país, se paga por la intimidad ajena, y ya han intentado vender la mía. En mi país vive mi familia, mi ex marido, el padre de mi hija. En mi país viven todas esas personas a cuyo juicio tengo miedo. En mi país apenas se venden y se compran libros. Vivo en uno de los países con el índice de lectura más bajo de Europa. Vivo en un país con cero interés por la cultura. Y tú representabas lo que Francia representa. Cultura. Elegancia. Savoir faire. Ostras y *champagne*. George Brassens. Cioran (rumano, vale, pero escribe en francés) Flaubert, Mallarmé, Apollinaire, Rimbaud. Incluso Yelle. Idealizo a Francia como te idealicé a ti. Muchos me dicen que la Francia que yo sueño o imagino –"esa ondulante elegancia de la estelar París", en palabras de Rubén Darío–, nada tiene que ver con la Francia real. Sé que es cierto.

El Martin que imaginé poco tiene que ver con el Martin real.

Aun así, nadie puede negar que tú eres guapo, elegante y culto. Nadie puede negar que Francia es un país bello y una de los que tienen una tradición cultural más rica. La idealización existe, pero se basa en una realidad.

Puede que no haya tierra ni estrella prometida, puede que yo lo haya imaginado todo. Pero, aun así, el amor existe (quiero creerlo), como existe la promesa de una vida más feliz.

Si yo no me hubiera enamorado de ti, jamás me hubiera puesto a escribir todo esto. Quería escribirte, quería mantener el contacto.

Y todo fue, aunque tú no lo supieras, o lo quisieras, desencadenado por ti.

Quién me iba a decir que el destino era esto. Quién nos iba a decir, a nosotros, que el destino era esto. Otro día se acaba y el destino era esto. El destino no es más que una anécdota banal. Y es más feliz el que no lucha contra él, porque no pierde, luchando, la cordura.

Es más feliz quien acaricia el rostro de la esperanza, quien entiende que el destino administra la ventura y el contratiempo –socorros de la casualidad–, y conduce cada historia hasta su desenlace.

Yo, como tú, vivo encerrada en la jaula de mi destino y en vano me aferro a los barrotes esperando una evasión. Y a ti te trajo el destino y el destino te llevó. El mismo destino que convoca a todos los que amamos, el centro único al que llegan todos los radios amantes.

Se acabaron nuestros intensos intercambios de correos, se acabó el idealizarte, pero no olvido que te debo mucho.

Desde que volví de Béziers no he vuelto a tomar una sola pastilla, y no he vuelto a tener un ataque de ansiedad. Pienso que te gustaría leerlo. Y espero que sepas que no te guardo ningún tipo de rencor.

Quién te iba a decir que el destino era esto.

Hay un epílogo

Por favor, no leas el epílogo hasta que hayan pasado unos días.
Permítete digerir antes lo que has leído.
Después, con calma, puedes leerlo.
Llega en la siguiente página.

Escribir sobre una misma

En mi mesilla de noche hay una foto mía tomada hace diez años. Era joven, era guapa, tenía dinero y estaba casada con un hombre muy guapo, periodista de mucho éxito. Se suponía que había triunfado.

He cortado al marido que aparecía junto a mí en la foto. Pero, aun así, la foto sigue allí. No la he escondido en un álbum, en una caja de zapatos o en un cajón. No la he quemado. ¿Por qué he decidido quedármela? Nunca lo he entendido bien. Yo misma no me explico a veces las razones de mis propios actos. Quizá el vacío de la foto cortada simbolice mi vacío interior.

¿Era guapa? Puede, yo no me sentía así. Me comparaba incesantemente con mujeres hiperreales, que viven en otra realidad *'bigger than life'*, y que usan tallas que en la vida real solo usa ni el cinco por ciento de las mujeres adultas de este país. Vivía amargada y constantemente a dieta. Estaba convencida de que estaba gorda. Veo la foto y compruebo que no, que no lo estaba. En aquella época podía entrar en cualquier tienda y llevarme la ropa que quisiera. Ahora no es tan fácil. Muchas veces ya no tienen mi talla. No al menos en las tiendas de ropa a las que yo solía ir.

¿Era feliz en mi matrimonio? No. Dependía emocionalmente de él de una manera tan inmadura e infantil como para que yo viviera siempre estresada. Cada vez que él se enfadaba creía que se me hundía el mundo, y como mi felicidad dependía de la suya, yo nunca podía ser feliz.

¿Había triunfado? Si triunfar es ganar dinero, sí. Pero eso no duró mucho.

Un día mi cara dejó de llamar la atención. Había periodistas más jóvenes y más guapas. Dejé de salir por televisión. De ahí pasé a la radio, de ahí a la prensa escrita. Cada vez trabajaba más y me pagaban menos. Todo mi presunto triunfo se fue al garete.

Mi matrimonio de desmoronó.

Publiqué un artículo en un blog en el que contaba una historia personal. Una chica se sintió identificada y decidió que le aludía a ella. No se decía su nombre ni se aportaba información que la identificara. Pero la legislación en España es muy vaga. Si la persona que se siente vejada puede demostrar que los hechos narrados son ciertos y que alguien la ha reconocido, la demanda se admite. Así que ella llevó a unas amigas al juicio.

España es un país en el que el fiscal anticorrupción intentó frenar a toda costa una investigación por corrupción. Por lo tanto, ya se sabe que en España los jueces son muy particulares. En un juicio dependes de la decisión del juez, y el juez en este caso estaba muy significado políticamente, y yo no le caía muy simpática. Tuve que pagar a esa chica dieciocho mil euros.

Su decisión creaba jurisprudencia. Es decir, sentaba las bases como para que cualquiera pudiera demandarme solo con decir que se sentía reconocido en un o un artículo autobiográfico. Dejé de publicar en mi blog. Que, en aquel momento, tenía cientos de miles de seguidores.

Mi carrera, se suponía, se había acabado. No solo por aquella historia sino también porque de repente ya no me llamaban. De un día a otro, dejé de aparecer en medios. Quizá mi marido tuvo que ver en ello. Su agenda era muy nutrida, su influencia muy grande, su rencor muy profundo. Le creo muy capaz de haber hecho unas cuantas llamadas. Mucha gente prefería no tenerle en su lista de enemigos. Y supongo que era mejor dejar de contar conmigo antes que enfrentarse abiertamente a él.

En menos de diez años yo había pasado de ser una *'it girl'* a ser –de nuevo según los cánones de esta sociedad– una total fracasada.

La vocación, dicen, se prueba en el fracaso. Yo había perdido el éxito, pero no la vocación.

El lenguaje poético es, implícitamente, una invitación a buscar otro modo de estar en la realidad, de estar en el mundo. Y yo necesitaba de forma desesperada otra manera de estar en el mundo. Por eso me puse como loca a escribir.

La literatura me permitió atisbar la belleza y la espiritualidad en las cosas, incluso en aquellas que parecen ocultas. Aquellos seres absurdamente normales que no cometen errores, aquellos que no han tenido un problema en sus vidas que los haya dejado amargados o traumatizados, no leen y no escriben. El resto sabemos que la literatura nos salva.

Mi representante me contó que, en una conversación de salón, un productor, que no sabía que la chica que estaba frente a él era, precisamente, mi representante, soltó esa frase lapidaria. "Ésa ya está acabada". Ese productor, muy joven, aún no había aprendido que en la vida no eres lo que logras, sino lo que superas.

Lo que escribo trata en parte de mi vida, y en parte no. He cambiado nombres, fechas acontecimientos, de manera que sea imposible reconocer a las personas de quienes hablo. A veces, he fusionado dos historias en una.

A todos nos llega el momento en que nos apetece escribir la historia de nuestra vida. Ya sea para poner un poco de orden dentro de nosotros mismos y entender el presente o para reencontrar emociones perdidas y saber en qué nos hemos convertido. Por qué hemos llegado precisamente a este punto del camino. En qué recodo nos desviamos y tomamos un camino que nos llevó hasta aquí, cuando intentábamos ir hacia otro lado.

Todos sentimos la necesidad, en algún momento, de cerrar una etapa. Para comenzar un nuevo ciclo nuevo con una nueva mirada. Es, por así decirlo, un ajuste de cuentas, una necesidad de reconciliación con la propia vida. O con una misma.

La narración en primera persona puede llegar a ser una insólita experiencia curativa, Y una aventura altamente significativa. Pero esto no quiere decir que todo lo que cuente aquí sea real al cien por cien. He tenido mucho cuidado para que nadie verse reconocido, para que ningún juez me pueda condenar a pagar otros dieciocho mil euros a cualquier arribista que quiera que me embarguen la casa.

Así que lo que has leído es real, pero lo que es real es el sentimiento. Lo que yo viví en mi cabeza, lo que crucé. Toda la historia no se corresponde punto por punto con una historia real.

Todo lo que he escrito, lo he hecho con la intención de sanar y de resignificar los hechos vividos. De tal manera que aquellos eventos dolorosos o traumáticos los pueda yo ahora ver desde otro punto de vista. Con distancia. Con la experiencia del soldado que ya ha regresado de la guerra, y que ya no está aterrorizado en la trinchera. Desde la lógica del adulto, ya no del niño o adolescente. Porque yo seguía siendo niña incluso con cuerpo de mujer, con arrugas o estrías del embarazo.

Espero curarme de mí. Espero dar sentido al dolor porque solo así puedo superarlo.

Sufrí, y a veces sigo sufriendo, de una manera tan desgarradora e inhóspita como para desear morirme. Voy y vuelvo desde ese punto, y regreso para vencer el sufrimiento, para tomar oxígeno. Cuando escribo me permito, en gran medida, que los hechos dejen de doler. Porque los hago palabras. Para poder verlos neutralmente, y mirarlos a los ojos. Para intentar descubrir cómo esas experiencias vividas me permitieron desarrollar capacidades y fortalezas.

O cómo al menos, me permitieron, de alguna manera, sobrevivir.

No sé si esas experiencias del pasado siguen siendo recuerdos dolorosos o traumáticos que me impiden avanzar. Sé que, al escribirlos, he podido volverlos a contar desde un lugar diferente. Ya no como aquella incauta que no tenía otros recursos para enfrentar su realidad. Y no como una mujer asustada.(¿Mujer… ¿? Quizá tenía cuerpo de mujer pero tenía información de niña). Sino como la superviviente que ya las transcendió.

Toda esta historia de auto indagación trata de si es posible o no reconstruir lo vivido para poder enfrentarlo con serenidad. E, incluso, con orgullo.

Esto no es una autobiografía. Porque he cambiado la forma en la que las cosas sucedieron, desde el momento en que he modificado mi lugar en el mundo, la posición desde la que escribo.

Aquí la exactitud no importa. Importa lo que se sintió y lo que se superó. Importa la necesidad de expresar realidades antes ocultas o negadas. No hace falta envolverse en el recuerdo de un ayer hostil, y por fin abandonado. Hace falta buscar la dignidad como un último refugio.

Esto no es una autobiografía. Es un texto híbrido. Un cuento, una fábula, quizás una larguísima poesía. Será que la Poesía vive tan fatal y estrechamente ligada con la ficción y con la fábula que no se cree la utopía de la verdad. Será que la Poesía no cree en la certidumbre. Será que no busco ver sino mirar. Será que hago del mirar un relato nuevo, ajeno a la intención de la mirada. Será que no creo que haya una única verdad. Será que creo que hay muchas verdades. Y que hay muchas miradas.

Lo que has leído, en esencia, es la historia de una persona que se sentía enormemente diferente, y que se perdía intentando disimularlo y encajar.

Que se pasó media vida intentado adaptarse. Intentando convertirse en lo que los demás le decían que debía ser. Intentando controlar su ansiedad. Intentando ser delgada. Intentando tener una pareja. Intentado ser exitosa. Intentando ser feliz. Intentando ser ordenada.

Intentando, siempre intentando.

Si has llegado a leer esto, es porque te has enterado de la existencia de este libro vía redes sociales. Este libro no se pudo publicar en una editorial porque nadie lo consideró suficientemente comercial, porque pensaron que al público no le interesaba leerlo. Me atreví a embarcarme en la locura de autopublicarlo porque las pocas personas que lo leyeron pensaban que merecía la pena. Pero este libro no tendrá recorrido ni podrá conocer una nueva edición, no podrá llegar a más personas, si quienes, como tú, lo han leído, no dan a conocer su existencia.

De forma que, si crees que te ha ayudado en algo, si crees que puede ayudar a otras personas, cuéntalo. Habla de él en la misma red social en la que conociste su existencia. Cuéntaselo a tus amigos. Menciónalo en tu grupo de *WhatsApp*. No hay mejor publicidad para un libro que la palabra de quien lo ha leído.

Muchísimas gracias de antemano. Recuerda que yo decidí publicar este libro porque me vi obligada a salir de una zona de confort que ya era de todo menos confortable. Quizá sea éste tu momento de hacer lo mismo. Quizá este libro no haya llegado a ti por casualidad.

Quién te iba a decir a ti que el destino era esto.

Este libro se terminó de imprimir
en los talleres de Naturprint s.l.
en enero de 2018.